각성으로의 여행 II

마이트레야 라엘의 지혜

엘로힘이 전한 메시지를 수록한 저자의 책은 6권으로 출간되었으며 그것은 다음과
같다.

「지적설계 - 설계자들로부터의 메시지」

「감각명상」

「천재정치」

「YES! 인간복제」

「각성으로의 여행」

「각성으로의 여행II」

본서 「각성으로의 여행II-마이트레야 라엘의 지혜」는 영문원서인 「THE MAITREYA II -
EXTRACTS FROM HIS TEACHINGS」의 한글 완역본이며, 지난 2004년 한국에서 출판된
「각성으로의 여행」에 이은 완성본으로써 마이트레야 라엘의 새로운 가르침을 발췌하였다.

각성으로의 여행II 마이트레야 라엘의 지혜

1판 1쇄 발행 2022년 9월 30일 | 지은이·라엘 | 펴낸이·한국 라엘리안 무브먼트 | 번역·정윤표
펴낸곳·도서출판 메신저 | 주소·서울특별시 관악구 구암길 76, 상가동 301호 (봉천동)
전화·02-536-3176 | FAX·02-594-3363 | 출판등록·16-195(1988.8.1.)
웹사이트 · www.rael.org | ISBN·978-89-85192-30-9 031190 | 값: 15,000원

Contents

각성으로의 여행 II

2 친절

3 생각

4 존재하기

6 초의식

7 무한

8 웃음

9 메시지

10 사명

서문

    이 책 '각성으로의 여행 II'는 지난 15년 동안의 마이트 레야 라엘의 말씀과 글을 발췌한 것입니다. 이 책은 마침, 마이트레야 라엘이 지구상의 모든 생명체를 창조한 외계 문명의 대표자와 처음으로 만난 사건의 45주년 기념일에 즈음하여 발간되었습니다.

    기독교 성서에서 '엘로힘'으로 알려진 이 창조자들은 마이트레야 라엘의 원서 '지적설계'에 수록된 방대한 양의 정보를 그에게 주었습니다. 이 원서의 내용은 창조자들이 지구인들에게 보내는 특별한 메시지를 담고 있기에, 이번에 발간되는 이 책에서 '메시지'라고 언급되어 있습니다.

    1973년 12월 13일 엘로힘과의 첫 만남 이래, 마이트레 야 라엘은 전 세계를 순회하면서, 우리 인류의 창조자들인 엘로힘이 그들을 맞이하기 위해 세워질 '대사관'에서 우리 와 공식적으로 만나기를 원하며, 또한 무엇보다도 중요하 게, 우리가 행복해지기를 원하고 있다는 점을 지칠 줄 모르 고 알려오고 있습니다.

그리고 마이트레야 라엘은 매년 각 대륙에서 일주일 동안의 순회 '행복 아카데미'를 개최해왔는데, 그곳에서 그는 참가자들이 자기계발과 자아성취를 위해 엘로힘이 그에게 준 도구들을 사용할 수 있도록 이끌고 있습니다.

이 책에 수록된 글들은 마이트레야 라엘이 지난 15년간 다뤄왔던 다양한 주제들을 보여주고 있으며, 매년 행복과 사랑, 무한에 이르기 위한 새로운 관점들과 새로운 도구들이 도입되고 있습니다.

행복 아카데미에 참석을 원하신다면, 다음 사이트를 방문하세요. www.rael.org/events

또한 유튜브 'Rael Academy' 또는 '라엘리안 TV'에서, 이 행복 아카데미 동안에 녹화된 일부 동영상들을 볼 수 있습니다.

브리짓트 봐셀리에 박사

1

행복

"결정과 규율"

여러분의 탄생에는 목적이 있습니다

A.H.66년 4월 - 2012년 일본 오키나와

여러분은 무한이 그 스스로를 의식하도록 돕기 위해 태어났습니다. 그렇기 때문에 여러분이 무언가 결정할 때마다, 특히 행복하기로 결정할 때마다, 여러분은 혼자가 아닙니다. 여러분 각자는 무한에 있는 모든 별과 연결되어 있습니다. 여러분은 무한한 우주의 일부이며, 무한과 연결되어 있습니다. 여러분이 슬퍼할 때, 여러분이 행복하지 않기로 결정할 때, 전 우주는 여러분이 병들고 죽도록 돕게 됩니다. 여러분은 종말 프로그램에 놓이는 것이지요. 그러나 여러분이 행복하기로 결정할 때, 전 우주는 여러분이 행복해지도록 돕습니다.

여러분이 아무 이유 없이 웃을 때, 여러분은 무한에게 신호를 보내고 있는 것입니다. 나는 여러분이고, 여러분은 나이며, 나는 이 무한한 우주의 일부입니다. 그리고 우주는 여러분에게 행복을 가져다줍니다. 호흡하고, 웃으며, 행복을 느껴보세요. 그렇게 할 때 여러분에게 무슨 일이 일어나고 있을까요? 전 우주가 여러분을 행복하게 만들기 위해 모의하고 있습니다.

지식은 행복을 가져오지 않습니다

A.H.66년 2월 - 2012년 일본 오키나와

우리 라엘리안들은 과학과 기술을 사랑하고, 사랑과 조화, 명상을 사랑하며, 그리고 무엇보다도 행복을 사랑합니다. 다른 모든 것은 중요하지 않습니다. 오직 행복만이 중요합니다. 만약 과학이 행복을 가져다주지 않는다면, 왜 과학 발전이 필요할까요? 만약 명상이 행복을 가져다주지 않는다면, 왜 명상할 필요가 있을까요? 우리가 하는 모든 것은 오직 한가지 목적을 갖는데, 그것은 행복하기 위함입니다.

행복은 모든 것의 이면에 감추어진 주된 이유이며, 그래야만 합니다. 왜 우리는 살아 있을까요? 왜 엘로힘은 우리를 창조했을까요? 왜냐하면 엘로힘은 창조하는 것이 행복했기 때문입니다. 우리들 한사람 한 사람은 왜 태어났을까요? 왜냐하면 여러분의 아버지와 어머니는 사랑하면서 행복했기 때문입니다. 부부관계가 지루하지만 의무적으로 해야만 하는 것이라고 생각하며 섹스를 한 아버지나 어머니는 없습니다. 그것이 행복했기 때문에 한 것입니다. 그러므로, 행복은 지구상에 살아있는 모든 존재들의 이유입니다. 왜 꽃이 개화할까요? 섹스를 하기 위해서입니다. 꽃은 식물의 성기입니다. 개화란 행복과 기쁨에 관한 것이지요. 왜 새들이 노래할까요? 그들은 "이곳은 내 구역이야, 암컷들 이리와요!"라고 말하는 것입니다. 왜 살아 있는 모든 것은 움직일까요? 행복과 기쁨을 위해서입니다. 우리는 엘로힘의 행복의 열매입니다.

우리는 공부하는 것이 중요하다고 생각할 수도 있습니다. 많은 사람들이 공부는 매우 중요하고, 공부가 행복을 가져다줄 것이라고 생각하지요. 그러나 그것은 사실이 아닙니다. 공부할 필요가 없는 시대에 가까워지고 있습니다. 공부는 행복을 가져다주지 않습니다. 배우는 것이 행복이 아니라, 존재하는 것이 행복입니다.

사람들은 공부 많이 한 것을 아주 자랑스러워하며, 과학을 통해 우주의 모든 것을 이해할 수 있다고 생각하고 또 그렇게 말합니다. 하지만 그 말은 맞지 않습니다. 우리는 절대 모든 것을 다 이해할 수 없을 것입니다. 가장 진보한 과학일지라도, 그들의 지식은 매우 제한적이며, 앞으로도 언제나 매우 제한적일 것입니다. 우리가 더 많이 배울수록, 우리는 아무것도 모른다는 사실을 더 많이 알게 될 것입니다. 오직 멍청한 소수의 과학자들만이 "우리는 많은 것들을 알고 있고, 지식으로 가득 차 있다"라고 주장합니다. 멍청한 과학자들만 그렇게 말하지요. 최고의 과학자들, 최상위 레벨의 과학자들은 이렇게 말합니다. "우리는 아무것도 모릅니다." 과학자들은 배우면 배울수록, 아무것도 모른다는 사실을 더욱더 깨닫습니다.

궁극적인 지식이란 무엇일까요? 무한일까요? 우리는 무한을 이해할 수 있을까요? 우리는 무한을 이해할 수 없습니다. 우리는 무한을 결코 이해할 수 없지만, 무한을 느낄 수는 있습니다. 우리는 무한을 즐길 수 있고, 그럼으로써 행복해질 수 있습니다. 무한을 이해하려고 애쓰는 것은 언제나 여러분을 슬프고, 우울하고, 불안하게 만듭니다. 무한을 이해하려 노력하지 말고, 그냥 느끼세요. 꽃에서, 들판에서, 새에서, 여러분 안에서, 무한을 느끼세요. 여러분은 무한의 일부이니까요.

만약 우리가 무한소에 대해 더 강력한 연구를 하고, 더 강력한 컴퓨터들을 사용한다면, 우리는 무한소를 이해했다는 환상을 갖게 될 것입니다. 원자를 발견했을 때 "이것은 가장 작은 입자다"라고 했었습니다. 그리스어로 'atomos'란 가장 작아서 2개, 3개 혹은 10개로 쪼개질 수 없는 것을 뜻합니다. 그 후 과학자들은 원자가 더 작은 입자들로 구성되어 있다는 것을 발견했지만, 원자라는 단어를 계속 쓰기로 했는데, 이는 아주 우스운 일이지요. 그들은 원자 속에 전자, 양성자 등 훨씬 더 작은 입자들이 있는 것을 발견한 뒤에도, 더 이상 나눠질 수 없다는 의미를 지닌 원자라는 단어를 사용하고 있는 것입니다. 그리고 그들은 연구를 더 진행하여, 쿼크라는 더욱 작은 입자를 발견했습니다. 그들은 앞으로도 계속 더욱더 작은 입자들을 발견할 것입니다. 왜냐하면 무한은 끝이 없기 때문이지요. 그런데 왜 그것을 연구합니까? 그것은 흥미롭지 않습니다.

우리는 엘로힘이 기술적으로 매우 진보했기 때문에 그들의 연구도 틀림없이 매우 진보해 있을 것이라고 상상합니다. 그러나 그렇지 않습니다. 엘로힘은 지식의 특정 수준에 이르렀을 때, 우리도 그 수준에 매우 가까이 도달하고 있습니다만, 그들의 연구를 멈추었습니다. 마찬가지로, 그들은 더 이상 우주탐사도 하지 않습니다. 그들은 아주 조금씩 우주여행을 하고는 있지만, 우주가 무한하다는 사실을 깨달았는데, 왜 우주여행을 계속하겠습니까? 우주는 무한하기 때문에, 여러분이 있는 곳에서 행복한 것이 좋습니다.

오늘 여기, 두 가지 큰 계시가 있습니다.

- 엘로힘은 과학적 발전을 계속하지 않는다.

- 엘로힘은 우주여행이 필요하지 않음을 알기 때문에 더 이상 하지 않는다.

과학 수준이 특정 단계에 도달하게 되면, 연구는 아무런 가치가 없고 행복이 중요하다는 점을 깨닫게 됩니다. 행복은 공부나 연구로부터 오지 않습니다. 우리의 과학과 지식은 항상 제한적일 것입니다. 이러한 제한적인 지식 속에서 중요한 것은 행복하고, 존재하고, 느끼는 것입니다. 왜냐하면, 행복은 무한하고 즉각적이기 때문이지요.

행복은 연구가 필요 없고, 공부도 필요 없습니다. 세미나에 더 많이 참석하면 더 행복해질 것이라고 생각하지 마세요. 그렇지 않습니다! 여러분이 진정한 행복이란 무엇인지 발견하려면, 그것은 바로 지금이며, 즉시입니다. 내일도 아니며, 메시지를 10년 동안 공부하고 라엘리안 세미나에 참석한 후도 아닙니다. 만약 여러분이 행복이 무엇인지 정말로 발견한다면, 바로 지금 부처가 됩니다.

여러분이 지금 부처라면, 10년 후에 더 훌륭한 부처가 되지는 않습니다. 여러분이 부처일 때, 여러분은 정상에 있는 것이니까요. 여러분은 더 높이 갈 수 없지만, 좋은 소식은, 여러분이 바로 지금 부처가 될 수 있다는 것입니다. 무한을 느끼고, 힘과 에너지를 느끼고, 행복을 느낌으로써, 바로 지금 그렇게 될 수 있습니다! 만약 여러분이 이 수준에 도달하게 되면, 여러분은 결코 더 좋아질 수 없습니다.

그리고 여러분이 위로 올라갈 수 있는 것과 같은 방식으로, 여러분은 아래로 내려갈 수도 있습니다. 부처가 되기를 그만둘 수도 있는 것이지요. 만약 여러분이 느끼기를 멈춘다면, 여러분이 존재하기를 멈춘다면, 여러분은 아래로 내려갈 것입니다. 부처의 상태와 행복의 상태는 영원하지 않습니다. 느끼고 존재하기 위해서는 끊임없이 초의식을 사용하는 것이 필요합니다. 여러분은 더 좋아질 수는 없지만, 더 나빠질 수 있지요. 이것은 나무에 오르는 것과 같습니다. 여러분이 나무 위에 오르면, 거기에는 바람이 붑니다. 삶은 바람이며, 꼭대기에 머물기는 어렵습니다. 여러분이 나무 꼭대기에 도달하면, 더 높은 가지가 없기 때문에, 더 높이 갈 수 없습니다. 여러분은 더 높이 오를 수는 없지만, 삶의 바람 속에서 영원히 꼭대기에 머물기 위해서는, 초의식을 사용해야만 합니다.

그러므로 공부는 쓸모없다는 점을 명심하세요. 초의식은 발전하지 않고, 즉각적입니다. 공부하면 할수록, 공부에서 행복이 올 것이라고 생각하면 할수록, 여러분은 더욱 불행하게 느낄 것입니다. 그렇기 때문에 예수는 이렇게 말했지요. "별로 똑똑하지 않은 사람들이 행복하다." 똑똑함이 행복을 가져오지는 않습니다. 실제로는, 똑똑함이란 멍청하다는 말입니다. 자살을 시도하거나, 우울증에 빠져 항우울제를 복용하는 사람들 중에는 고학력자들의 비율이 저학력자들보다 훨씬 높습니다. 왜냐하면 공부는 행복을 가져다주지 않기 때문이지요. 공부는 지식의 그릇된 환상을 가져다줄 뿐입니다. 과학자들은 가장 우울한 사람들에 속하며, 그중에서도 특히 의학자들이 가장 많이 자살합니다. 왜냐하면 의사들은 원하는 모든 것을 할 수 없다는 것을 알기 때문입니다. 그들이 암을 치료하지 못하는데도, 매일 사람들은 암에 걸려 찾아오고, 그들은 환자들에게 암을 고칠 수 없다고 말할 수밖에 없지요. 그래서 의사들은 행복을 가져다주지 못하는 많은 지식을 지닌 채, 매우 우울합니다.

행복은 공부와 아무런 관련이 없습니다. 행복은 즉각적이며, 바로 지금입니다. 공부할 필요도 없고, 여러분 외부의 어떤 것도 필요 없지요. 여러분에게는 어떤 다른 사람도 필요 없으며, 단지 존재하기만 하면 됩니다. 세상은 지성 때문에 병들어 있습니다. 지성의 문화가 있지만, 지성의 결과가 무엇인가요? 후쿠시마입니다. 매우 지적인 사람들이 핵에너지를 연구하고, 원자력 발전소를 만들고, 사람들을 죽였습니다. 매우 지적인 사람들이 미국을 통치하고, 히로시마에 원자폭탄을 떨어뜨렸습니다. 매우 지적이지요! 매우 지적인 사람들이 "공산주의는 대단한 사상이야"라고 생각하고, 중국에 공산주의 악몽을 만들었습니다. 매우 지적인 사람들이 "자본주의는 굉장해"라고 생각하고, 전 지구는 자본주의로 인해 파괴되고 있습니다. 이 모든 것이 '생각' 때문입니다. 매우 지적이고, 매우 위험하지요. 다시 한번 말하지만, 그렇기 때문에 예수는 "단순한 마음을 지닌 사람들은 행복하다"라고 말했습니다. 그것은 바보가 되라는 뜻이 아니고, 존재하라는 의미입니다. 생각을 멈추고, 존재하세요. 생각은 지구에 비극과 파멸을 가져올 뿐입니다.

오키나와에는 미국에서 온 많은 군인들이 있습니다. 왜 그들은 여기 있나요? 그들은 여기서 아무런 볼일도 없습니다. 그들은 한국에도 있지요. 미군들은 어디에나 있습니다. 왜요? 왜냐하면 워싱턴에는 세계를 지배하길 원하는, 미 제국을 세우길 원하는 매우 지적인 사람들이 있기 때문입니다. 그들은 자신의 이익을 위해 사람들에게 폭탄을 터뜨리는 것에 양심의 가책을 느끼지 않습니다. 그들은 "평화를 가져오기 위해" 모든 곳에서 사람들을 죽이고 있습니다. 그들은 "평화를 가져오기 위해" 리비아에 가서 사람들을 죽입니다. 그들은 그것이 평화와 사랑을 가져오기 위해서라고 말합니다. 아마 이제 그들은 "평화를 가져오기 위해" 이란과 시리아를 공격할 것입니다. 그들은 폭탄을 쏘아 보냅니다.

와우! 많은 '평화' 폭탄이군요. 감사하지만, 나는 이런 평화는 필요하지 않습니다. 만약 여러분이 이 행성을 사랑한다면, 여러분은 군대에 소속되고 싶지 않을 것입니다.

　모든 이념은 전쟁을 불러옵니다. 공산주의, 자본주의가 전쟁을 불러오지만, 사실 어떤 이념이라도 전쟁을 부르지요. 모든 이념, 심지어 종교들도 그렇습니다. 무슬림과 유대교들도 전쟁하고 있지요. 멍청한 짓입니다! 그것은 사랑이 아닙니다. 그러나 기독교도들은 "우리의 종교를 위하여 싸운다"라고 생각합니다. 도대체 어떤 종교가 사람들에게 다른 사람들을 죽이라고 떼밀 수 있나요? 무슬림들은 "알라의 이름으로 죽여야만 한다"라고 생각하는데, 그건 도대체 어떤 신인가요? 그리고 유대인들도 "신의 이름으로" 팔레스타인 사람들을 죽이고 있지요! 이념, 지성, 이런 것들이 고통을 만들어냅니다. 그들은 20~40년 동안이나 성서를 공부하지만, "전쟁하러 가자"라고 말합니다. 이렇게 공부는 여러분을 바보로 만듭니다. 어떤 것도 공부하지 마세요. 단지 사랑을 느끼세요. 여러분은 공부할 필요가 없으며, 지체없이, 사랑만을 느껴야 합니다. 만약 우리 행성 전체가 지적이 되기를 멈춘다면, 아마 우리는 오직 존재와 행복에 대해서만 생각하는 바보들의 거대한 세계정부가 필요할 것이고, 세상은 훨씬 더 나은 곳이 될 것입니다. 우리 지구는 이념을 갖고, 이념을 생각하며, 이념의 이름으로 사람들을 죽이는, 지적인 사람들 때문에 병들고 있습니다. 여러분이 '생각'할 때, 여러분은 멍청해지는 것입니다. 생각하지 말고, 단지 느끼며, 존재하세요.

나는 누군가의 눈을 들여다볼 때, 그 속에서 인간을 느낍니다. 여러분도 그렇게 해보세요. 왜냐하면 라엘리안들조차도 때로는 서로를 쳐다보며, 상대방이 지적일까, 혹은 자신이 얼마나 지적인지 상대방이 알아봐 줄까, 궁금해하니까요. 다른 사람들을 사랑으로 보세요. 그들이 지성이 있든 없든 관심 갖지 말고, 그들이 행복한지 어떤지에 관심 가지세요. 여러분 앞에 있는 그 사람을 보는 것이 행복한가요? 그 혹은 그녀가 지적인지 아닌지는 중요하지 않습니다. 여러분 앞에 있는 사람을 느끼고, 따뜻함을 주고, 사랑이 되세요. 그가 의사인지 과학자인지는 상관없습니다. 누구든 사랑으로 가득 찬 사람은 부처이며, 그는 세계 최고의 과학자들보다 훨씬 더 중요합니다.

엘로힘의 리더인 야훼는 행복을 만들기 위해 지구에 생명을 창조했습니다. 물론 우리는 당장 주위환경을 운영할 수 있기 위한 약간의 과학이 필요합니다. 컴퓨터들이 모든 과학적 업무를 수행할 수 있는 수준에 점진적으로 도달하기 위해서지요. 엘로힘의 행성에는 더 이상 과학자들이 없습니다. 모든 노동이, 모든 연구가, 모든 필요한 것이, 컴퓨터에 의해 수행됩니다. 그리고 엘로힘은 연구하지 않습니다! 여러분의 수준에서 필요한 모든 것을 안다면, 왜 여러분은 연구하길 원하겠습니까? 우리가 질병들을 치료하는 방법을 알게될 때, 이것은 곧 유전공학과 복제를 통해 실현되겠지만, 우리가 자연적인 방식으로 질병들을 치료하는 방법을 알았을때, 우리가 지구를 파라다이스로 만들 수 있도록 운영하는 방법을 알았을 때, 곧 화폐를 없앨 수 있게 되었을 때, 그러면왜 연구가 필요하겠습니까? 그럼 여러분은 자연적으로 행복을 느끼기 시작할 것입니다. 그 후 우리는 영원한 삶에 도달할 수 있겠지요. 과학과 연구는 한계가 있으므로, 여러분이그 한계를 깨달았을 때, 여러분은 행복이 한계가 없는 유일한것이라는 사실을 발견할 것입니다. 행복, 의식, 느낌, 존재,그렇습니다, 우리는 지성을 사랑합니다. 하지만 진정한 지성이란 인간들이 말하는 그런 지성이 아닌 것이지요.

꽃을 돌보고 물을 주는 누군가는 핵 과학자보다 훨씬더 지적입니다. 아이들의 고통을 돌보고 음식을 주는 단순한 사람이 최고의 과학자보다 훨씬 더 지적입니다. 우리는지성을 두려워해야 합니다. 왜냐하면 지성, 사상, 생각, 이런것들이 바로 지금 지구를 파괴하고 있기 때문이지요. 이는과학과 기술의 결과인데, 과학기술이 초의식 없이 이용되었기 때문입니다. 그러므로 우리는 존재, 초의식, 사랑으로 되돌아가야 합니다. 그리고 거기에 과학을 약간만 얹으면 됩니다. 너무 많을 필요 없이, 조금이면 됩니다.

기억하세요. 우리는 곧, 20~30년 이내에, 우리가 알 필요 있는 모든 것을 발견하게 될 것입니다. 엘로힘처럼, 우리도 더 이상 알 필요 없게 되는 것입니다. 20~30년 이내에, 우리는 컴퓨터 과학과 기술의 가속화에 힘입어, 우리가 알 필요 있는 모든 것을 알게 되는 수준에 도달할 것입니다. 엘로힘은 그 지점에 도달했을 때, 연구를 멈추었습니다. 왜냐하면 자신들의 문명 수준을 운영하는 데 충분한 지식을 얻게 되었을 때, 연구와 발견을 계속하는 것은 아무런 의미가 없기 때문이지요.

물론 우리는 매우 원시적이어서, 과학적 연구를 영원히 계속할 필요가 있다고 생각하고, 또 무한한 우주의 모든 곳을 여행할 것이라고 생각합니다. 그렇지 않습니다. 우리가 높은 기술 수준에 도달하게 되면, 그때는 곧 올 테지만, 우리는 연구를 멈추고 더 중요한 것을 위해 힘쓰기 시작할 것입니다. 지식을 위해서가 아니라, 행복하지 않은 사람이 남지 않을 때까지 지구 사람들의 행복을 위해 노력하게 된다는 말이지요. 그런 지식 수준에 도달하게 되면, 관광객처럼 우주의 모든 곳을 여행하지 않고, 바로 여기서 행복해지려고 할 것입니다. 왜냐하면, 행복은 어떤 다른 곳에 있지 않고, 바로 여기 있으니까요. 이 작은 푸른 행성, 정확히 지금 여러분이 있는 곳, 행복이 있는 곳은 바로 여기입니다.

　　상상해보세요. 여러분 손 안의 무한소에, 아주 작은 행성들이 있고, 거기엔 무한한 수의 아주 작은 인간들이 있습니다. 그들은 우리와 같은 정도의 과학 수준에 도달해서, 우주여행을 시작합니다. 그리하여 그들은 손가락 한 개를 탐험하고, 그다음, 다른 손가락을 탐험합니다. 많은 과학기술을 사용하며 많은 여행을 거듭한 끝에 또 다른 손가락을 탐험한 뒤, 그들은 우주가 아니라 어떤 몸 속, 하나의 손 안을 여행하고 있음을 깨닫게 됩니다. 그들은 손을 탐험한 뒤 몸 전체를 탐험하고, 발까지 가게 될지도 모르지요. 하지만 어디까지 간들, 모든 곳은 같습니다. 그렇다면 그 여행의 목적은 무엇이고, 탐험의 목적은 무엇인가요? 그때 그들은 깨닫게 됩니다. "고향에 있는 편이 더 낫겠다. 우리가 떠났던 손의 중앙으로 돌아가자. 우리는 더 이상 우주탐험이 필요하지 않아. 우리는 더 이상 발견할 필요가 없어. 그냥, 바로 지금, 우리 수준에서 행복하면 돼." 그렇게 그들은 과학적 연구를 중단하고, 우주여행도 멈춥니다. 그리고 그들은 부처들로 가득 찬 행성에서, 아름다운 삶을 살기 시작합니다.

　　엘로힘의 불사의 행성에서는 모든 사람들이 부처이며, 이것이 진정한 지식입니다. 상상해보세요. 70억의 부처들이 함께 하는 지구를 상상해보세요. 여러분이 거리로 나가서 어디에 가든, 모든 사람이 행복합니다. 모든 사람에게 충분한 음식이 있고, 모든 사람이 '존재'합니다. 이것이 천국이며, 우리는 그렇게 할 수 있습니다. 그리고 이러한 단계에 도달하기 위해서는, 우리는 지성과 교육과 지식에 대한 숭배를 멈추어야만 합니다. 그런 것은 쌀에 함유되어 있는 소금처럼, 아주 약간 필요하긴 하지만, 가장 중요하지는 않지요. 가장 중요한 것은 즉시 부처가 되는 것입니다. 즉석 수프, 즉석 콩 음료, 즉석 커피가 매우 인기 있지요. 하지만 즉석 부처는 더 좋습니다. 이것이 내가 가르치고자 하는 바인데, 바로 지금, 바로 여기서, 즉시 부처가 되는 것입니다. 공부한 후에 부처가 되겠다고 생각하지 마세요. 나의 강의가 끝난 후에 부처가 되겠다고 생각하지 마세요. 바로 지금입니다. 나무를 올라가세요. 그리고 삶의 바람 속에서, 나무 꼭대기에 머무세요.

엘로힘을 맞이하기 위한 준비에
행복이 있습니다

A.H.66년 9월 - 2011년 일본 오키나와

우리는 엘로힘을 맞이할 대사관을 짓길 원합니다. 우리 인생에서 가장 행복한 때는 언제가 될까요? 대사관이 지어질 때일까요? 아니면, 대사관을 준비하는 동안일까요? 물론 대사관이 완공되고 엘로힘이 도착하는 날은 아름다운 날이 될 것입니다. 하지만 그날이 오늘보다 더 아름다울까요?

여러분이 맛있는 음식을 준비하고 있다면, 최고의 순간은 언제일까요? 음식을 먹을 때인가요? 아니면, 여러분의 모든 사랑을 담아 음식을 준비할 때인가요? 나의 경우, 나는 요리하는 것을 좋아하기 때문에, 먹는 것보다 준비하는 것이 더 좋습니다. 여러분이 요리할 때, 여러분은 사랑을 듬뿍 넣으면서, 나중에 먹으면 얼마나 좋을지 마음속에 그립니다. 요리는 시간이 오래 걸리지만, 여러분은 준비하는 모든 과정을 즐깁니다. 그러나 실제 식사는 빨리 끝나버리지요. 식사가 좋기는 하지만, 준비하는 것이 더 좋습니다.

우리는 엘로힘의 대사관 건설을 준비하며, 지금 함께 요리를 하고 있습니다. 그것은 시간이 오래 걸리기 때문에,

나로서는 훨씬 더 흥분됩니다. 이는 섹스할 때와 마찬가지인데, 목표인 오르가즘에 도달한 순간은 금방 끝나버리지요. 하지만 준비하고, 키스하고, 대화하고, 모든 곳에 부드럽게 키스하는 과정이 더 흥분됩니다. 마지막에 "아~!" 하는 것보다 훨씬 좋습니다. 물론 오르가즘도 좋지만, 상냥하게 터치하며, 시를 읽으면서 대화하며, 천천히 준비하는 것이 훨씬 더 좋고, 또 관계가 더욱 오래 지속됩니다!

대사관도 마찬가지입니다. 우리는 준비하고 있습니다. 우리는 대사관과 장난치며, 마치 아름다운 여자친구의 입술에 하듯이, 대사관 프로젝트에 키스하고 있습니다. 우리는 대사관 프로젝트를 부드럽게 터치하고 있지요. 그렇게 하면서, 매일매일이 아름답습니다. 여러분의 여자친구와 사랑을 나눌 때, 침실로 향하는 여러분의 모든 걸음은 아름답습니다. 한 걸음, 한 걸음씩. 그러면 결국, 여러분은 원하는 것을 가져다주는 그 모든 과정을 즐기게 됩니다.

만약 여러분이 목표에 도달할 때 행복할 것이라고 생각한다면, 여러분은 결코 행복하지 못할 것입니다. 만약 여러분이 목표의 성취를 향해 가는 그 과정을 즐긴다면, 행복은 지금입니다. 대사관을 짓고 완성하는 날이 오늘보다 더 좋은 날은 아닐 것입니다. 왜냐하면 지금이 행복이며, 우리의 목표를 향해 함께 노력하는 것이 행복이기 때문입니다.

오늘은 거룩한 날입니다. 여러분의 인생에서 가장 중요한 날입니다. 왜냐하면 오늘이기 때문이지요. 다음 주에도, 아마 여러분은 내 말을 들으려 다시 돌아올 것입니다. 하지만 그날이 오늘은 아닐 것입니다. 그러므로 '오늘'이 오늘입니다. '지금'이 지금입니다. 다음 주에, 아마 나는 이곳에 없을지도 모릅니다. 내가 죽을 수도 있지요. 그러니까 바로 지금, 이곳에 앉아서 함께 하며, 대사관을 향해 함께 노력하는, 지금을 즐기세요. 우리는 대사관으로 향하는 길 위에 있는데, 이 순간은 대사관 건설이 끝나는 그 날보다 훨씬 더 좋습니다. 대사관은 5년, 10년, 혹은 20년이라는 긴 시간이 걸릴 수도 있지만, 만약 여러분이 대사관이 지어졌을 때만 행복하다면, 여러분은 20년 동안 불행할지도 모릅니다. 하지만 여러분을 20년이라는 세월에 점점 가까이 데려다주는 매일매일이 행복하다면, 그것은 지속적인 행복이며, 그것이 더 좋습니다. 그러면 그것은 바로 행복의 일생입니다.

행복은 내일, 혹은 내년, 혹은 20년 후에 있는 것이 아닙니다. 행복은 바로 지금입니다. 그리고 나는 여러분과 지금 여기에 함께 있어서 매우 행복합니다. 왜냐하면 나는 여러분의 사랑을 느끼기 때문입니다. 우리는 지금 함께 있고, 여기 앉아서, 대사관을 만들고 있습니다. 왜냐하면 우리가 지으려고 하는 물리적인 대사관은, 우리 마음속에 짓고 있는 대사관에 비하면 아무것도 아니기 때문입니다. 언젠가 물리적으로 대사관을 짓기 위해서는, 먼저 우리 안에 대사관을 짓고, 엘로힘을 우리 안에 먼저 맞이해야만 합니다. 그것은 실제 건물보다 훨씬 더 중요합니다. 그리고 바로 지금, 우리는 그렇게 하고 있습니다.

매 순간을 마지막인 것처럼 사세요

A.H.66년 1월 - 2012년 일본 오키나와

나는 여러분이 행복함을 느끼길 바랍니다. 때때로 우리는 행복하면서도 그것을 느끼지 못합니다. 그래서 우리는 불행하다고 생각하게 되지요. 왜냐하면, 우리는 자신의 행복을 느끼는 것을 잊어버리기 때문입니다. 여러분 자신에게 물어보세요. "나는 바로 지금 행복한가?" 어제도 아니고, 내일도 아니며, 한 시간 전이나 후도 아닙니다. 바로 지금입니다. 여러분은 바로 지금 행복한가요? 여러분은 자신이 행복하다는 것을 알고 있나요?

여러분이 약간 침체되었다고 느끼거나, 때때로 자잘한 걱정거리가 생겼다면, 그냥 자신에게 물어보세요. "바로 지금, 나는 어떻게 느껴야 할까?" 그러면 불현듯 행복이 돌아올 것입니다. 왜냐하면 행복은 우리가 과거나 미래에 대해 생각할 때 사라지기 때문이지요. 젊고 돈이 많았던 옛날이 더 좋았다고 생각하며 과거에 대해 후회하거나, 마이트레야처럼 수염이 하얘지거나 머리카락이 빠질까 걱정하며 미래에 대해 두려워하는 이 모든 감정들은 여러분을 행복에서 멀어지게 합니다.

행복은 여러분이 과거에 대한 후회나 미래에 대한 두려움 없이, '바로 지금'을 생각할 때 옵니다. 과거는 죽었으며, 우리는 그것을 바꿀 수 없고 다시 살아볼 수도 없습니다. 과거는 끝났고, 사라져 버린 것이지요. 미래에 관해서는, 우리는 알 수가 없습니다. 내일은 없을지도 모르지요. 오늘이 우리 삶의 마지막 날일 수도 있습니다. 누구나 그럴 수 있습니다. 여러분의 심장이 언제 멈출지 알 수 없지요. 한 시간 후일 수도 있고, 1분 후일 수도 있습니다. 그럼, 만약 지금이 여러분 인생의 마지막 1분이라면, 상상해보세요. 여러분은 두려움 속에서 1분을 살기를 원하나요? 아니면 행복하게 1분을 살기를 원하나요? 어쨌든, 우리는 죽을 것입니다. 내일일 수도 있고 십년 후일 수도 있지만, 그것은 중요하지 않습니다.

오늘을 여러분 인생의 마지막 날인 것처럼 사세요. 만약 오늘이 내 인생의 마지막 날이라면, 여러분과 함께, 여러분의 미소와 함께, 사랑으로 가득 찬 여러분의 눈빛과 함께하고 있는 지금 여기보다 더 살고 싶은 장소는 이 세상 어디에도 없습니다. 바로 지금, 바로 여기에서, 우리가 함께 살아있는 특권과 행운을 느껴 보세요. 그리고 하루하루, 매일매일을 그렇게 만드세요. 여러분이 그렇게 매일을 산다면, 삶은 매우 아름다워질 것입니다.

매일매일, 오늘이 여러분 인생의 마지막 날인 것처럼 사세요. 그러면 모든 색깔이 더욱 아름다워지는데, 왜냐하면 여러분 인생의 마지막 날에 보는 색깔들이기 때문입니다. 또 여러분 주위 모든 사람의 미소가 더욱 아름다워지는데, 왜냐하면 여러분 인생의 마지막 날에 보는 미소 짓는 얼굴들이기 때문입니다. 모든 나무, 모든 꽃, 비, 그 모두가 여러분 인생의 마지막이 될 것입니다. 비가 오는 날이라고 실망하는 대신에, 비가 얼마나 아름다운지 보세요. 저 구름들도 내가 이 행성에서 보는 마지막 구름일지 모릅니다.

매일매일이 인생의 마지막 날이 될지도 모른다는 것을 깨닫게 되면, 모든 것이 아름다워집니다. 이것이 바로, 엘로힘이 부여해준 의식의 인도를 받아, 우리가 영원히 매우 행복한 삶을 살 수 있는 방법입니다. 왜냐하면 엘로힘은 우리를 이끌어 주고 있기 때문이지요. 엘로힘의 메시지는 행복으로 가는 열쇠이자, 행복으로 가는 길이며, 행복은 바로 지금 매 순간을 여러분 인생의 마지막인 것처럼 살 때 시작됩니다. 나는 여러분이 이 가르침을 매일 매 순간 적용하기를 희망합니다. 그러면, 여러분은 아름다운 삶을 살 것입니다. 아름다운 삶이 행복한 삶이지요.

그러면 여러분은 엘로힘과 함께 영원한 삶을 갖게 될 것입니다. 왜냐하면 엘로힘은 여러분을 사랑하며, 여러분이 영원히 고통받기를 원치 않기 때문입니다. 만약 여러분이 행복하지 않다면, 영원한 삶을 누릴 자격이 없습니다. 이것은 가톨릭의 가르침과는 완전히 반대이지요. 가톨릭의 가르침에 따르면, 만약 여러분이 많이 고통받고, 슬프다면, 사후에 영원한 삶을 누릴 자격이 있다고 합니다. 그러면 여러분은 영원히 슬퍼할 수 있지요. 이것은 너무 끔직하군요!

그 대신에, 엘로힘은 이렇게 말합니다. "당신들이 영원한 삶을 바란다면, 행복하세요. 우리는 당신들을 너무나 사랑하기 때문에, 당신들이 행복하지 않은데도 영원한 삶을 줄 수는 없으니까요." 여러분이 엘로힘의 행성에 재생될 때, 여러분은 똑같은 두뇌, 똑같은 정신을 가진 채 재생될 것입니다. 만약 엘로힘이 이렇게 말한다면, 그들은 사디스트일 것입니다. "이 사람은 아주 우울하고 깊이 고통받고 있으니, 그를 재생시켜 영원히 고통받을 수 있게 하자."

여러분이 슬프거나 우울하다면, 여러분이 죽어서 먼지로 돌아갈 때, 모든 고통은 사라집니다. 그러나 여러분이 행복하다면, 여러분은 행복한 영원의 삶을 누릴 자격이 있지요. 엘로힘 행성의 모든 불사인들은 행복합니다. 그들이 돈이 많아서가 아닙니다. 엘로힘의 행성에는 돈이 없으니까요. 그들이 특별한 재능을 지녔거나 대학교에서 많은 학위를 받아서가 아닙니다. 엘로힘의 행성에는 학위가 없으니까요. 그들은 매 순간을 마치 마지막인 것처럼 살기 때문에 행복합니다.

여러분이 매 순간을 마지막인 것처럼 산다면, 한 번의 삶으로는 충분치 않으며, 영원히 사는 것을 원하게 될 것입니다. 그러나 여러분이 매우 우울하다면, 단 1분도 너무나 길게 느껴지고, 바로 그 때문에 자살하고 맙니다. 여러분이 삶의 1분조차 견디지 못할 때, 그때는 자살하게 되는 것입니다. 그러나 영원한 삶은 그 반대입니다. 여러분은 바로 지금 너무나 행복하기에, 이 행복이 영원히 계속되길 원하는 것이지요. 기억하세요. 여러분의 행복이 열쇠이며, 영원한 삶을 위해서 필수적인 열쇠입니다. 영원한 삶은 엘로힘이 주시는 사랑의 선물입니다. 그들은 여러분이 행복해야만 영원한 삶을 줄 것입니다. 그러면 어떻게 행복할까요? 바로 지금 행복하면 됩니다. 어제도 아니고, 1분 후도 아니고, 바로 지금입니다.

모든 목적과 타겟, 목표를 버리세요

A.H.66년 2월 - 2012년 일본 오키나와

여러분은 행복하게 태어났습니다. 모든 사람은 행복하게 태어났지요. 여러분 모두 행복하게 태어났습니다. 하지만 대부분의 시간에 있어서 삶, 교육, 가족, 학교, 사회가 이러한 자연적인 행복을 파괴하고 있습니다. 메시지와 엘로힘의 가르침 덕분에, 우리는 이러한 행복, 자연적 행복으로 돌아갈 수 있다는 것을 알게 되었습니다. 왜냐하면 오래전 웃고 있던 어린아이가 여러분의 내면 속에 지금도 여전히 살아있기 때문이지요.

이제 어린아이로 돌아갈 때입니다. 여러분이 그렇게 한다면, 행복은 즉각적으로 되돌아올 것입니다. 즉각적이지요. 물론 많은 세미나에 참가하여 배우는 것도 좋습니다만, 진정한 행복은 내일이 아니라, 바로 지금, 바로 여기 있습니다. 다른 말로 하자면, 여러분 모두 즉시 부처가 될 수 있다는 것이지요. 당장 지금, 여기서 말입니다. 아마 여러분의 삶에서 처음 경험하는 일일 것입니다. 그것은 수련이나 학습을 필요로 하지 않습니다. 단지 존재하기만 하면 됩니다.

아기가 태어날 때, 아기는 완전히 행복합니다. 아기는 공부하지 않았고, 학교에 가지 않았으며, 글을 쓸 줄도 모릅니다. 아무것도 모릅니다. 하지만 아기는 행복하지요. 그러나 어른이 되면서, 더 많이 배울수록 행복은 더 작아집니다. 그러므로 그릇된 신화를 버리는 것이 매우 중요합니다. 아주아주 그릇된 신화지요. 바로 우리에게 목적, 타겟, 목표가 필요하다는 신화입니다. 이것은 독입니다.

우리에게 목적, 타겟, 목표가 필요하다고 말하는 것은, 미래에 우리가 어떤 것에 도달할 것이라는 의미입니다. 행복도 마찬가지입니다. 언젠가 행복할 것이라고 말하는 것은 매우 어리석지요. 바로 지금 행복하든지, 아니면 결코 행복할 수 없습니다. 만약 우리가 "내일 행복해질 거야"라고 말한다면, 행복은 결코 오지 않을 것입니다. 미국의 유명한 노래 "지금 아니면 영원히 없어"처럼 말이지요.

여러분이 목적이나 목표를 세울 때마다, 여러분의 삶에 문제를 만들게 됩니다. 여러분이 백만 달러를 갖게 되면 행복해질 거라고 믿을 때, 목표는 돈이 될 수 있겠지요. 아름다운 여자친구나 남자친구가 목표가 될 수도 있을 것입니다. 하지만 행복은 그런 식으로 생기지 않습니다. 그것은 바로 지금, 바로 여기 있으니까요.

모든 목적, 목표, 계획을 부수어 버리세요. 이것은 이성 관계나 돈뿐만 아니라 철학에 있어서도 마찬가지입니다. 여러분이 지금은 행복하지 않지만 엘로힘이 오시면 행복해질

것이라고 믿어서는 안 됩니다. 이것은 매우 어리석은 생각
이지요. 지금 행복해야 합니다. 우리에게는 엘로힘의 대사
관을 건설한다는 목표가 있지만, 그것이 우리에게 행복을
가져다주지 않습니다. 행복은 '지금'이며, 우리의 삶은 '지
금'의 연속이지요. 매 순간이 새로운 '지금'이며, 매일이 새
로운 '지금'입니다. '지금'의 연속에 의해, 우리는 아름다운
삶을 갖습니다. 결코 "내일 나는 행복할거야"라고 말하지
마세요. 왜냐하면 여러분이 "내일"이라고 말한다면, 행복은
결코 오지 않을 것이기 때문입니다. 행복은 오직 바로 지금
에만 존재할 수 있습니다. 1분 후에도 아닙니다. 여러분 삶
에서 첫 번째의 행복한 숨을 쉬어보세요. 그리고 그것을 영
원히 유지하세요.

행복하면 다른 사람들을 행복하게 만듭니다

A.H.66년 4월 - 2012년 일본 오키나와

마이트레야는 '행복의 부처'라고도 합니다. 따라서 나
는 최고로 행복한 사람이어야만 하지만, 내가 최고로 행복
하다고 말할 수 없습니다. 왜냐하면, 만약 내가 "나는 최고로
행복해"라고 말한다면, 겸손의 결여가 되기 때문이지요.

우리가 "나는 세상에서 최고로 행복해"라고 말하면,

정말로 겸손이 부족한 걸까요? 아닙니다! "나는 세상에서 최고로 행복해"라고 말하는 것은 겸손의 결여가 아닙니다. 여러분은 "나는 세상에서 최고로 강해"라고는 말할 수 없습니다. 이것은 겸손의 결여입니다. 또 여러분은 "나는 세상에서 최고로 부유해"라고도 말할 수 없습니다. 이것도 겸손의 결여이지요. 그러나 여러분 각자는 "나는 세상에서 최고로 행복해"라고 말할 수 있습니다.

라엘리안이란 메시지를 알고 엘로힘의 깊은 가르침을 느끼는 사람이므로, 만약 그것이 여러분을 세상에서 최고로 행복한 사람으로 만들지 못한다면, 여러분은 아무것도 이해하지 못한 것입니다. 엘로힘 메시지의 제1의 목표는 지적인 것이 아닙니다. 그것은 여러분을 더 지적으로 만들자는 것이 아니고, 여러분을 더 강하게 만들자는 것도 아닙니다. 그것은 여러분을 더 행복하게 만들려는 것입니다. 엘로힘은 행복한 사람들을 창조하기 위해, 지구상에 생명을 창조했습니다. 우리가 우울하거나 슬퍼하면, 우리는 엘로힘을 배신하는 것입니다. 그러므로 여러분만을 위해서가 아니라, 여러분 주위의 다른 사람들과 엘로힘을 위해 행복하세요. 만약 여러분이 행복하지 않다면, 여러분은 엘로힘을 행복하게 해드리지 못합니다.

숨을 들이마시고, 얼굴에 미소를 지으세요. 그리고 내

면에서 나오는 깊은 행복을 느끼세요. 여러분에게 행복이 충만하면, 다른 사람들이 여러분을 볼 때 그들도 역시 행복해집니다. 자신을 위한 행복은 좋은 것이지만, 그것으로는 충분하지 않습니다. 단지 여러분 자신만을 위한 행복은 조금 이기적입니다. 여러분이 너무나 행복해 보여서, 여러분을 쳐다보는 모든 사람들이, 아무 말을 하지 않아도, 한마디도 하지 않고 단지 여러분을 바라보는 것만으로 행복해지는 것, 이것이 궁극의 목표입니다. 여러분의 행복이 다른 사람들을 행복하게 만들게 하세요. 여러분이 거리를 걸어가며 약간 슬픈 누군가를 마주칠 때, 여러분을 쳐다보는 것만으로 그들이 미소 짓기 시작하도록, 행복의 광채가 되세요. 그러면 행복은 사랑이 됩니다. 이것이 바로 여러분이 목표로 해야 하는 것으로서, 정말로 행복하고 사랑을 주는 것입니다.

지금 바로 그렇게 하세요! 그러면 우리가 종종 만나는 이 멋진 장소는, 우리가 발산하는 행복의 진동으로 가득하게 될 것입니다. 왜냐하면 여러분의 행복은 다른 사람들에게 영향을 줄 뿐만 아니라, 나무, 나비, 여러분 주위의 모든 것에 영향을 주기 때문입니다. 식물들, 나무들은 여러분의 행복을 느끼고 행복해합니다. 풀도 살아있습니다. 그것은 여러분의 행복을 느낍니다. 우주, 무한, 모든 것이 여러분의 행복을 느낍니다. 그리고 만약 여러분이 행복하면, 여러분도 마찬가지로 나무들의 행복, 풀들의 행복, 나비들의 행복, 우주의 행복을 느낄 수 있습니다. 나는 여러분을 사랑합니다. 그리고 나의 작은 미소가 여러분을 행복하게 만들기를 희망합니다.

행복의 작은 물결

A.H.67년 12월 – 2012년 일본 오키나와

스트레스는 끔찍합니다. 내가 '스트레스'라고 말할 때 부정적인 스트레스만 생각하지 마세요. 스트레스는 긍정적이든 부정적이든 강한 감정에서 비롯됩니다. 긍정적인 감정 또한 스트레스를 만듭니다. 그러므로 부처처럼 되는 것이 좋습니다. 행복하되 평안해지는 것이지요. 미칠 듯한 기쁨으로 점프할 때, 그것은 스트레스입니다. 미칠 듯한 슬픔으로 울 때, 그것은 스트레스입니다. 예를 들어, 젊은 사람들은 컴퓨터 게임을 많이 하지요. 컴퓨터 게임은 재미있고, 나도 컴퓨터 게임을 좋아합니다. 게임을 할 때는 재미있고 행복하지만, 그것은 스트레스를 유발합니다.

부정적인 스트레스와 긍정적인 스트레스 모두 조심해야 합니다. 누군가를 사랑하는 것은 아름다운 일이지만 그것은 스트레스입니다. 평온하게 사랑하면 아름답지만, 먹지도 않고 잠도 못 잘 정도로 사랑에 빠진다면 그런 사랑은 독이 됩니다. 그러므로 언제나 부처의 가르침대로 중도를 지키세요. 큰 폭의 하락을 조심하고, 큰 폭의 상승을 조심하세요. 중간에 머물며 행복할 때, 당신은 우울해지지 않습니다. 당신이 크게 "와우!"하며 하늘로 뛰어오를 때마다, 그 다음에 당신의 몸은 떨어지게 됩니다.

큰 기쁨이 있다면, 그것은 좋은 일이지만 속으로 느끼세요. 너무 높이 뛰어오르는 대신에 다소곳이 점프하고, 그후 넘어지지 않도록 기운을 아끼세요. 당신이 아주 높이 뛰어오르면, 다시 착지할 때 고통스럽습니다. 그러나 조금 뛰는 것은 괜찮지요. 그런 뒤 조화를 유지하면 스트레스도 없고 우울증도 없습니다.

요약하자면, 부정적인 생각도 조심하고 너무 강한 긍정적인 생각도 조심하세요. 우리 앞에 있는 아름다운 바다처럼 말입니다. 작은 파도가 있는 평화로운 바다가 될 수도 있지만, 태풍과 거대한 파도가 몰아치며 나빠질 수도 있지요. 쓰나미는 좋지 않습니다. 기쁨의 쓰나미조차 그렇지요. 완전히 잔잔하지 않고 작은 파도가 치는 평화로운 아침 바다를 머릿속에 떠올려보세요. 그것이 행복입니다. 당신의 머릿속에 이 평화로운 바다를 영원히 간직하기 바랍니다.

습관의 위험

A.H.68년 2월 - 2014년 일본 오키나와

텔레파시 교신을 할 때 무슨 말을 해야 할지 모르겠다면, 그냥 노래를 부르세요. 텔레파시 교신은 할 때마다 달라야 합니다. 언제나 "숨을 깊이 쉬고, 긴장을 풀고, 엘로힘에 대해 생각하라"는 패턴을 따르지 마세요. 그렇지 않으면 습관이 됩니다. 습관은 의식이 아닙니다. 텔레파시 교신을 할 때는, 항상 경이롭고 의식적으로 될 수 있는 새로운 방법을 창조하려고 노력하세요.

당신이 어린아이였을 때, 당신은 모든 것에, 심지어 자신의 손에 대해서도 경이로워했지요. 아마 지금은 손을 보지도 않을 겁니다. 혹은 가끔 잠깐만 보겠지요. 손은 아름답습니다. 당신의 손에 놀라워하세요. 당신의 손을 보세요. 그것은 놀랍도록 아름다우며, 당신의 것입니다.

사랑을 줄 수 있는 이 아름다운 도구로, 당신은 명상을 할 수 있습니다. 매일 아침 나는 내 손을 보며 그것들을 가질 수 있는 특권에 감사합니다. 어떤 사람들은 손이 없습니다. 기독교도나 불교도처럼, 거의 모든 종교는 연결을 느끼기 위해 손을 사용합니다. 어떤 사람은 손바닥을 하늘로 내밀어서 그렇게 합니다. 손은 매우 중요합니다. 손뿐만 아니라 얼굴에도 놀라워하세요. 당신의 얼굴도 정말 경이롭습니다. 당신의 얼굴을 보세요. 매일 아침 다르지요. 그리고 나이가 들어도 매일 아침 우리의 얼굴은 더 아름답고 더 빛납니다.

어린아이들은 귀엽지만, 그들의 의식 수준은 여전히 매우 낮습니다. 우리는 나이가 들수록 더 성장합니다. 몸은 25세에 성장이 멈추지만, 의식은 영원히 성장하지요. 우리가 70세나 80세가 되었을 때라도, 우리는 엘로힘에 비하면 여전히 어린 아기들입니다. 이 의식은 영원히 연꽃처럼 자랄 것입니다. 그래서 영원한 삶이 아름답지요. 왜냐하면 우리가 영원히 똑같은 두뇌를 갖고 산다면 영원한 삶은 지루할 것이기 때문입니다. 똑같은 두뇌로 2만 년을 산다는 건 끔찍한 일이지요. 그러나 우리는 이 의식을 영원히 높일 수 있는 힘을 갖고 있습니다.

당신이 아침에 거울 속의 자신을 볼 때, 주의 깊게 보세요. 처지고 주름진 피부를 보지 말고, 당신의 눈을 보세요. 당신은 그 속에서 의식이 자라는 것을 볼 수 있습니다. 그러면 당신은 더 이상 늙는 것을 두려워하지 않게 될 것입니다. 몸은 늙지만, 눈은 영원히 젊습니다. 나의 할머니는 아주 연세가 많고 훌륭한 분이었습니다. 할머니는 나이가 들수록 눈이 더 젊어졌습니다. 99세에 돌아가셨지만, 항상 빛나는 눈을 갖고 계셨고, 매년 더 빛이 났습니다. 경이로움을 느끼세요. 매일, 당신의 손과 몸, 성기의 아름다움을 바라보세요. 모든 부분이 참으로 아름답습니다. 경이로움을 느끼세요.

우리는 생활 속에서 습관이라는 큰 위험에 직면합니다. 습관은 초의식을 죽입니다. 당신이 새 차를 사면, 차의 모든 부분을 경이롭게 바라봅니다. 하지만 6개월, 1년이 지나면 더 이상 쳐다보지 않습니다. 그냥 차일 뿐이지요. 집을 새로 샀을 때도 마찬가지입니다. 첫날은 아주 행복해하지요. 첫 주, 첫 달은 경치를 감상하고 너무나 아름다운 바다를 보며 감탄합니다. 하지만 1년 혹은 2년이 지나면, 당신은 더 이상 관심을 두지 않게 되지요. 당신에게 새로운 남자친구나 여자친구가 생기면, 당신은 첫 주는 매일 세 번씩 사랑을 나누고 싶어 합니다. 하지만 1년 혹은 2년이 지나면, 당신은 다른 여자들을 찾아다닙니다. 이렇게 되는 것은 우리가 초의식을 사용하지 않기 때문입니다.

내가 오키나와에 살게 된 것은 큰 행운입니다. 우리 주변의 이 아름다움을 보세요. 이곳은 지상낙원입니다. 엘로힘의 행성도 여기보다 더 아름답진 않습니다. 그런데 우리는 일요일마다 여기 오니까 꽃, 바다, 햇빛에 경탄하는 것을 잊어버리지요. 여기는 경이롭습니다. 나는 매일 경탄하고 싶습니다. 영원히 이와 같은 의식으로 주위를 둘러보세요.

어떤 사람들은 메시지를 발견하고 첫 주는 열정에 가득

참니다. 그들은 마이트레야를 돕고 싶어 하고, 엘로힘을 맞이할 대사관을 짓고 싶어 하지요. 하지만 몇 번 참석하여 마이트레야의 말을 들은 뒤에는 지루해합니다. 나는 아무도 나를 보는 것에 익숙해지지 않기를 바랍니다. 그리고 당신의 삶에서 그 어떤 것에도 익숙해지지 않기를 바랍니다.

매 순간을 즐기세요. 특히 가장 중요한 순간, 바로 이 순간을!

내면의 미소를 키우세요

A.H.68년 3월 - 2014년 일본 오키나와

당신의 행복한 라엘리안 미소보다 아름다운 난초는 세상에 없습니다. 그러니 엘로힘께 미소를 보내 주세요. 웃는 것은 매우 중요합니다. 그것은 마음의 꽃입니다. 먼저, 항상 내면의 미소를 지으세요. 만약 당신이 내면에 미소를 갖고 있다면, 자연스럽게 그것은 밖으로 빛납니다.

많은 사람들이 겉으로만 웃으며 속으로는 매우 슬퍼합니다. 자살한 사람의 친구들은 종종 "지난주에 그를 봤는데, 그는 웃고 있었어"라고 말하며 매우 놀랍니다. "어제 그를 봤는데 웃고 있었어요." 그들은 겉으로는 웃고 있었지만,

내면으로부터 웃고 있지 않았기 때문에 자살했습니다. 내면으로부터 웃으면, 내면에 행복이 있고, 살아있음에 행복하게 됩니다. 당신은 겉으로만 웃을 필요 없이, 자연스럽게 웃게 됩니다. 단지 예의에 불과한, 다른 사람들을 기쁘게 하기 위한 웃음이 아닙니다. 다른 사람들에게 미소를 짓고 있지만 내면이 슬프다면, 자살하고 싶은 마음이 커집니다. 울면서 죽고 싶다고 소리치는 사람들은 대부분 죽지 않습니다. 자살하는 사람들은 대부분 그저 예의상 다른 사람들에게 미소 짓던 사람들입니다.

정원처럼 내면의 미소를 가꾸는 것은 매우 중요합니다. 모든 진실된 것은 안에서 밖으로 나갑니다. 모든 것이 그렇습니다. 다른 사람에게는 웃지만 자신에게는 웃지 않는 사람들은 내면의 미소를 갖고 있지 않습니다. 겉으로는 언제나 긍정적이지만 속의 기분은 너무 안 좋은 일본 사람들처럼 말이지요.

이 내부의 정원은 미소로, 혼자 있을 때 웃는 내면의 미소로 가꾸어야 합니다. 우울한 사람들은 다른 사람에게는 웃지만, 혼자 있을 때는 웃지 않습니다. 다른 사람이 아닌 자신을 위해 혼자 웃는 것부터 시작하세요. 미소 지을 때, 당신 자신에게 미소 짓는 겁니다.

아침에 일어나며 눈을 뜨기 전에, 살아 있음에 행복을

느끼며 미소를 지으세요. 아무도 보지 않지만, 당신은 느낄 것입니다. 그리고 화장실에 가서 거울을 보고 웃으세요, 다른 사람들을 위해서가 아니라 자신을 위해서. 그러면 당신은 내면에서 오는, 삶의 마법으로부터 나오는 자연스러운 미소를 갖게 됩니다. 왜냐하면 당신의 삶은 마법이기 때문입니다.

마술을 보려고 마술사에게 갈 필요가 없습니다. 당신이 자신의 얼굴을 보는 것, 그것은 기적입니다. 그것이 무슨 기적이냐고요? 당신은 볼 수 있습니다. 볼 수 있다고요! 이것은 기적입니다. 눈이 멀어서 못 보는 사람들이 많지만, 나는 당신을 볼 수 있습니다. 당신이 장님으로 산다고 상상해보세요. 눈을 감아 보세요, 그것이 그들이 보는 것입니다. 눈을 떠보세요. 아름다워요, 우리는 볼 수 있어요. 이것은 매우 단순하지만 경이롭습니다.

종종 수술 후에 시각장애인들이 앞을 볼 수 있게 되면 "와, 보인다!"라고 말합니다. 우리는 매일 그래야 합니다. 당신은 들을 수 있지만, 어떤 사람들은 들을 수 없습니다. 귀에 손가락을 넣은 뒤 빼보세요. 당신은 들을 수 있어요! 그것은 아름답고, 기적입니다. 많은 사람들이 이 단순한 기쁨을 누리지 못합니다. 그것은 음악뿐 아니라 목소리, 친구들의 말, 새들의 소리 등 모든 것을 듣는 기쁨입니다. 침묵도

들립니다. 왜냐하면 침묵이란 결코 없기 때문이지요. 적어도 자신의 아름다운 숨소리는 들립니다.

우리는 냄새를 맡을 수 있지요. 꽃향기를 맡아보세요. 그것은 아름답고, 단순합니다. 행복은 단순한 것에 있습니다. 당신은 만질 수도 있지요, 옆에 있는 사람의 손을 만져보세요. 당신은 물건을 만질 수 있고 살아있는 사람을 만질 수 있습니다. 이것은 경이롭습니다. 어떤 사람들은 손이 없어 만질 수 없으니까요. 당신은 맛있는 일본 음식, 그리고 이제 봄철의 아름다운 과일을 맛볼 수 있습니다. 어떤 사람들은 맛을 느낄 수 없는데, 병으로 그들의 미각을 잃었기 때문이지요.

당신에게 행복을 주고 또 내면에서 밖으로 미소 짓게 해주는 것은 단순한 것들입니다. 물건도, 자동차도, 집도, 비싼 옷도, 보석도 아니지요. 웃고, 만지고, 보고, 냄새 맡는 것, 당신은 그것들을 갖고 있고, 아무도 당신에게서 그것들을 없앨 수 없습니다. 당신은 갑자기 감옥에 갇힐 수도 있지만, 감옥에서도 여전히 이 보물들을 가질 수 있습니다. 아무도 당신에게서 그것들을 빼앗을 수 없습니다. 그러니 그것들을 즐기세요. 이것이 행복의 비밀입니다.

행복은 우리의 의무입니다

A.H.69년 9월 - 2014년 일본 오키나와

우리는 행복해야 합니다. 행복은 우리의 의무입니다. 행복은 우리의 DNA 안에 들어 있기 때문에, 우리가 행복하지 않으면 자신의 유전자 코드를 배신하는 것이며 또한 엘로힘을 배신하게 됩니다.

엘로힘은 우리가 행복하도록 생명을 창조했습니다. 네, 웃으세요. 웃기 위해 행복해질 때를 기다리지 말고, 행복하기 위해 웃으세요. 명상하기 위해 행복해질 때를 기다리지 말고, 행복하기 위해 명상하세요. 명상하는 사람은 행복에 이른다는 사실을 발견한 매우 흥미로운 과학적 연구가 있습니다. 명상을 많이 할수록 행복에 더 빨리 도달합니다. 행복이란 두뇌의 연결이므로, 행복 중추로 가는 고속도로를 만드는 화학반응이 두뇌에서 일어납니다. 2주 동안 세미나를 할 수도 있지만 "행복하다"라는 한 마디면 충분합니다. 명상을 하면 행복에 더 빨리 도달하게 됩니다.

처음에는 조금 어려운데, 명상할 때 두뇌를 멈추고 생각을 멈추는 것에 어려움을 겪습니다. 나의 자세가 올바른지, 내가 호흡을 바로 하고 있는지, 쇼핑가야 하는데, 등등 온갖 생각이 들지요. 처음에는 생각하는 기계를 멈추고 명상을 진정으로 느끼는 데에 시간이 걸립니다.

하지만 당신이 더 규칙적으로 명상을 할수록, 더 빨리 느낄 수 있게 됩니다. 처음에는 누운 상태에서 명상하는 것을 배우지만, 더 잘하게 되면 앉아서 명상할 수 있습니다. 당신이 발전함에 따라 서서 명상할 수 있게 되며, 더욱 나아지면 걸으면서도 명상할 수 있습니다. 그러면 당신은 즉각적인 행복, 완전한 행복, 작은 행복이 아니라 무한한 행복을 느낄 수 있습니다. 당신은 움직이거나 움직이지 않거나, 춤추거나 안 추거나, 어떤 자세에서든 언제든지 원할 때마다 그렇게 할 수 있습니다.

행복은 규율입니다

A.H.69년 3월 - 2015년 일본 오키나와

행복은 결심입니다. 당신이 행복하기로 결정하는 것이지요. 행복은 외부로부터 오지 않습니다. 행복은 내면, 즉 결심으로부터 옵니다. 아이들은 자연적으로 행복합니다. 결심할 필요 없이 행복하지요. 하지만 자라면서, 교육이 그들을 생각하도록 만듭니다. 생각하면, 행복을 잃게 됩니다. 각성, 개화, 명상을 통해 당신은 생각을 멈추고 존재하기 시작할 것을 결정해야 한다는 점을 배울 수 있습니다. 존재한다는 것은 행복하다는 뜻이지요. 그것은 결심입니다. 나는 이것을 여러 번 얘기해왔습니다.

그리고 행복의 두 번째 요소가 있는데, 그것은 아주 중요합니다. 당신이 비록 행복해지기로 결심했다 하더라도, 당신의 행복은 서서히 멈출 수 있습니다. 행복하기로 결정한 데 이어, 무엇이 당신으로 하여금 행복한 상태에 머물게 할 수 있을까요? 그것은 규율입니다.

행복은 규율입니다. 당신은 아침에 일어나 이렇게 말할 수 있습니다. "좋아, 난 행복해지기로 결심했어." 그런 다음 우편물을 열어보고, 납부할 세금고지서와 청구서를 발견합니다. 당신의 남자친구나 여자친구가 오늘 당신을 만나고 싶지 않다고 합니다. 그러면 행복해지기로 한 결심이 서서히 사라지게 되지요. 당신은 결심을 잊어버리고 울적해집니다. "오늘 아침에 행복하기로 결심했는데, 왜 더 이상 행복하지 않은 걸까?"… 왜냐하면 아침에 행복해지겠다고 한 결심만으로는 충분치 않기 때문입니다. 당신은 매분, 매초 행복하겠다고 결심하는 규율이 필요합니다. 항상 자신의 생각들을 선택하는 규율이지요. 왜냐하면 당신은 매사에 반응하기 때문입니다. 우편물을 열면, 정부에서 나온 세금고지서를 보게 되고, 생각하게 됩니다. 당신이 아무리 세금고지서에

화를 내더라도, 정부는 여전히 세금을 요구할 것입니다. 만약 화를 내어 고지서를 사라지게 만들 수 있다면, 당신의 반응은 유용하겠지요. 하지만 그런 일은 없습니다. 당신의 남자친구나 여자친구가 당신을 만나기를 원하지 않을 경우, 화를 내는 것은 아무것도 바꿀 수 없습니다. 오히려 반대이지요. 만약 당신이 전화에 대고 화를 낸다면, 오늘 하루가 아니라 일주일 동안, 혹은 다시는 당신을 보고 싶지 않다고 할지 모릅니다. 그건 맞는 말이지요.

행복하겠다는 결심은 당신이 가진 모든 생각들을 검토하겠다는 결정입니다. 길거리에서 개똥을 보았을 때, 당신은 그것을 밟지 않습니다. 생각들 중에는 개똥과 똑같은 것이 있습니다. 그것을 밟지 마세요. 개똥을 볼 때, 당신은 그것을 피해 갑니다. 생각도 똑같습니다. 생각할 때마다 자신에게 물어보세요. "이것은 개똥인가 아니면 나의 행복을 상승시키는가?" 그런 다음 선택하세요.

모든 상황에서 필요한 행복의 훈련

A.H.69년 3월 - 2015년 일본 오키나와

산속에서 '옴' 발성하며 항상 명상에 집중하는 불교 스님처럼 되기는 쉽습니다. 하지만 그것은 삶이 아닙니다. 삶속에서는, 여러분은 메일을 받고, 전화 통화를 하고, 차를 몰기도 하고, 다른 차들이 여러분을 방해하기도 하고, 경찰이 여러분을 세우기도 하는 등, 여러 가지 일들이 일어나지요. 바로 그런 곳에서, 여러분은 훈련이 필요합니다. 산속에서 온종일 명상하며 행복해지기는 쉬우니까요.

명상하는 대부분의 사람들이 그런 실수를 하는데, 그들은 스트레스, 분노 등 나쁜 감정들로 가득 찬 하루를 보낸뒤, 집에 돌아와서 촛불을 켜고 아름다운 명상음악과 함께누운 후에야 기분이 좋아집니다. 이것은 올바르지 않습니다. 아무것도 하지 않는 것보다는 낫지만, 올바르지는 않지요. 만약 여러분이 행복의 훈련을 한다면, 여러분은 명상을 실행할 필요도 없이 온종일 명상 상태로 있게 됩니다. 아침에 일어나는 순간부터 밤에 잠들 때까지, 여러분은 명상할때와 정확히 똑같은 느낌을 가질 수 있는 것입니다. 이를위해서는 매 순간 훈련, 즉 행복을 위한 훈련이 필요합니다.

"나는 하루 종일 기분이 나쁘고 싶어"라고 말하며 잠에서 깨어나는 사람은 없습니다. 어떤 사람들은 아침에 일어나서 "오늘은 멋진 하루가 될 거야"라고 말하고는, 곧 기분이 저하되지요. 이것은 좋지 않습니다. 다시 한번 말하지만, 여러분은 산속에서는 불교 스님처럼 되거나, 완전히 행복한 그런 경지에 도달할 수 있습니다. 왜냐하면, 그곳에서는 다른 사람들과의 접촉이나 갈등, 스트레스가 전혀 없기 때문입니다.

아니면, 여러분은 생활 속에서 훨씬 더 나아질 수 있습니다. 다른 사람들과 갈등을 겪고, 스트레스를 받지만, 행복을 유지할 수 있다는 것이지요. 행복의 훈련을 통해, 여러분은 삶을 감당하고, 정부, 경찰, 세금, 여자친구, 남자친구, 직장 상사를 감당할 수 있게 됩니다. 이것이 불교 스님보다 훨씬 더 낫습니다.

대부분의 스님들은, 그들의 절을 떠나 사회생활에 노출되면, 자신의 조화를 잃게 됩니다. 몇 년 전 나는 어느 불교 스님과 함께 수영장이 딸린 집에 머물렀던 적이 있습니다. 그는 나에게 수영하는 법을 모른다고 했지만, 나는 "문제없어요, 내가 가르쳐 줄게요"라고 말했습니다. 우리는 함께 수영장에 갔고, 그에게 수영을 가르쳤습니다. 수영 학습을 시작하는 가장 좋은 방법은, 물 위에 등을 대고 누워, 물이 자신을 떠받치고 있음을 느끼는 것이지요. 그가 물 위에 누웠고, 나는 그의 머리를 받쳐주었는데, 그는 겁에 질려 허우적거리기 시작했습니다. 그는 스님입니다! 그런데 단지 물속에 있다고 겁에 질리다니요! 이것은 좋지 않습니다. 절에서 명상할 때는, 그는 아름다운 조화를 지녔지만, 물에 들어오자마자 그 모든 것이 사라져 버렸습니다.

평범한 사람들은 스트레스를 받고 불행해하며, 스님들은 절에서는 행복합니다. 여러분은 이보다 더 낫습니다. 여러분은 생활에 부대끼거나, 물 속에 있거나, 언제나 미소 짓고 웃으며 행복을 즐깁니다. 이것이 최고의 경지이며, 여러분이 훈련을 해야만 이룰 수 있습니다. 행복은 훈련이며, 지금 바로 시작해야만 합니다.

성공적인 죽음

A.H.72년 10월 – 2017년 일본 오키나와

여러분이 사람들을 사랑한다면, 그들이 살아 있을 때, 언제나 그들이 사라지는 것을 볼 준비를 하세요. 그러면 실제로 그들이 사라질 때, 여러분은 슬픔을 느끼지 않을 것입니다. 왜냐하면 죽음도 삶의 일부이기 때문입니다.

모든 사람이 성공하기를 바라고, 성공적인 삶을 살고 싶어 합니다. 하지만 그들에게 성공적인 삶이란 어떤 것인지 잘 모르겠습니다. 만약 여러분이 숲속에서 노숙자처럼 살면서 행복하다면, 그것은 성공적인 삶입니다. 그러나 만약 여러분이 억만장자가 되어 행복하지 않다면, 그것은 성공적인 삶이 아니지요. 행복이 성공적인 삶입니다.

　　또한 중요한 것은 성공적인 죽음을 맞이하는 것입니다. 그것은 여러분이 죽을 때 여한을 갖지 않는다는 것을 의미합니다. 여러분은 살아있는 동안 할 수 있는 최선을 다했음을 알고 있습니다. 여러분은 사람들에게 사랑을 주었고, 매일 행복했으며, 매 순간을 충실하게 살았습니다. 그리고 여러분은 조화롭게 미소 짓는 얼굴로 죽음을 맞이하는 것이지요. 그러나 만약 여러분이, 자녀들과 시간을 많이 보내지 않았다고, 돈 버느라 너무 바쁘게 살았다고, 인생의 성공을 위해 애쓰느라 너무 바빴다고 생각하며 죽는다면, 여러분은 후회와 걱정으로 가득 찬 끔찍한 죽음을 맞게 될 것입니다.

　　아무리 여러분이 "난 죽고 싶지 않아"라고 말하더라도, 여러분은 죽을 것입니다. 그리고 죽음을 두려워할수록, 여러분은 더 빨리 죽을 것입니다. 만약 여러분이 "난 준비됐어. 난 사랑을 줬고, 내 일생 동안 지구상의 모든 곳에 행복을 전파했어. 난 내 주위의 모든 사람을 행복하게 만들기 위해 최선을 다했어"라고 말한다면, 죽음이 다가올 때, 두려움 없이 그것을 받아들일 수 있습니다. 하지만 여러분이 살아 있을 때 원했던 것을 하지 않았다면, 여러분은 두려움을 갖게 될 것입니다. 다시 말하자면, 여러분에게 삶다운 삶이 없을 때, 죽음을 두려워한다는 것이지요. 여러분은 삶을 갖지 않을 때, 죽음을 두려워합니다!

죽음 후에 삶이 있나요? 이것은 올바른 질문이 아닙니다. 나는 죽기 전에 삶이 있는지 묻겠습니다! 여러분은 지금 삶을 갖고 있나요? 여러분은 살아 있나요? 아니면, 여러분은 이미 죽었나요?

만약 여러분이 이미 죽었다면, 진짜 죽음은 끔찍하리만큼 무서울 것입니다. 만약 여러분이 결코 행복하지 않고, 주위의 사람들에게, 친구들에게, 가족들에게, 모든 사람에게 사랑을 주지 않고 있다면, 여러분은 죽음을 무서워할 것입니다. 여러분이 행복을 찾고 사랑을 전파하는 데 시간이 더 필요하다고 느낄 때, 죽음은 "미안하지만 이제 갈 시간이야"라고 대답할 것입니다. 여러분이 매일 행복하고, 매일 미소 짓고, 매일 아무 이유 없이 웃고 있을 때, 죽음이 "이제 때가 되었어"라고 말하고 여러분이 그것을 기꺼이 받아들인다면, 죽음은 나중에 오기로 결정할지도 모릅니다. 왜냐하면 여러분이 행복하기 때문이지요.

내 인생에 가장 환상적인 분이셨던 사랑하는 할머니가 돌아가셨을 때, 내가 눈물을 한 방울도 흘리지 않았다고 말하니까, 사람들은 나를 무감각하다고 비난했습니다. 정말 웃깁니다. 그들은 사람들이 어머니나 친척이 죽었을 때 울기를 바랍니다. 미안하지만, 나의 할머니는 행복하게 돌아가셨고, 할머니가 돌아가셨던 그때 나는 행복한 상태였습니다. 이것은 매우 간단한 이야기입니다. 할머니가 죽었다고, 내가 행복하지 않을까요? 나는 그냥 행복합니다. 할머니가 살아있거나 죽었다는 사실은, 나의 행복에 대해 아무런 변화를 주지 못합니다. 왜냐하면, 나는 할머니가 살아계실 때 최대한의 사랑을 주었기 때문입니다.

여러분 옆에 있는 사람, 여러분 옆 또는 주위의 두세 사람들이 내일 아침, 우리가 이곳에 돌아왔을 때, 그들 중 한 명이 밤중에 죽었다고 상상해 보세요. 그것은 가능한 일입니다. 아무도 모르지요. 그러면 여러분은 뭐라고 말하겠습니까? 여러분은 무엇을 느낄까요? 일반적으로 사람들은, 그에게 더 많은 사랑을 주었어야 했는데, 그와 더 많은 대화를 나누었어야 했는데, 더 자주 전화했어야 했는데, 라고 느끼며 후회합니다. 그들이 살아있으니, 지금 그렇게 하세요. 지금 하세요. 죽은 뒤가 아니라, 지금 여러분의 사랑을 주세요.

여러분은 오늘 아름다운 만다라를 만들었습니다. 이제 그 종이를 집어서, 모서리를 잡고 흔들어, 모래를 모두 모으세요. 모든 것을 섞습니다. 무슨 일이 일어나고 있나요? 이것은 죽음이지요. 우리의 몸도 마찬가지입니다. 우리는 아름다운 외모를 갖고 있고, 팔, 머리, 눈을 갖고 있지만, 그것들은 결국 먼지로 돌아갑니다. 여러분이 모두 섞어버린 갖가지 색깔의 모래 입자들을 주의 깊게 보세요. 그것들은 무슨 색인가요? 이제 그것들은 갈색입니다. 여러분이 만들었던 만다라 그림에서, 모래알들은 아름다운 파란색, 아름다운 초록색, 아름다운 노란색이었지만, 지금은 아무것도 아닙니다. 색깔도 없고, 형체도 없습니다. 먼지에서 와서, 먼지로 돌아갔습니다.

여러분은 손을 갖고 있고, 눈을 갖고 있지만, 죽은 다음에는 아무것도 없습니다. 아무것도 영원하지 않습니다. 친구를 사랑하세요. 가족을 사랑하세요. 주위의 모든 사람을 사랑하세요. 왜냐하면 그들은 영원하지 않기 때문입니다. 그리고 여러분 자신을 사랑하세요. 왜냐하면 여러분은 영원하지 않기 때문입니다.

감사함

A.H.69년 5월 - 2015년 대만

무슨 일이 일어나도 감사하세요. 어젯밤 나는 모기 때문에 잠을 잘 수 없었습니다. 방에 모기가 세 마리 있었지요. 모기는 언제나 당신이 자신을 때리게 만들기 때문에, 당신을 마조히스트로 만드는 유일한 동물입니다! 당신이 언제나 자신을 때리게 만들다니, 그것은 엘로힘의 농담이라고 생각되는군요! 나는 감사했는데, 모기가 나를 공격하는 것은 나에게 피가 있다는 뜻이기 때문입니다. 내게 피가 없다면, 모기는 없겠지만 내가 죽었다는 것이겠지요. 그래서 모기가 와서 내 피를 마셔줌에 감사합니다. 당신에게 모기가 달려들 때는 당신이 아직 살아있음을 증명해주는 것이라고 생각하세요.

모기에 물린 것을 축하하고, 불교 승려들처럼 합시다. 불교도들은 비폭력적이며 동물을 죽이지 않지요. 그래서 모기가 와서 손을 물면, "부디 내 피를 즐겁게 마시기를" 이라고 말합니다. 그리고 두 번째 모기가 오면 "좀 더 빨리 마시세요"라고 합니다. 세 번째 모기가 올 때는, 여느 사람들처럼 죽입니다.

살생은 삶의 일부입니다. 우리가 생존하기 위해서는 사

람이 아니라 닭, 양상추, 당근과 같은 것을 죽일 필요가 있지요. 우리는 먹기 위해 죽여야 하기 때문에, 절대적인 비폭력은 행할 수 없습니다. 음식을 먹을 때는 죽여야 하지만, 감사하며 사랑으로 그렇게 할 수 있습니다.

내가 캐나다에 살 때 사냥을 하곤 했는데, 재미로 하지 않고 오직 먹기 위해서만 했습니다. 나는 결코 재미로 동물을 죽인 적이 없으며, 먹기 위해서만 죽였습니다. 그리고 동물을 죽일 때마다, 이렇게 말하며 짧은 명상을 했습니다. "엘로힘 감사합니다, 내가 생존할 수 있도록 이 동물을 만들어 주셔서 엘로힘께 감사합니다, 그리고 내가 생존할 수 있도록 자신의 몸을 내게 준 이 동물에게 감사합니다…"

당신에게 먹힌 동물들은 운이 좋습니다. 내가 죽인 사슴도 감사했을 것이라고 생각합니다. 왜냐하면 그것은 미륵의 몸의 일부가 될 테니까요. 나는 여전히 그 사슴의 일부를 지니고 있습니다. 나는 내 몸의 일부가 된 모든 음식에 감사합니다. 모든 것에 감사하세요. 그러면 행복이 찾아옵니다.

왜냐고 묻지 마세요

A.H.71년 6월 - 2017년 일본 오키나와

당신은 지금보다 더 행복할 수 있나요? 아닙니다. 행복은 이진법입니다. 당신은 행복하거나, 행복하지 않거나입니다. 당신은 반만 행복할 수 없고, 90% 행복할 수도 없습니다. 행복하거나 행복하지 않거나이지요. 느껴보세요. 이것은 매우 흥미로운 훈련입니다.

누구나 인생의 기복이 있습니다. 그럴 때마다, 앉아서, 자신에게 아주 아름다운 질문을 해보세요. "나는 행복한가, 행복하지 않은가?" 당신이 그렇게 할 때, 당신은 초의식에게 말하고 있는 것입니다. 당신은 초의식이라는 작은 달팽이를 깨워야만 합니다.

우리는 대부분의 시간 동안 생각하고, 생각하고, 또 생각하면서 "왜?"라는 가장 끔찍한 질문을 합니다. 이것은 당신이 할 수 있는 가장 우울한 질문입니다. 우울한 사람들, 아주 심하게 우울한 사람들은 항상 "왜?"라고 묻습니다. 이것은 독성이 있는 질문입니다. "왜 잠이 안 오지?" "왜 나한테 이런 일이 생기지?" "왜 기분이 안 좋지?"

모든 "왜?"는 독입니다. "나는 행복한가?" 이것이 좋은 질문입니다. "나는 존재하는가?" 이것은 완전히 다릅니다. "왜?"라는 말은 당신의 두뇌를 질문에 밀어붙이고, 더 많이 생각하게 만듭니다. "왜? 왜?" 그러나 당신이 "나는 존재하는가?"라고 물으면, 갑자기 두뇌는 그 질문에 대답할 수 없다는 것을 깨닫습니다. 그러면 당신은 느낄 수 있게 됩니다. 갑자기, 당신은 느끼는 것이지요.

생각하는 것은 결코 행복을 가져다줄 수 없습니다. 절대로 아니지요. 그러나 당신이 느낄 때, 행복은 자연스럽게 옵니다. 그러므로, 당신이 크게 침체되었을 때, 삶이 끔찍하다고 느껴졌을 때, 술이나 마약, 수면제가 필요해진다면, 그냥 이렇게 말해보세요. "나는 그렇게나 불행한가?" 그런 다음, 바깥을 내다보고, 아름다운 나무들을 바라보세요. 만약 나무가 없다면, 거리를 걷는 사람들을 바라보세요. 건물을 바라봐도 좋고, 공장이라도 괜찮습니다. 바라보며 물으세요. "나는 그렇게나 불행한가?" 그러면, 그 질문은 당신을 '지금'으로 데려가 줍니다. 왜냐하면 그것은 현재형이기 때문이지요. "나는 그렇게나 불행한가?" "나는 행복한가?" 이 질문의 대답은 "나는 존재한다"입니다. 나는 존재한다.

당신이 이 마법과 같은 두 단어, "나는 존재한다"라고 말할 때, 당신은 지금을 느끼고, 여기 있음을 느낍니다. 하지만 당신이 "왜?"라고 묻는다면, 당신은 과거와 대화를 하는 것입니다. "왜?"란 "무엇이 나에게 이런 나쁜 감정을 만들었을까?"라는 의미입니다. 따라서 당신은 과거로 여행을 떠나게 되는 것이지요. "왜?"라고 물을 때, 당신은 자동적으로 과거로, 10년 전 당신이 이 문제를 겪었던 때로, 여행을 떠납니다. 당신은 현재를 떠나, 당신에게 영향을 끼쳤던 이 문제를 누군가가 당신에게 말했던 어제로 돌아가는 것이지요. 그러면 당신은 지금에 없습니다. "왜?"는 항상 당신을 과거로 데려갑니다.

존재와 행복을 위해서는 '왜'라는 단어를 당신의 단어장에서 완전히 제거해야만 합니다. 당신은 그 단어를 과학이나 연구를 위해서는 사용할 수 있습니다. 그것은 매우 다른 이야기지요. 그러나 행복을 위해서는 사용할 수 없습니다. 행복은 "왜?"와는 맞지 않습니다.

만약 당신이 "왜 잠이 안 오지?"라고 묻는다면, 당신은 잠들 수 없습니다. 만약 당신이 "왜 오르가즘을 느낄 수 없지?"라고 묻는다면, 당신은 오르가즘을 느낄 수가 없습니다. 만약 당신이 "왜 명상의 느낌을 가질 수 없지?"라고 묻는다면, 당신은 명상을 할 수 없습니다. 왜냐하면 "왜?"란 생각하는 것이고, 생각은 언제나 '과거'이기 때문이지요. 언제나 그렇습니다!

우울한 사람들은 언제나 새로운 이유, 새로운 설명을

찾으려고 애쓰는데, 때로는 몇 시간이고 같은 질문을 반복합니다. 그들은 언제나, 자신의 우울증에 대해 더욱더 많이 생각함으로써 우울증의 진짜 이유를, 결핍된 비타민을, 결핍된 영양제를 찾을 수 있을 것이라는 환상을 갖고 있지요. 많은 사람들이 그것으로 돈을 벌고 있습니다. "당신은 마그네슘이 부족해서 우울증에 걸렸어요." "당신은 비타민 C가 부족해요." "당신의 몸은 너무 산성이군요." 인터넷에서 이 모든 어리석은 말들을 발견할 수 있습니다.

당신을 우울하게 만드는 유일한 것은 "왜?"입니다. 당신이 먹는 야채, 고기, 계란에는 당신에게 필요한 모든 것이 들어 있습니다. 당신이 평범한 식단으로 먹더라도, 그 안에는 모든 것이 들어 있으므로, 여분의 비타민은 필요하지 않습니다. 엘로힘은 우리가 약이나 보충제를 먹도록 창조하지 않았습니다. 엘로힘은 우리를 창조했고, 모든 영양소를 안에 담은 야채, 과일, 동물들을 창조했습니다. 음식에는 당신에게 필요한 모든 것이 들어 있지만, 당신은 뭔가 결핍된 것을 찾으려고 애쓰면서, "왜?"라고 묻습니다. "왜?"라고 한 뒤, 또다시 "왜?" 하면서, 사람들은 영원히 불행합니다.

만약 당신이 "왜?"라는 질문을 멈추면, 당신은 '지금'이 됩니다. 당신이 오르가즘을 느낀다면, 왜냐고 묻지 않지요. 진짜로 멋진 오르가즘을 느낄 만큼 충분히 운 좋은 사람들은, 왜 그런지 알고 싶어 하지 않습니다. 당신은 그저 느끼고, 즐기고, 날고 있으니까요. 잠들 때도 마찬가지입니다. 뇌파가 느려지면, 당신은 잠에 빠지고 있는 것을 느낄 수 있습니다. 하지만 만약 당신이 "왜?"라고 묻는다면, 잠은 끝입니다. 당신은 말똥말똥해지지요. 명상할 때, 당신은 느낍니다. 하지만 만약 당신이 "왜?"라고 묻는다면, 명상은 끝입니다! 그 단어를 잊어버리세요! 만약 당신이 왜냐고 묻겠다면, 명상하느라 시간을 낭비하지 마세요.

행복에는 "왜?"가 없습니다. 느끼고 즐기는 것이지요. 만약 당신이 지금 완벽하게 행복하다고 느끼지 않는다면, 당신은 생각하고 있는 것입니다. 만약 당신이 지금 당장 생각을 멈춘다면, 만약 당신이 내게서 멀든 가깝든, 내 앞에서, 의자에 앉아서, 지금을 느낀다면, 그것은 당신의 전 인생에서 가장 행복한 시간입니다. "왜?"라고 묻지 말고, 그냥 느끼세요! 하지만 두뇌는 항상, 자동적으로, "왜 마이트레야는 그렇게 말할까? 왜 지금이 이전보다 더 좋을까?"라고 묻습니다. 왜냐고 묻는다고 지금이 이전보다 더 좋아지지 않습니다. 이번만은, 단 한 번만이라도, 바로 지금 '지금'을 느껴보세요.

당신이 삶에서 행하는 모든 일에서 "왜?"는 독입니다. 반면 '느낌'은 보물이지요. "왜 무한인가요?" "왜 엘로힘인가요?" "왜 나는 살아 있나요?" 이런 것은 독이며, 모든 곳에 있습니다. 살아 있음을 느끼세요. 그러면 당신은 왜 그런지 알고 싶지 않습니다. 나는 행복합니다. 왜 그런지 나는 알고 싶지 않습니다. 만약 내가 그 이유를 알려고 노력하면, 나는 행복을 잃어버립니다. 나는 섹시한 파트너와 아름다운 오르가즘을 느꼈고, 나는 왜 그런지 알고 싶지 않습니다. 당신이 누군가와 사랑에 빠졌을 때, 가장 어리석은 질문은 "넌 왜 나를 사랑하니?"라고 묻는 것입니다. 왜 사랑하는지 이해하려고 노력하지 마세요. 느끼세요. 그냥 느끼세요.

당신은 삶을 사랑하지만, 우울한 사람은 이렇게 물을 것입니다. "왜 당신은 삶을 사랑합니까?" 삶을 사랑하는 이유도 없고, 행복한 이유도 없습니다. 나는 행복하고, 지구는 아름답고, 당신은 아름답고, 우리는 함께 행복합니다. 왜냐하면 우리는 "왜?"라고 묻지 않기 때문이지요.

행복은 당신의 삶 속에, '지금'의 무한한 연속 안에 있습니다. 지금은 당신의 인생에서 가장 아름다운 시간이며, 당신은 무한한 '지금'의 연속 안에서 행복을 유지할 수 있습니다. 행복에는 과거도 없고, 미래도 없고, 오직 지금만이 있으며, 그리고 '지금'은 영원합니다. 그것을 느끼세요. 그리고 천천히, 친절하게, 웃으면서, 이 느낌을 유지하세요.

개화의 느낌

A.H.71년 6월 - 2017년 일본 오키나와

여러분이 행복을 잃는다면, 그것은 생각하기 때문입니다. 생각은 독입니다. 생각은 전쟁, 후쿠시마, 우울증, 질병, 암, 모든 것을 만듭니다. 나는 여러분에게 행복을 잃지 않을 작은 비결을 알려주겠습니다.

사람들은 행복하기 위해 필사적이어서, 술에 의존하지요. 술을 많이 마시면 생각하기를 멈추는데, 이것이 바로 사람들이 술을 마시는 이유입니다. 그러나 술은 다른 형태의 독이지요. 그들은 또한 마약도 사용합니다. 어떤 사람들은 두뇌가 생각하는 것을 즉시 멈추게 만드는 마약을 자신에게 주사합니다. 이것이 모든 마약의 목적입니다. 그렇기 때문에 사람들은 마약이나 술, 또는 담배에 중독됩니다. 왜냐하면 갑자기 두뇌가 생각하기를 멈추거나 다른 방식으로 생각하게 되고, 그것이 기분 좋기 때문입니다.

하지만 만약 여러분이 '지금'을 느낀다면, 여러분은 술, 마약, 약, 어떤 것도 필요 없습니다. 여러분의 내면에 모든 것을 갖고 있으니까요.

두뇌가 얼마나 교묘한지에 대한 하나의 예가 있습니다.

멕시코, 한국과 같은 나라에서는 매운 음식을 좋아합니다. 나는 한번 멕시코에 간 적이 있는데, 거기에는 '매운맛'의 강도가 5종류 있었습니다. 매우 강함, 강함, 보통, 약간 강함, 전혀 강하지 않음, 이렇게 다섯 가지입니다. 나는 '전혀 강하지 않음'을 선택하고 맛을 보았는데, 귀에서 연기가 뿜어져 나올 지경이었지요. 멕시코 라엘리안들은 모두 가장 매운 음식을 먹고 있었고, 나를 쳐다보며, 나의 반응을 이해하지 못했습니다. 그들은 마약에 중독된 것입니다!

여러분이 매운 음식을 먹을 때, 여러분의 혀는 손상됩니다. 여러분은 혀의 세포들에 화상을 입히는 것이지요. 그렇기 때문에 멕시코, 한국과 같이 매우 매운 음식을 먹는 나라에서 인구당 구강암 발병률이 가장 높습니다. 자극은 염증과 감염, 나아가 암을 유발합니다.

여러분이 매운 것으로 혀를 태울 때, 두뇌는 여러분이 고통받기를 원하지 않기 때문에, 그 고통을 멈추기 위해 즉시 헤로인과 매우 유사한 화학물질을 만들어냅니다. 이 화학물질은 고통을 멈출 뿐만 아니라, 여러분을 기분 좋게 만듭니다. 이것이 바로 사람들이 매운 음식에 중독되는 이유입니다.

사람들이 사고로 한쪽 팔을 잃었을 때, 팔이 완전히 잘렸는데도, 그들은 바로 큰 고통을 나타내지 않습니다. 반대로, 우리는 난로에 살짝 닿기만 해도 미친 듯이 비명을 지르지요. 왜냐하면 우리의 몸은 경미한 화상 정도에는 진통제 화학물질을 보내지 않기 때문입니다. 두뇌가 그런 화학물질을 생성하지 않는다면, 여러분은 팔이 잘렸을 때 고통 때문에 죽을 것입니다.

이런 과정은 매운 음식을 먹을 때도 마찬가지인데, 여러분에게 아주 해롭습니다. 이처럼 몸은 여러분이 기분 좋기를 원하므로 진통제 화학물질을 분비하고, 여러분은 매운 음식에 중독되는 것이지요. 그와 마찬가지로 여러분은 술이나 헤로인, 코카인, 담배에 중독될 수 있습니다.

탄 것은 모두 건강에 해롭습니다. 매우 뜨거운 차도 해롭고, 매우 차가운 아이스크림도 해롭습니다. 그런 것에 반응하여, 두뇌는 중독 화학물질을 생성합니다. 이렇게 자가 생성되는 약물을 주의하세요. 결코 매운 음식을 먹지 말고, 결코 뜨거운 음식을 먹거나 마시지 말고, 태운 음식을 먹지 마세요.

여러분이 '지금'을 느낄 때, 여러분은 어떤 약도 필요 없고, 어떤 것도 필요 없습니다. 여러분에게는 '지금'을 느끼는 균형에서 오는 자연적인 약, 아름다운 약이 있습니다. 그것은 두뇌에서 생성되며, 그것이 바로 행복입니다. 여러분은 그와 같은 상태에 영원히 머물 수 있습니다.

이것을 더 잘 느낄 수 있는 작은 비결이 있습니다. 여러분은 모두 '개화'라고 부르는 매우 짧은 순간을 경험한 적이 있습니다. 모든 사람은 생애 중에 적어도 한번은 그것을 경험한 적이 있지요. 여러분은 일출을 바라보고 있었을지도, 음악을 듣고 있었을지도, 누군가를 쳐다보고 있었을지도 모릅니다. 여러분은 어딘가를 걷고 있었을지도, 음악을 만들고 있었을지도, 무엇이든 하고 있었을지도 모릅니다. 그때 불현듯 여러분은 모든 것과 하나됨을 느꼈고, 여러분은 경외감에 빠졌습니다. 여러분은 왜 그런지 몰랐고, 왜 그런지 묻지 않았습니다. 만약 그랬다면, 여러분은 그 느낌을 잃어버렸을 테니까요. 모든 사람은 적어도 한번은 그런 경험이 있습니다. 나는 지금의 내가 있기 전에도 그것을 경험했고, 나의 인생에서 네 번 경험했습니다.

내가 작은 어린아이였을 때, 할머니 집 정원에 누워서 제비들을 바라보고 있었습니다. 수백 마리의 제비들이 있었지요. 제비들은 남쪽으로 이동하기 전, 10월에 모여서 이리저리 날며 지저귀고 있었는데, 나는 그 새들 하나하나와 하나됨을 느꼈습니다. 나는 지구와 하나됨을 느꼈고, 모든 것과 하나됨을 느꼈습니다. 아마 내가 다섯 살 때였을 것입니다. 그것이 내 인생에서 첫 번째였습니다.

두 번째는 내가 15살 때쯤이었습니다. 아마 여러분도

비슷한 경험을 했을 것인데, 꽃이 만발한 벚나무 아래 누워 있었고, 벚꽃잎들이 천천히 떨어지고 있었지요. 그 행복의 느낌은 비현실적이었습니다. 나는 하늘이 되었고, 나무가 되었고, 떨어지고 있는 하나하나의 꽃잎이 되었습니다.

세 번째는, 엘로힘과의 첫 만남 후, 내가 마드리드에서 대중강연회를 했을 때였습니다. 어느 날 오후 마드리드 거리를 걷고 있었는데, 불현듯 내 마음에 시가 떠올랐지요. 그래서 나는 방금 떠오른 시를 말로 표현하고 낭송했는데, 그때 놀라움을 느꼈습니다. 나는 마치 우주에 있는 것처럼 느꼈습니다. 그리고 네 번째도 있었습니다.

누구나 그런 경험을 갖고 있습니다. 여러분에게 그것이 일어났던 때를 기억해 보세요. 선명하게 떠올려보세요. 여러분은 어린아이였을 수도 있고, 조금 더 컸을 수도 있고, 젊은 성인이었을 수도 있지만, 그것은 상관없습니다. 그 느낌을 떠올려보세요. 사람마다 다릅니다. 여러분의 인생에서 아마도 그것을 세 번, 네 번, 혹은 다섯 번 경험했을 수도 있습니다. 여러분은 왜 그런지 몰랐고, 왜 그런지 알고 싶지 않았지만, 그 느낌을 기억합니다.

여러분의 첫 번째, 두 번째, 세 번째, 네 번째 경험의 느낌을 기억하고, 그 느낌들을 함께 섞어 보세요. 그리고는 네 가지 혹은 다섯 가지 느낌들을 섞어서, 그 모두를 다시 느껴보세요. 그러면 자동적으로 '지금'에 돌아옵니다. 이것은 마법입니다. 만약 여러분이 이것을 느끼면, 여러분은 과거의 경험을 느끼는 것입니다. 여러분은 과거를 생각하는 것이 아니라, 그냥 이 과거의 경험을 다시 느끼는 것입니다. 그것들을 함께 섞으면, 즉시, 마법처럼, 여러분은 다시 그것을 경험하는 것입니다. 해보세요. 이것은 마법입니다. 정기적으로 그렇게 함으로써, 여러분은 이러한 개화를 영원히 유지할 수 있습니다.

나는 지금 여러분과 함께 있고 여러분과 이야기하고 있지만, 그와 동시에 나의 작은 제비들과 함께 있으며, 마드리드에서 시를 짓고 있으며, 벚나무 아래에 누워 있습니다. 바로 지금, 모든 것이 섞여 있습니다. 그리고 바로 그 때문에 내가 여러분과 함께 할 수 있습니다.

행복의 씨앗들을 선택하세요

A.H.68년 5월 - 2014년 대만

여러분만이 자신을 행복하게 할 수 있습니다. 나는 단지 방법을 알려줄 수 있을 뿐이며, 여러분이 정원이자 정원사입니다. 여러분이 정원에 심는 모든 생각은 자라서 꽃을 피웁니다. 여러분에게 아주 나쁜 잡초들이 자라는 못생긴 정원이 있다면, 누구 책임일까요? 여러분의 가족도, 부모도, 친구도, 상사도 아닌 오직 여러분 자신입니다. 고르고, 선택해서, 여러분이 선택한 아름다운 것들만 심으세요.

여러분의 두뇌가 부정적인 생각, 슬픈 생각을 갖도록 두면, 정원은 매우 추해지고, 거기에 행복은 없습니다. 행복을 위해서는, 여러분이 정원이자 정원사입니다. 그리고 여러분은 정원을 바꿀 수 있지요. 만약 정원이 추하다면, 잡초를 뽑고, 아름다운 꽃을 피울 씨앗을 뿌리고, 놀라워하세요.

씨앗이 자라려면 물, 미네랄 외에도 매우 중요한 어떤 것이 필요합니다. 씨앗들은 빛이 필요하지요. 빛은 명상입니다. 명상은 여러분의 꽃을 자라게 만드는 빛입니다.

모든 나무, 모든 식물은 의식을 가진 존재입니다. 나무에 놀라워하세요. 그들은 살아 있고, 민감하며, 감정이 있습니다. 여러분이 나무를 만질 때, 여러분은 에너지를 느낍니다. 나무들은 감정이 있으며, 그것은 아름답습니다. 나무를 볼 때, 나는 명상에 잠긴 존재를 봅니다. 나무들은 언제나 명상에 잠겨 있고, 바람이 불면 아주 행복해하지요. 모든 나무는 매우 행복합니다. 나무들은 모두 긍정적이며, 부정적인 나무는 없습니다. 나무들은 날씨가 어떻든, 무엇이 일어나든, 행복합니다. 그들은 비도 사랑합니다. 그들은 태양을 사랑하지만, 비도 필요하지요.

모든 작은 풀 하나하나가 행복해하며, 그리고 꽃을 피웁니다. 꽃은 우리가 감탄할 수 있도록 만들어졌습니다. 꽃은 실제로 식물의 생식기입니다. 마찬가지로 버섯은 땅속 흰색 균사체의 성기이지요. 땅속의 균사체가 실제 식물인데, 그것은 흰색 필라멘트 모양의 가는 실로 이루어져 있습니다. 우리가 선물하기 위해 꽃을 자를 때, 우리는 성기를 자르는 것입니다! 꽃은 식물의 생식기이니까요. 그러므로 이 아름다운 봄날, 우리 주위를 둘러보면, 세상은 섹스로 충만합니다. 모든 식물, 모든 곤충, 모든 나비, 모든 것이 섹스에 대해 생각하고 있습니다. 아름답군요. 이것은 아름다운 자연의 질서입니다.

아름다운 숲이 우리를 둘러싸고 있습니다. 숲에는 정부가 없지요. 식물들은 경찰도 없고, 정치도 없고, 공산당도 없고, 단지 아름다운 자연의 질서가 있을 뿐입니다. 시골에 강물이 흐릅니다. 강은 경찰도, 정부도, 공산당도 없고, 자연의 질서에 따라 흐릅니다. 꿀벌들은 벌집에서 함께 살지만, 정부도, 경찰도, 공산당도 없습니다. 완벽한 질서입니다.

이것은 인간이 '무정부'라고 부르는 것입니다. 무정부 상태는 자연 질서로서, 모든 개체가 모두를 위해 일합니다. 인간도 마찬가지로 그렇게 할 수 있지만, 건강하지 않고, 조화롭지 않기 때문에, 정부, 경찰, 공산당이 필요하지요. 그러나 우리는 그것들이 정말로 필요하지는 않습니다. 인류는 어떤 정부 없이도 훨씬 더 좋아질 수 있습니다. 세계는 자연 질서에 의해 지배될 수 있습니다. 벌집에는 법이 없습니다. 법률도, 변호사도, 경찰도 없지만, 모든 것이 잘 돌아갑니다. 인간도 마찬가지로 그렇게 될 수 있습니다.

엘로힘의 행성에서, 나는 경찰을 보지 못했습니다. 엘로힘 경찰은 없으며, 오직 사랑만이 있습니다. 모든 사람이 다른 사람의 행복을 생각합니다. 음식을 만들거나 모든 것을 만드는 데 있어서, 그들은 로봇을 사용하며, 이곳의 숲에 있는 것과 같은 자연의 질서를 존중합니다.

프랑스 사람들은 프랑스식 정원을 가꾸는데, 모두 사각형으로 잘려있습니다. 끔찍한 일본식 분재와도 같습니다. 그것은 고문이지요. 분재는 고문입니다. 나는 분재를 좋아하지 않습니다. 분재는 고통으로 만들어지니까요. 채식주의자들이 많습니다. 그들은 동물에게 고통 주기를 원하지 않기 때문이지요. 언젠가 어느 집을 방문했는데, 주인이 채식주의자였습니다. 그들은 자신의 음식을 위해 동물이 죽는 것을 원하지 않았지만, 분재를 키우고 있었습니다. 그 식물은 고통받고 있었습니다. 식물도 인간처럼 고통받을 수 있지요. 사각형의 프랑스식 정원을 가꾸려면, 항상 자르고, 자르고,

또 잘라야 합니다. 오늘날에는 농업을 위해 많은 양의 화학 물질을 사용하는데, 그것은 독입니다. 그것은 잡초에게 독이지만, 사람에게도 독이 되어 질병을 유발합니다.

여기 숲들은 정원사도 없지만, 정말 아름답습니다. 식물마다 제자리가 있습니다. 식물들은 경찰 없이, 공산당 없이, 재판관 없이, 자연의 질서를 따르면서 모두 조화 속에 살고 있지요. 이것이 바로 행복을 위해 우리에게 필요한 것입니다. 사랑은 자연 질서의 일부이며, 여러분은 그것을 느낍니다. 사랑하는 것은 자연의 질서입니다. 명상은 자연의 질서입니다. 자연 질서는 명상입니다.

2

친절

"친절하라, 그러면 옳을 것이다"

친절과 행복

A.H.67년 12월 - 2012년 일본 오키나와

친절과 행복은 함께 갑니다. 여러분은 매우 친절하지 않고서는 깊은 행복을 가질 수가 없습니다. 진정한 행복은 항상 깊은 친절로부터 옵니다. 그렇지 않다면, 그것은 행복이기보다는 기쁨입니다. 여러분은 술을 마시고 기쁨을 느낄 수도 있습니다. 또는 마약이나 돈이나 권력도 그렇지요. 그것은 기쁨입니다. 그것은 행복이 아닙니다.

행복은 친절과 동반합니다. 엘로힘이 우리에게 매우 친절한 것 같이, 서로 간에 친절하세요. 엘로힘은 거대한 힘을 지니고 있습니다. 그들은 우리를 창조했으며, 지구상의 모든 생명을 창조했습니다. 그리고 그들은 1초만에 그 모든 것을 파괴할 수 있었습니다. 그들은 여전히 그렇게 할 수 있습니다. 단 1초만에요. 만약 그들이 우리가 지구상에서 저지르는 엄청난 폭력과 온갖 악행들로 인해 살 자격이 없다고 생각한다면, 그들은 지구상의 모든 생명을 파괴할 수 있을 것입니다. 우리는 매일 천 종 이상의 동물들을 멸종시키고 있으니까요.

그들의 창조물 중에서 매일 천 종입니다! 그들은 분노할 수 있을 것입니다. "인간들은 우리가 창조한 생명들을 파괴하고 있구나! 인간들은 전쟁과 오염과 후쿠시마로 우리가 지구상에 창조한 아름다움을 파괴하고 있어." 그들은 너무나 화가 나서 이렇게 말할 수도 있겠지요. "인류를 파괴해 버리자. 그들을 만든 건 실수였어." 하지만 그렇지 않습니다. 그들은 무한한 친절로 우리를 신뢰하며, 이렇게 생각합니다. "인류는 잘못을 저지르고 있지만, 배우게 될 거야. 그들은 이 창조물들을 지킬 거야."

우리는 그들의 창조물들을 존중하지 않습니다. 우리가 엘로힘의 창조물들을 파괴할 때, 우리는 엘로힘에게 무례를 범하게 됩니다. 우리는 그들을 모욕하고 있는 것이지요. 우리가 초자연적인 신을 믿거나 진화론을 믿는 것도 그들을 모욕하는 것입니다. 그들은 화를 내며 이렇게 말할 것입니다. "뭐라고? 너희들은 우리를 모욕하고 있구나. 우리는 너희들을 파멸시키겠다." 아닙니다. 그들은 여전히 우리를 사랑합니다. 우리가 그들을 모욕하지만, 그들은 우리에게 사랑과 친절을 베풉니다. 우리가 서로 죽이고 동물들을 파괴하고 있는데도, 그들은 우리에게 메시지를 줍니다. 그것은 무조건적인 사랑입니다. 우리가 무엇을 하든, 그들은 우리를 사랑하고, 우리에게 친절합니다.

그들은 우리의 창조자들입니다. 그들은 "그래, 우리가 가겠다. 지금 가겠다"라고 말할 수도 있을 것입니다. 그들은 어느 곳이든 착륙할 수 있겠지요. 어떤 군대도, 어떤 무기도 그들을 막을 수 없을 것입니다. 그러나 그렇게 하는 대신, 그들은 이렇게 말합니다. "대사관을 지으세요. 만약 당신들이 대사관을 지어서 그곳에 우리를 초대한다면, 우리는 오겠습니다." 그들은 "그만 됐어. 우리가 창조자들이야. 우리가 왔다. 너희들이 좋든 싫든, 우리가 왔단 말이다!"라고 말할 수도 있을 것입니다. 이것은 미국 정부 스타일로서 "우리가 너희에게 민주주의를 주러 왔다!"라는 것과 같습니다. 폭탄과 군대로써 말이지요. 엘로힘은 그렇지 않습니다. "대사관을 지으세요. 만약 당신들이 대사관을 지어서 그곳에 우리를 초대한다면, 우리는 오겠습니다."

이 얼마나 겸손함의 교훈인가요! 친절과 존중, 그리고 사랑의 위대한 교훈입니다. 그러므로 이것을 기억하고, 여러분 서로 간에 그와 같이 실천하세요. 여러분은 서로에게 아무리 친절해도 결코 충분하지 않으며, 아무리 존중해도 결코 충분하지 않습니다. 만약 여러분이 진정으로 우리 창조자들의 모습대로 되고 싶다면, 서로 친절하세요.

친절하면, 여러분은 언제나 옳을 것입니다

A.H.67년 6월 - 2013년 캐나다 몬트리올

우리는 우리에게 주어진 매 순간을, 매 초를, 매 호흡을 이용해야 합니다. 호흡은 무엇을 위한 것인가요? 지금의 이 호흡은 무엇을 위한 것인가요? 공기를 들이마시기 위해서 인가요? 부분적으로는 그렇지요. 그러나 호흡은 특별히 서로에게 "사랑해"라고 말하기 위한 것입니다. 심호흡을 하고, 누군가에게 "보고 싶었어"라거나 "사랑해"라고 말하는 것은, 단지 산소를 마시는 것보다 훨씬 더 중요합니다. 산소를 마시는 것도 좋지만, 어쨌든 그것은 동시에 행해집니다. 하지만 여러분이 얼마나 그들을 사랑하는지 말하기 위해 호흡한다면, 여러분은 항상 옳습니다. 왜냐하면 여러분은 친절하기 때문이지요. 이것은 아무리 강조해도 지나치지 않을 것입니다.

다음은 내가 여러분에게 말한 가장 아름다운 문장들

중 하나인데, 다시 한번 말하겠습니다. "만약 여러분이 올바름과 친절함 중 하나를 선택해야 한다면, 친절하세요. 그러면 여러분은 항상 옳을 것입니다." 이것은 매우 매우 중요합니다. 왜냐하면 우리는 종종 실수를 저지르기 때문이며, 특히 라엘리안들도 그렇습니다. 여러분 중 몇몇 사람이 다음과 같이 말하는 것을 내가 정정해준 적이 있습니다. "하지만 라엘, 엘로힘의 메시지 '진실의 서'에 대해서는 그렇게 말할 수 없겠지요. 진실이 친절함보다 더 중요하지 않나요?" 절대 그렇지 않고, 친절이 우선입니다.

세계는 모든 곳에서 '올바른' 사람들 및 '올바른' 전쟁을 벌이는 사람들 때문에 병들어 있습니다. 모든 사람이 자기는 올바르게 행동하고, 올바른 싸움에 앞장선다고 생각합니다. 만약 우리가 모두 갑자기 친절해지기 시작한다면, 모든 것이 올바르게 될 것입니다. 그냥 친절하세요. 친절뿐입니다. "라엘, 당신은 메시지 책 '진실의 서'를 썼으므로, 우선 진실을 말해야 합니다. 그것이 친절함보다 더 중요하지요." 아닙니다. 친절이 더 중요합니다.

예전에 늙어서 병들어 고생하고 있는 라엘리안들이 내게 와서 이렇게 말한 적이 있습니다. "저는 엘로힘을 믿습니다. 그러나 저는 하느님께 기도합니다. 기도는 밤에 저를 도와줍니다. 저는 90세이고, 평생 그렇게 해왔습니다. 저는 매우 아프고, 고통스럽습니다." 그래서 나는 그들에게 "계속 그렇게 하세요"라고 말해주었습니다. 내가 왜 거기에서 신은 존재하지 않는다고 말하겠습니까? 내가 그렇게 말한 것은 그들의 기분을 좋게 만들어주기 위해서지요. 계속 그렇게 하세요. "당신은 엘로힘을 사랑하면서도, 당신 옆에 신을 두면 더 기분이 좋아지나요? 계속 그렇게 하세요." 우리는 신이 존재하지 않음을 알고 있지만, 그들에게 굳이 말할 필요가 있을까요? 아픈 사람이나 병원에 입원해있는 사람들에게 그렇게 말하는 것은 좋지 않을 것입니다. "오늘 밤 저는 기도를 하고 있었는데, 하느님께 기도할 때 더 많은 에너지가 생기는 느낌을 갖습니다." 계속 그렇게 하세요. 그것은 좋은 일이니까요. 그것은 올바르지는 않지만, 아픈 사람들에게 올바를 필요는 없지요. 그들에게는 친절하고, 고통을 진정시켜주는 것이 더 중요합니다.

그러나 건강한 사람들의 경우, 그들의 면전에서 곧바로 말해주어야 합니다! 만약 신체 건장한 사람이 "저는 평생 하느님께 기도했고, 그래서 건강합니다. 저는 30세이고, 운동선수이며, 보디빌딩도 하는데, 저는 하느님을 믿습니다"라고 말한다면, 이렇게 말해줘야 합니다. "당신은 틀렸어요, 하느님도, 아무것도 없어요." 건강한 사람들은 이 말을 받아들일 수 있습니다. 하지만 만약 여러분이 병약하거나 깊은 절망 상태에 있는 사람들과 대화하다가, 그들이 여러분에게

"저는 이해합니다. 엘로힘은 있어요. 저는 라엘의 메시지를 사랑하지만, 하느님은 존재합니다"라고 말한다면, 그들에게는 계속 그렇게 하라고 말해주세요. "아마 하느님은 존재할 거예요"라고 말해줄 수도 있습니다. 그렇지요. 여러분은 친절에서 비롯된 거짓말을 할 수도 있습니다. 왜냐하면 여러분은 그를 기분 좋게 만들어주기 때문이지요.

사실, 이것은 진정한 거짓말이 아닙니다. 왜냐하면 그들의 마음속에 있는 하느님은 '무한'과 유사하기 때문입니다. 그러므로 우리는 마음속으로 '무한'을 생각하면서, 그들에게 그렇다고 말해주는 것이지요. 무한은 모든 곳에 있고, 우리 내부에도 있고, 우리는 그 일부이며, 우리가 다시 돌아갈 곳입니다. "좋습니다. 만약 당신이 원한다면, 그것을 하느님으로 부르세요. 우리는 상관없습니다." 하지만 건강한 사람의 경우, 그는 좀 더 생각할 수 있고, 다른 어떤 것이 있다는 사실을 이해할 수 있습니다.

그러므로 항상 먼저 친절하세요. 우선 여러분 사이에서 친절하세요! 만약 여러분끼리 올바름만을 원한다면, 라엘리안 분위기는 견딜 수 없게 될 것입니다. "하지만, 네가 하는 말은 옳지 않아"라고 한다면, 모두가 서로를 바로잡으려 하면서 한심한 분위기를 만들 것입니다. 무엇보다도 먼저, 친절하세요.

내가 처음부터, 내가 이곳에 와서 가진 첫 세미나 때부터 항상 말해 온 것이지만, 조화가 최우선입니다. 조화. 여러분 사이의 조화는 올바름보다 더 중요합니다. 왜냐하면 우리가 옳을 때, 조화는 사라지기 때문이지요. 그러면 우리는 틀리게 됩니다. 나의 경우, 나는 모든 사람이 옳지만 아무도 서로 지지해주지 못하는 그룹보다, 아무도 옳지 않지만 모두가 조화로운 그룹을 선호합니다.

서로 사랑하세요. 옛말에도 있듯이, 무엇보다도 먼저 서로 사랑하세요. 중요한 것은, 기독교에 나오는 구절을 인용하자면, "그들이 얼마나 올바른지 보라"라고 말하는 것이 아니라, "그들이 얼마나 서로 사랑하는지 보라"라고 말하는 것입니다. 그리고 우리가 서로 사랑하기 위해서는, 친절해야만 하지요. 만약 우리가 친절하지 않다면, 서로 사랑할 수 없습니다.

그렇습니다. 다른 사람에게 친절한 것은 좋은 일이지만, 우선 자신에게 친절하세요. 자기 자신에게 불친절한 것, 스스로를 바로잡으려고 하는 것, 끊임없이 올바름을 추구하는 것, 그리고 여러분의 행복을 방해하는 엄격한 규율은 여러분 자신을 미치게 몰아넣습니다. 라엘리안이 된다는 것은 그런 것이 아닙니다. 사랑은 그런 것이 아닙니다. 자신을 사랑하는 것은 다른 사람에 대한 연민을 갖기 위함이지만,

먼저 자신에 대한 연민을 갖기 위함입니다. 여러분은 완벽하지 않고, 결코 그렇게 되지 않을 것입니다. 나도 완벽하지 않고, 결코 그렇게 되지 않을 것입니다. 엘로힘도 완벽하지 않고, 결코 그렇게 되지 않을 것입니다. 하지만 엘로힘은 우리에게 불완전의 아름다움, 무한한 개선의 여지가 있는 불완전의 아름다움을 가르쳐줍니다. 불완전은 아름답지요. 불완전은 스스로를 사랑함으로써 향상됩니다. 여러분이 저질렀을지 모르는 모든 어리석은 일들에 대해, 누군가를 다치게 했을지도 모르는 여러분의 말들에 대해, 여러분이 연민을 가짐으로써 불완전은 향상됩니다.

그러나 여러분은 "하지만, 내가 옳았어"라고 말합니다. 왜냐하면 여러분은 그런 말을 하지 말았어야 한다는 사실을 인정하고 싶지 않기 때문입니다. 그 대신, 이렇게 말하세요. "그런 말을 하지 말았어야 했는데, 그렇게 말한 나를 용서해 줘." 만약 여러분 사이에 갈등이 있었다면, 그것은 어리석은 이유 때문이었을 것입니다. 갈등은 언제나 어리석은 이유 때문이지요. 설령 옳다고 할지라도, 어리석은 이유들 때문입니다. 틀리면서도 서로를 사랑하는 것이 옳습니다. 옳으면서 서로를 미워하는 것은 나쁩니다.

멀찍이 떨어져서, 서로 바라보세요. 그런 다음, 가까이 다가가서, 서로를 안아주세요. 만약 과거에 갈등이 있었던 사이라면, 서로 긴장감을 조성했던 말을 주고받은 사이라면, 포옹은 나중에 하고, 멀리서 서로 눈길을 주기 시작하세요. 그리고 상대방을 보며 이렇게 말하세요. "나를 용서해 줘." 그렇게 말하면서, 서로 바라보세요. 그리고 손을 올리는 작은 신호를 한 뒤, 서로 만나서 포옹하고 사과할 수 있습니다. 이것은 아름다운 모습입니다. 별안간, 과거는 사라졌습니다.

누군가와 갈등을 겪었던 순간들은 죽어버렸지만, 여러분은 기억 속에서 그것들이 살아 있는 것을 계속 볼 수도 있습니다. 갈등은 더 이상 존재하지 않기 때문에, 바보 같습니다. 갈등은 더 이상 존재하지 않지요. 예를 들어, 만약 내가 발가락이 부러진 어떤 사람의 발을 밟았다면, 나는 그 실수 때문에 계속 괴로울 수도 있겠지만, 그 대신에, 나 자신에게 그것은 과거의 일이라고 말할 수도 있을 것입니다. 나는 잘못 움직였고, 그래서 용서를 구하고, 그 죽은 과거를 없애버리는 것입니다.

사랑의 미래를 만들 수 있도록, 현재로 나아가세요. "자신을 용서하세요. 당신에게 죄지은 자를 용서하듯이, 자신의 죄도 용서하세요." 아름다운 문장임과 동시에 참으로 옳은 말입니다. 기독교가 모든 것이 잘못된 것은 아니지요. 친절이 우선이고 올바름은 그다음이라는 것은 사랑에 대한,

조화에 대한 아름다운 가르침입니다.

여러분이 엘로힘을 사랑하고 나를 조금이라도 사랑한다면, 이 문장을 기억하세요. 나의 가르침 중에 기억해야 할 유일한 문장이 있다면, 바로 이것입니다. "올바르기보다 친절하세요. 왜냐하면 여러분이 친절할 때마다, 올바르기 때문입니다."

사랑과 친절과 연민

A.H.67년 7월 – 2013년 일본 오키나와

모든 사람이 매우 지성적일 수는 없고 또 그것은 중요하지 않습니다. 하지만 모든 사람은 사랑으로 가득 찰 수 있습니다. 당신이 사랑으로 가득 차 있으면, 당신은 지성적인 사람보다 훨씬 더 똑똑합니다. 진정한 지성은 사랑이기 때문이지요. 그러니 모두에게, 특히 당신이 모르는 사람에게 친절하세요. 슈퍼마켓이나 거리에서 만나는 사람들, 택시 운전사들, 누구에게든, 사랑과 친절을 베푸세요.

어떤 사람들이 웃지 않고 시무룩한 표정을 짓거나 당신에게 매우 긴장하고 화를 낼 때, 그것은 그들이 기분이 좋지 않기 때문입니다. 타인을 증오하는 사람들은 자기 자신을 증오하는 것입니다. 그들에게 사랑과 친절을 줌으로써 당신은 그들을 놀라게 할 것이고, 그들은 변하기 시작할 것입니다. 지구를 바꾸는 유일한 방법은 사랑, 친절, 연민을 주는 것입니다. 그걸 잊지 마세요. 엘로힘의 가르침에서 단 하나 중요한 것이 있다면, '사랑, 친절, 연민' 바로 이것입니다. 하지만 무엇보다 사랑입니다. 당신의 가슴에 이것을 간직하고, 당신 자신에게 먼저 실천하세요. 당신은 완벽하지 않고, 나도 완벽하지 않고, 엘로힘도 완벽하지 않습니다. 하지만 우리는 자신의 좋은 부분과 나쁜 부분 모두를 사랑하며 자신을 사랑해야 합니다. 누구에게나 나쁜 부분이 있으니까요.

내가 가장 좋아하는 꽃인 아름다운 장미는 가시가 있고, 아름다운 연꽃은 진흙에 뿌리를 내리고 있습니다. 할 수 있다면, 자신을 장미라고 상상해보세요. 가시가 있어서 기분이 나쁜가요? 아니죠! 당신은 꽃의 아름다움과 가시를 동시에 가지고 있고, 그 모두가 필요하기 때문에 모두 사랑합니다. 당신이 부처의 상징인 아름다운 연꽃이라면, 당신의 뿌리는 진흙 속에 있습니다. 아주 더러운 진흙이지만, 당신은 그것이 필요하기에 모두 사랑합니다. 당신은 더러운 진흙으로부터 아름다운 꽃을 피우므로 그 모두를 사랑합니다.

그렇기 때문에 당신은 자신의 나쁜 면도 역시 사랑해야

합니다. 나쁜 면 덕분에 당신은 아름다운 면을 가지고 있습니다. 당신 자신에게 사랑과 친절과 연민을 주기 시작해야 하는 이유는 바로 이것입니다. 우리는 실수를 저지르고, 나쁜 일을 하며, 그것은 우리의 일부입니다. 하지만 우리는 또한 아름다운 일도 합니다. 이렇게 우리는 하나이므로 이 모두를 사랑하세요. 자신이 결코 완벽하게 되지 않을 것임을 알면 당신은 이렇게 발전할 수 있습니다. 완벽해지지는 않겠지만 매일매일, 영원히 더 나아질 수 있지요. 만약 당신이 완벽하다면 영원한 삶은 지루할 것입니다. 영원함이란 우리가 영원히 발전하기 때문에 흥미롭지요. 그리고 이것은 오직 우리 자신에게 사랑, 자기애, 연민, 친절을 베풀어야만 가능합니다.

친절은 사랑의 가장 중요한 표현입니다

A.H.69년 8월 - 2014년 일본 오키나와

인간의 가장 중요한 자질은 친절입니다. 지나친 친절이란 결코 없습니다. 타인에게 친절하세요. 여러분의 친구들뿐만 아니라, 사랑하는 사람들뿐만 아니라, 여러분이 좋아하지 않는 사람들에게도 친절하세요. 친절은, 가장 중요한 사랑의 표현입니다. 만약 여러분이 친절하지 않다면, 사랑을 줄 수가 없습니다. 항상 서로에게 친절하세요. 누군가와 대화하거나 교류하기 전에, "나는 친절하겠다"라고 아주 짧게, 간단한 명상을 하세요.

어떤 사람들은 인생에서 가장 중요한 것은 진실, 즉 올바름이라고 생각합니다. 그것은 맞지 않습니다. 만약 여러분이 올바름과 친절함 중에서 선택해야 한다면, 친절함을 선택하세요. 그러면 여러분은 항상 옳을 것입니다. 여러분이 올바르다면, 때때로 여러분은 친절하지 않을 수도 있습니다. 하지만 여러분이 친절하지 않다면, 여러분은 올바르지 않습니다.

과함이란 결코 없습니다. 어쩌면 어떤 사람들은 여러분을 보며 이렇게 생각할지도 모릅니다. "너무 친절한데, 진심이 아닐 거야." 아마 그들은 여러분이 너무 약하거나 충분히 강하지 않다고 생각하며, 여러분을 판단하겠지요. 하지만 그것은 상관없습니다. 세상에서 가장 강력한 힘은 친절입니다. 서로에게 친절하세요. 누구든 지나치게 친절하다는 것은 결코 있을 수 없습니다. 여러분의 두뇌를 오토파일럿으로 두고, 언제나 친절함이 우선하도록 자신을 훈련하세요.

여러분이 누군가를 만날 때, 심지어 아는 사람이라 해도, 친절한 말을 하고 칭찬하세요. 친절함은 아주 간단한 것으로 표현되며, 절대 지나치지 않습니다. 여러분이 친절을 베풀 때, 여러분은 더 많이 받게 됩니다. 그러면 우리는 모두 다른 사람들도 우리와 함께 친절하고 상냥하기를 바라게 되지요. 누구나 자신에게 상냥하지 않고 친절하지 않은 사람들과 함께 있고 싶지 않으니까요. 그러므로, 여러분이 먼저 다른 사람들에게 친절하세요.

만약 전 인류가 친절하다면, 전쟁도, 기아도 없을 것입니다. 만약 세계의 모든 억만장자들이 친절하다면, 그들은 금으로 만든 자동차를 사는 대신에 불쌍한 아프리카 아이들을 도와줄 것입니다. 아프리카에서는 어린이들이 5초마다 한 명씩 죽고 있다는 사실을 알면서, 어떻게 금으로 만든 자동차를 가질 수 있을까요? 그것은 친절하지 않습니다. 내가 만약 금으로 만든 자동차에 앉아 있다면, 나는 죄책감이 들 것입니다. 자본주의 세계에서의 모든 문제는, 친절함의 결핍 때문입니다.

여러분이 친절하면, 모든 사람에게 친절하게 대하고 싶고, 심지어 여러분이 좋아하지 않는 사람들에게도 친절하고 싶습니다. 여러분은 모든 사람을 사랑할 필요는 없습니다. 우리가 좋아하지 않는 성격을 가진 사람들도 있으니까요. 하지만 우리는 그들에게도 친절하게 대해야 합니다.

장미와 연꽃은 매우 다른 꽃입니다. 매우 다른 성격을 갖고 있지요. 하지만 그 꽃들은 각각 참으로 아름답습니다.

여러분도 마찬가지입니다. 여러분은 서로 다른 꽃들입니다. 어떤 사람들은 여러분과 닮지 않았을 수도 있지만, 여러분은 그들에게 친절해야 합니다. 여러분의 개성은, 여러분과 매우 다른 사람들과 함께 지냄으로써 더욱 풍부해질 것입니다. 만약 우리가 언제나 사랑하는 사람들하고만 함께 있기를 원한다면, 우리의 개성은 더 빈약해질 것입니다. 우리는 좋아하지 않는 사람들과 함께 있음으로써 인간이 되는 다른 방법을 발견할 수 있게 되는데, 우리에게 친절함이 있어야만 그렇게 할 수 있습니다.

사랑하는 사람들에게 친절하기는 쉽습니다. 하지만 사랑하지 않는 사람들에게도 친절하세요. 그러면 친절은 지구상에서 증가하게 될 것입니다. 다른 사람들을 판단하지 마세요. 다른 사람들에게 어떻게 행동해야 하는지 가르치려고 하지 마세요. 왜냐하면 그것은 일종의 판단이기 때문입니다. 그것은 사랑도, 친절도 아닙니다. "당신은 나와 다르군요? 나와 달라서 감사합니다. 당신은 당신의 방식대로, 나는 나의 방식대로 하면서, 우리는 서로 다름으로써 인류를 더욱 풍부하게 만들 수 있습니다." 그러므로, 기억하세요. 올바름은 중요하지 않습니다. 친절함, 이것이 가장 중요한 것입니다.

웃음으로 삶을 바꾸세요

A.H.68년 1월 – 2014년 일본 오키나와

많은 사람들이 큰 실수를 저지릅니다. 웃기 전에, 행복해질 때까지 기다리니까요. 그 반대입니다. 행복해지려면, 먼저 웃으세요. 왜냐하면 웃음은 당신에게 행복을 가져오기 때문입니다. 아무 이유 없이 웃으세요. 당신이 아무 이유 없이 웃을 때, 행복은 자연적으로 내면에서 나옵니다. 그것은 초의식의 웃음입니다. 다른 사람에게서 무언가를 얻기 위한 웃음이 아니며, 외부의 어떤 것이 당신을 행복하게 만들기 때문에 웃는 웃음도 아닙니다. 그것은 내면의 행복과 연결되어 있는 웃음이지요.

당신이 잠에서 깨어나면, 웃음이 첫번째 명상입니다. 나는 매일 잠에서 깨어날 때, 눈을 뜨기 전에, 웃습니다. 살아있음을 느끼기 위해서, 그것으로 충분하지요. 살아있다는 것은 멋진 일입니다. 먼저 웃으세요. 그리고 눈을 뜨세요. 만약 당신이 눈을 먼저 뜬다면, 이 웃음은 아마 오지 않을지도 모릅니다. 먼저 웃으세요.

누군가가 슬픈 얼굴로 당신을 바라보고 있다면, 웃으세요. 웃음은 마치 통신과 같습니다. 당신이 다른 사람들에게 웃으면, 그들은 당신에게 다시 웃지요. 그리고 특히, 그들이 모르는 사람들이라면, 이것은 지구에 사랑을 퍼뜨리는 가장 아름다운 방법입니다. 당신이 길을 걷고 있을 때, 누군가 슬픈 표정을 짓고 있는 사람을 보고, 그에게 미소 지으면, 그도 미소로 답할지 모릅니다. 잠시 후 그는 이렇게 생각하 겠지요. "왜 그가 나에게 미소 지었을까? 내가 아는 사람인 가?" 그리고는 그의 두뇌는 웃음과 행복에 대해 생각하기 시작합니다. 그렇게 단지 미소 하나로 당신은 사람들의 삶을 변화시킬 수 있습니다.

나는 매일 집 주변을 산책합니다. 해변을 산책하는 사람들도 있고, 길가에 작은 차를 세워놓고 그 안에 앉아 있는 사람들도 있습니다. 나는 그들에게 미소 지으며 "안녕"이라고 말해줍니다. 그리고는 그들에 대해 즐거운 생각을 하지요. 아마도 그들은 온종일 왜 내가 자기에게 "안녕"이라고 했는지 궁금해할 것입니다. "왜 그가 나에게 미소 지었을까? 내가 아는 사람인가?" 두뇌는 다르게 생각하기 시작합니다.

사람들에게 "안녕"이라고 말해보세요. 아마 그들은 당신에게 다가와서 "내가 아는 분인가요?"라고 물어볼지도 모릅니다. "아닙니다. 하지만 나는 당신을 사랑합니다." 이것은 사랑을 퍼뜨리는 일입니다. 만약 당신이 아는 사람에게만 미소 짓는다면, 그것은 일종의 인종차별일 것입니다. "내가 당신을 알면 미소 짓고, 당신을 모르면 심각한 표정을 짓겠다."

그렇게 하는 대신, "나는 당신을 모르기 때문에 당신에게 미소 짓는다." 이것이 바로 사랑을 전파하는 방법입니다.

웃는 것이 사랑하는 것입니다. 그것은 2중의 효과가 있습니다. 첫 번째 효과로, 그는 왜 당신이 자기에게 미소 지었는지 궁금해하며 자신의 문제를 잊게 될 것입니다. 두 번째 효과로, 그로 인해 당신은 즐거운 시간을 갖게 됩니다. 왜냐하면, 그가 "왜 그 사람이 나에게 '안녕'이라고 했을까?"라고 생각할 것이라는 사실이 당신을 잠시 웃게 만들기 때문입니다. 웃는 것은 매우 좋으니까요.

3

생각

"생각이 없으면, 두려움도 없다"

느끼세요

A.H.70년 10월- 2015년 일본 오키나와

엘로힘을 느끼세요. 삶의 매 순간, 호흡할 때마다, 당신
이 바라보는 모든 얼굴에서, 모든 꽃에서, 엘로힘을 느끼세
요. 바다를 바라보세요. 바다는 엘로힘을 상기시키는 아름
다운 대상입니다. 엘로힘이 처음 지구에 왔을 때, 오직 바다
만 있었습니다. 그리고 바다는 지금도 여전히 여기 있지요.
만약 우리가 사라진다 해도, 바다는 변하지 않을 것입니다.
우리를 이룬 모든 먼지들은 바다로 가게 될 것입니다.

우리는 우주에게 필요치 않습니다. 그렇기 때문에 우리
는 매우 소중합니다. 왜냐하면 우주의 어떠한 것도 우리를

필요로 하지 않기 때문이지요. 우리가 사라진다 해도, 달은 그 자리에 있을 것이고, 하늘은 별들로 가득할 것이고, 태양도 거기 있을 것입니다. 하지만 우리가 살아 있지 않다면, 우리는 그것을 볼 수 없고, 그것을 느낄 수 없습니다. 우주의 아름다움을 볼 수 있는 사람은 아무도 없겠지요. 당신이 아름다움을 볼 때, 당신이 아름다움을 느낄 때, 당신은 스스로를 관조하는 우주 그 자체입니다.

당신이 꽃을 바라볼 때, 당신은 우주의 눈입니다. 음악을 들을 때, 그것은 작은 당신이 아닙니다. 음악을 듣고 있는 존재는 의미 없는 자아가 아니라, 그것은 우주입니다. 무한의 아름다움에 대해 생각하지 말고, 그것을 느끼세요.

발견은 느끼는 동안 이루어집니다

A.H.67년 9월 – 2012년 일본 오키나와

과학과 지성은 아름답다는 가르침과 생각을 멈추라는 가르침 사이에 어떤 모순이 있을까요?

이 둘 사이에는 아무런 모순이 없으며, 그것들은 동일합니다. 과학에 대해 생각함으로써 우리는 두뇌를 사용하여 과학적 문제들을 해결하고, 발견들을 이루고, 인류의 발전을 돕습니다. 그것은 그렇지요. 하지만 생각하는 것은 과학이 아닙니다. 인류 역사에서 가장 유명한 과학자 중 한 사람인 알버트 아인슈타인은 이렇게 말한 적이 있습니다. "내가 이룬 가장 중요한 발견들은 내 두뇌의 이성적인 부분을 사용하지 않을 때 일어났다." 과학에는 느낌과 직관이 더 많이 개입한다는 점을 이해하는 것이 매우 중요합니다. 실험 역시 중요하지만, 느낌과 직관을 따르는 것이 과학적 발견들의 주요 부분입니다.

마찬가지로, 당신이 행복을 느끼고 싶을 때, 과학은 그것을 가져다줄 수 없으며, 끊임없이 생각하는 과정을 멈추는 것만이 당신을 행복하게 만들 수 있습니다.

생각하지 마세요. 그러면 당신은 두뇌를, 느낌을 받아들이고 발견을 이루게 되는 보다 긍정적인 상태에 둘 수 있게 됩니다. 중요한 발견들은 생각하고, 생각하고, 또 생각하는 사람들에 의해 만들어지는 것이 아닙니다. 중요한 발견들은 불현듯 영감을 떠올린 사람들에 의해 이루어지지요. 이것은 과학, 예술, 음악, 모든 것에 해당됩니다. 모차르트는 생각에 잠기곤 하지 않았고, 피카소나 반 고흐도 마찬가지였지만, 그럼에도 그들과 모든 위대한 작곡가들에게는 영감이 떠올랐습니다.

나는 많은 위대한 예술가들을 알고 있습니다. 그들은 피아노 앞에 앉으면 음악이 그냥 흘러나오지요. 만약 모차르트가 생각하며 피아노 앞에 앉아 있었다면, 그는 전혀 음악을 만들지 못했을 것입니다. 생각하는 것은 좋지 않으며, 창의력을 파괴하고, 가장 중요하게는 행복을 파괴합니다. 생각할 때는 행복하지 않습니다. 완전히 생각을 멈추고, 그냥 존재하세요!

더 지성적이 되려면, 생각을 멈추세요

A.H.67년 9월 - 2012년 일본 오키나와

'지성적(intelligent)'이란 연결되어 있다는 의미입니다. 이것은 연결을 뜻하는 라틴어 'intel-ligere'에서 나왔습니다. 당신이 생각할 때, 당신은 단절됩니다. 당신이 느낄 때, 당신이 존재할 때, 당신은 모든 것과, 무한과 연결됩니다. 그렇기 때문에 '생각않음'은 과학에 반하지 않지요. 반대로, 그것은 최고 수준의 과학의 근원이며, 최고 수준의 창조와 예술의 근원입니다.

나는 매일 아침 내 머리에 떠오른 새로운 음악작품과 함께 깨어납니다. 이곳 오키나와에 살고 있는 위대한 음악가 로터스 또한 매일 아침 그녀의 머리에 떠오른 새로운 음악과 함께 깨어나지요. 그녀는 피아노 앞에 앉아서 "그 음악을 연주하려면 생각해야만 해"라고 말하지 않습니다. 결코 아닙니다. 생각 없이, 그냥 존재하면, 음악이 흘러나오지요. 이것은 사랑에 대해서도 똑같습니다. 사랑은 바로 지금 지구상에서 가장 중요합니다. 사랑하세요. 당신이 생각하면, 거기에는 사랑이 없습니다. 당신이 느낄 때, 당신이 존재할 때, 당신은 사랑을 느끼고, 사랑을 줄 수 있습니다.

누군가에게 사랑을 보여주는 최고의 아름다운 방법 중 하나는 꽃을 주는 것입니다. 만약 당신이 그것에 대해 생각한다면 매우 우스꽝스러울 수 있지만, 꽃을 주는 것은 대단히 아름다운 일입니다. 이 보다 훨씬 간단한 다른 방법은, 포옹해 주는 것입니다. "왜 포옹하지?"라며 그것에 대해 생각하게 되면, 당신은 포옹할 수 없을 것입니다. 그렇기 때문에 자신이 지성적이라고 믿는 사람들은 결코 포옹하지 않지요. 실제로는, 그들은 진정으로 지성적이지 않습니다. 그들은 생각하기 때문에, 이 행성에 어떠한 사랑도 가져오지 않습니다. 그러나 당신이 생각을 멈추면, 당신 앞에 있는 사람들을 보고, 그들 모두와 포옹하고 싶어집니다. 당신이 생각을 멈추었기 때문이지요. 그러므로 더 지성적이 되려면, 생각을 멈추세요!

느낌의 선물

A.H.68년 12월 - 2013년 일본 오키나와

엘로힘의 메시지에는 "우리는 당신들을 우리 모습대로 창조했으므로, 우리가 가진 것과 동일한 종교를 당신들에게 주겠다"라고 쓰여 있습니다. 엘로힘은 무한을 느끼고 무한과 조화하는 명상을 하며, 우리가 행하는 것과 완전히 같은 방법으로 무한과 조화합니다. 엘로힘은 항상 무한을 느끼는 데 도움이 되는 무한의 상징을 사용하여 명상합니다. 그들이 우리에게 줄 수 있는 더 아름다운 선물이 있을까요? 그들은 우리에게 어떻게 생명을 창조할 수 있는지에 관한 그들의 지식을 알려주었을 뿐만 아니라, 어떻게 무한을 느낌으로써 최상의 조화를 이룰 수 있는지도 알려주었습니다.

이것이 바로 메시지의 아름다움입니다. 메시지의 아름다움은 그것이 우리의 이해에 호소하고, 우리의 지성에 호소하기 때문이지요. 하지만 지성보다 더 중요한 것이 있습니다. 지성은 생각하는 데에는 도움을 주지만, 생각은 우리를 매우 슬프게 할 수 있습니다. 생각은 행복을 가져오지 않습니다. 행복을 가져다주는 것은 느낌, 존재함, 우리 내부와 외부의 무한을 느끼는 것입니다. 이것이 바로 그들의 선물이며, 엘로힘의 가장 아름다운 선물입니다.

인류 역사를 통틀어, 무한을 느끼는 선물보다 더 아름다운 것은 없을 것입니다. 사람들은 '이해'가 필요하다고 믿습니다. 과학을 이해하는 것은 매우 중요하지요. 하지만 '느낌', 당신 주위의 모든 것 그리고 당신 내부의 모든 것과 하나임을 느끼는 것, 이것이 바로 엘로힘의 가장 아름다운 선물입니다.

이해는 우리에게 과학을 가져다주며, 이는 매우 좋습니다. 하지만 감각명상을 통한 느낌은 우리에게 행복을 가져다주지요. 아시아 사람들의 말처럼 음과 양이 있듯이, 지식과 행복이 있습니다. 그것이 바로 우리가 삶의 매일매일 "엘로힘 감사합니다"라고 말해야 하는 이유입니다.

배움에서 깨달음으로

A.H.68년 12월 - 2013년 일본 오키나와

최근 몇몇 과학자들이 빅뱅은 없었을 수도 있으며 우주는 영원하다고 말하고 있습니다. 과학자들은 우주가 시작도 끝도 있을 수 없고 무한하다는 생각으로 바뀌고 있습니다. 이 뉴스는 12월 13일에 나왔는데, 정말 완벽한 타이밍이었습니다. 엘로힘 감사합니다. 이것은 커다란 과학 혁명이며, 과학자들은 점점 우리 라엘리안들이 지난 40년 동안 알고 있었던 진실을 받아들이라는 압박을 받고 있습니다.

우리는 행운아들입니다. 우리는 사람들이 아주아주 오랜 세월이 지난 후에야 서서히 발견할 수 있는 많은 것들을 알고 있으니까요. 우리는 정말 운이 좋습니다! 우리는 지구상에서 가장 뛰어난 과학자들조차 아직 모르는 것들을 알고 있지요. 우리는 매우 앞선 과학적 사실들을 알고 있는데, 그것은 지구상에서 가장 진보한 과학자들일지라도 많은 해가 지난 후에나 알게 될 것들입니다. 이런 것은 철학, 명상, 인간의 가치라는 명제에도 적용되는데, 우리는 훨씬 더 앞선 것들을 알고 있습니다!

엘로힘 덕분에, 메시지는 우리가 상상할 수 있는 가장 아름다운 선물을 우리에게 주었습니다. 물론 메시지에 담긴 과학적 설명도 흥미롭지만, 더욱 흥미로운 점은, 그것이 우리의 삶을 변화시킬 수 있다는 것입니다. 사물의 소유가 행복을 가져다주지 않는 것처럼, 과학지식도 행복을 가져다주지는 않지요. 여러 채의 집, 여러 대의 자동차 등 물건을 소유하는 것은 행복을 가져다주지 않습니다. 지식 또한 행복을 가져다주지 않습니다. 억만장자가 되어 매우 부유하더라도 여전히 자살하기를 원합니다. 또한 고급 학위와 과학지식을 지닌 박사일지라도 여전히 자살하기를 원합니다. 지식과 소유가 여러분에게 행복을 가져다주지는 않습니다. 행복을 가져오는 것은 존재입니다.

여러분은 명상을 통해 존재의 상태에 도달할 수 있습니다. '존재'할 때, 여러분은 비로소 존재합니다. 그리고 '존재'하기 위해서는 생각을 멈춰야 합니다. 여러분의 마음은 항상 뭔가를 걱정합니다. 엘로힘의 가장 아름다운 가르침은 지식이 아닙니다. 지식은 아름답고, 우리가 좋아하지만, 우선 사항이 아닙니다. 최고의 가르침은, 행복해지기 위해 우리의 삶을 어떻게 바꿀 수 있는가에 대한 것입니다.

만약 엘로힘이 인간을 어떻게 창조했는지에 대한 설명만이 담겨 있는 메시지를 우리에게 주었다면 어땠을지 상상해보세요. 그것은 재미있고 흥미진진하겠지만, 여러분의 삶을 바꿀 수는 없습니다. 여러분의 삶을 바꿀 수 있는 것은 여러분의 일상적인 행동과 생각에 변화를 줄 수 있는 것이어야 합니다. 이러한 지식은 과학적 주제에 대한 지식보다 무한히 더 강력합니다.

과학적 지식은 철학적 가르침과 서서히 융합될 것입니다. 과학은 명상이 두뇌 내부에서 행하는 작용에 대한 합리적인 이해를 점점 더 제공하고 있지요. 이런 방식으로 과학은 인류의 행복 증진을 돕는 데 유용합니다. 그러나 명상의 가치에 대한 과학적 지식, 즉 뇌파측정기를 이용한 명상의 과학적 설명, 또는 명상이 두뇌를 위해 얼마나 강력한지를 증명하는 모든 과학적 연구는 단지 지식일 뿐입니다. 다시 말해서, 과학이 제공하는 지식, 즉 명상이 왜 좋은지 설명하며 "어떤 명상이 좋은 것인가?", "명상이 두뇌에서 어떤 작용을 하는가?" 등은 매우 흥미롭긴 하지만, 그것은 명상이 아니라 지식일 뿐으로서, 여러분을 행복하게 해주지는 않습니다.

그것은 걷거나, 사랑하거나, 오르가즘이 주는 쾌감과 비교할 수 있습니다. 이런 쾌감은 굉장하지만, 여러분이 오르가즘이 무엇인지에 대한 연구 보고서를 읽는다고 해서, 그것이 여러분에게 오르가즘을 주지는 않을 것입니다. 여러분은 오르가즘이 무엇인지, 어떤 근육과 어떤 뉴런이 오르가즘에 관여하는지에 대한 최첨단 연구 보고서를 읽을 수는 있지만, 그것은 여전히 여러분에게 아무런 쾌감도 주지 못하지요. 어떤 과학자든 오르가즘이 어떻게 작용하는지에 대한 보고서를 읽고 갑자기 오르가즘을 경험하지는 못할 것입니다. 그것은 효과가 없습니다. 여러분이 오르가즘을 경험하려면, 그것에 대해 읽기를 그만두어야 합니다.

나는 오르가즘과 명상 사이의 유사성, 오르가즘과 깨달음 사이의 유사성을 강조하고 싶습니다. 둘 다, 그것들이 실재한다는 사실을 아는 것이 좋습니다. 그 과정을 배우는 것은 어느 누구에게도 피해를 주지 않지요. 무엇이 일어나는지 이해하는 것도 좋지만, 여러분이 그것을 경험하지 않으면 안 됩니다. 명상을 통한 이러한 의식의 깨달음은 오르가즘과 매우 유사합니다. 그러나 오르가즘이 매우 짧은 반면, 명상을 통한 두뇌의 오르가즘은 매우 오랫동안 지속될 수 있습니다. 그것은 심지어 영구적인 상태로 될 수도 있습니다. 온종일 지속될 수 있는 오르가즘을 상상해보세요. 흥미롭지 않나요?

그것은 명상이 여러분에게 가져다줄 수 있는 것입니다. 여러분이 부처의 상태에 도달하면, 매 순간, 매 심장박동, 매 호흡은 전 지구적 오르가즘의 일부입니다. 그것에 대해 배우는 것은 단지 지식일 따름이지요. 그것을 행하는 것이 명상입니다. 거기에 도달하는 것이 깨달음입니다. 성생활에서처럼, 배우는 것은 좋지만, 행하는 것은 더 좋고, 오르가즘에 도달하는 것이 최고입니다. 그러므로 여러분은 명상을 행할 때, 두뇌가 영구적인 오르가즘, 즉 정신적 오르가즘 상태에 머물도록 훈련해야 합니다. 그 상태에서, 여러분은 하나됨을 느끼고, 모든 것과 그리고 무와 연결됨을 느낍니다. 여러분이 우주적 오르가즘을 가질 때, 모든 것과 연결됨을 느낍니다. 여러분 중 이런 종류의 성적 오르가즘을 경험했을 만큼 운이 좋은 사람들은, 갑자기 육체의 경계가 없어지고, 파트너와 하나가 됩니다. 파트너뿐만 아니라 모든 것과 하나가 되지요. 갑자기 두뇌 속의 은하들을 느끼고, 분자들, 모든 것을 느낍니다.

이 방에 있는 모든 사람이 이러한 성적 오르가즘을 한 번쯤은 경험해 봤으면 좋겠습니다. 그것을 하기 위해서는 파트너가 필요 없습니다. 여러분은 마스터베이션으로 훨씬 더 잘할 수 있습니다. 그것은 가톨릭교도들은 경험할 수 없는 어떤 것입니다. 왜냐하면 그들은 마스터베이션을 하면 죄악감을 느끼기 때문이지요. 하지만 라엘리안들은 죄악감이 없습니다. 기억하세요. 여러분의 최고 파트너는 여러분의 손입니다. 아무도 여러분의 오른손만큼, 만약 왼손잡이라면 왼손만큼, 여러분을 느낄 수는 없습니다. 이 우주의 어느 누구도, 어떤 파트너도, 여러분의 손만큼 좋을 수 없습니다. 왜냐하면 여러분은 모든 것과, 그리고 무와 연결시키는 오르가즘을 향해 상승하고 있음을 곧장 느낄 수 있기 때문입니다.

갑자기, 여러분은 '존재한다'에서 동사가 없는 '존재'가 됩니다. 그것은 여러분이 말하지 않으면서 "나는 존재한다"라고 말할 때, 생각하지 않으면서 "나는 존재한다"라고 느낄 때입니다. 존재하고, 느끼는 것은 어떤 말이나 개념도 없는 것입니다. 그것이 바로 명상이 여러분에게 가져다주는 것인데, 성적 오르가즘이 가져다주는 것과 같은 방식입니다. 그것들은 매우 흡사합니다. 이것이 바로 엘로힘이 우리에게 준 가장 아름다운 선물입니다. 그곳에서 우리는 엘로힘의 사랑을 느낄 수 있습니다. 그들은 우리에게 길을 알려주고, 행복의 열쇠를 줍니다. 이보다 더 아름다운 것은 없습니다.

모든 라엘리안이 과학자이지는 않습니다. 모든 라엘리안이 DNA가 무엇인지, 유전자나 염색체가 무엇인지 잘 알고 있는 것도 아니지요. 그것은 매우 어렵고 복잡하며, 여러분은 아마 이해하고 싶지도 않을 것입니다. 하지만 라엘리안은 모두 그것을 느낄 수 있습니다. 만약 여러분이 정말로 존재하려 한다면, 만약 여러분이 내가 바라는 것처럼 매일 아침 명상한다면, 그러면 여러분은 점진적으로 이러한 영구적인 정신적 오르가즘의 수준에 도달할 것입니다. 진정한 종교성은 교회나 사원 안에서 일어나는 어떤 것이 아니라, 여러분의 내면에서 일어나는 것입니다.

나는 당신이 믿기를 원하지 않습니다

A.H.68년 12월 - 2013년 일본 오키나와

나는 사람들이 믿는 것을 원하지 않고, 느끼기를 원합니다. 믿는 자들은 어리석지요. 신을 엘로힘으로 대체하지 마세요. 많은 사람들이 그런 실수를 저지릅니다. 메시지를 읽기 전에는 그들은 하느님을 부르다가, 메시지를 읽은 후에는 "엘로힘 엘로힘" 하며 빕니다. 그들은 신을 다른 신으로 대체한 것이지요. 그것은 메시지가 뜻하는 바가 아닙니다. 엘로힘은 신을 대체하기 위해 우리에게 온 것이 아니라, 더 높은 정신성, 무한에 대한 더 높은 느낌, 더 높은 레벨의 행복, 더 높은 하나됨에 이르는 길을 우리에게 보여주고, 우리가 그것을 느낄 수 있도록 돕기 위해 우리에게 왔습니다. 신에게 기도하는 대신, 갑자기 엘로힘에게 매일 기도하는 사람들, 그들은 아무것도 이해하지 못하고 있습니다.

엘로힘을 내버려 두세요! 그런 어리석은 이기적 행동으로 엘로힘을 방해하지 마세요. 당신은, 기도는 좋은 것이 아니냐고 말할 수도 있겠지요. 맞습니다. 기도는 당신의 잠재의식이 초의식과 조화하도록 도와줍니다. 그것은 좋은 일이며, 그것이 기도의 본질입니다. 하지만 기도는 '나'를 위한 어떤 것을 하느님 또는 엘로힘에게 간청하는 것이 아니지요. "엘로힘, 제발 저에게 돈을 주시고, 건강을 주시고, 저의 자녀들을 보호해주세요." 엘로힘은 하느님이 아닙니다. 그들은 단지 우리의 정신적 가이드들일 뿐이며, 그것으로 충분하고도 남습니다. 우리는 신이 필요 없습니다. 만약 당신의 아이나 어머니가 아프다면, 과학을 믿으세요. 일본에 끔찍한 쓰나미가 발생하여 많은 사람들이 죽었습니다. 그리고 다른 나라들에서는 큰 지진이 일어나기도 하지요. 그런 재앙에서 살아남은 사람들은 이렇게 말합니다. "하느님, 저를 살려주셔서 감사합니다." 이런 말은 죽은 수만 명의 사람들에게는 너무 좋지 않습니다.

인간은 생각과 믿음으로 병들어 있습니다. 전 인류가 같은 병으로 고통받고 있습니다. 너무 많이 생각하고, 느끼지 않고, 존재의 진정한 본질에 대한 단순한 생각과 사랑을 갖지 못하는 병이지요. 그것은 정말 간단합니다. 노자가 '자연의 질서'라고 불렀던 것을 느끼고, 보면 되는 것입니다.

나는 오키나와의 정글 속으로 산책하는 것을 좋아하는데, 정말 좋아합니다! 정글은 바로 자연의 질서입니다. 백인들은 정글에 가면 '카오스(혼돈)'를 봅니다. 그들은 정원, 그 중에서도 '프랑스식 정원'을 원합니다. 프랑스식 정원은 매우 직선적이고 나무들이 잘 정렬되어 있지요. 그것은 전혀 자연스럽지 않은데, 그들은 완벽하게 정렬되어 있지 않은 것을 '카오스'라고 부릅니다. 그러나 자연의 질서, 즉 진정한 질서는 혼돈 속에 있습니다.

하늘을 보세요. 별들을 보세요. 어떤 것도 직선적이지 않으며, 그것이 자연의 질서입니다. 원자와 분자들을 보세요. 어떤 것도 직선적이지 않습니다. 거울 속에 당신의 얼굴을 보세요. 오른쪽과 왼쪽이 서로 같지 않습니다. 이것은 잘못일까요? 전혀 아닙니다. 아무런 잘못도 없습니다. 어떤 바보 같은 여성들은 얼굴 양쪽이 똑같도록 성형수술을 하는데, 참으로 멍청합니다. 그것은 생명의 조화입니다. 자연의질서 안에 있는 것이지요. 우리는 좌우대칭이 아니며, 우리내부의 어떤 것도 대칭적이지 않습니다. 심장은 정중앙에있지 않고, 약간 치우쳐 있습니다. 여성의 경우, 누구나 한쪽가슴이 다른 쪽보다 더 크지요. 대칭은 자연계에 존재하지않으며, 자연의 질서가 존재합니다. 나의 왼쪽 다리는 오른쪽 다리보다 약간 더 짧습니다. 이것은 누구나 마찬가지인데, 조금씩 다른 것이 생명입니다.

자연의 질서는 모든 곳에 있습니다. 오키나와의 정글속에는 모든 식물이 올바른 장소에 있는데, 식물들 사이에는 경쟁 대신 조화가 있습니다. 어떤 식물들은 다른 식물이잘 자라도록 도와줍니다. 난초들은 나무에서 자라지요. 서양인들은 그것을 기생이라고 하는데, 전혀 그렇지 않습니다! 난초는 나무에서 혜택을 받고, 나무는 난초에게서 혜택을 받습니다. 자연의 모든 것 사이에는 조화와 협동과 팀워크가 있습니다.

당신의 내부, 장 속에는 기생충들로 가득합니다. 당신이 아닌 다른 많은 생명체들이 들어 있는 것이지요. 현대의과학자들은 이것들을 '미생물군유전체'라고 부릅니다. 태어날 때부터 수많은 박테리아들이 당신의 배 속에 살고 있습니다. 그런데 어떤 멍청한 과학자들은 이 모든 것을 죽이고 싶어 합니다. 만약 이런 박테리아들이 더 이상 배 속에 없다면, 당신은 소화 시킬 수가 없게 됩니다. 그것들은 당신이 아니며, 그것들의 DNA는 당신의 DNA와 전혀 다릅니다. 하지만 우리의 피부와 배에는 다른 DNA를 가진 수십억의 생명체들이 살고 있으며, 우리는 그것들이 필요합니다. 만약 당신이 그것들을 제거한다면, 당신은 죽습니다. 이것이 바로 팀워크이며, 우리 라엘리안들이 영원히 함께하듯이, 그것들과도 영원히 함께해야 합니다.

새처럼 느끼세요

A.H.68년 11월 - 2013년 일본 오키나와

두뇌의 큰 핸디캡은 항상 생각한다는 것인데, 생각이란 언제나 과거의 경험에 기반합니다. 만약 당신이 영원히 젊기를 원한다면, 생각하는 것을 멈추고 존재해야 합니다. "나는 존재한다"라고 말할 때, 그것은 지금입니다. "나는 존재했다"라거나 "나는 존재할 것이다"가 아니지요.

존재는 행복입니다. 자살하는 부자들이 많이 있습니다. 백만장자들의 자살률이 가난한 사람들보다 10배나 더 높습니다. 당신이 "미래에 다른 나라로 여행가게 되면 매우 행복할 거야"라고 생각할 때, 이 다른 나라는 어디인가요? 이 나라를 어떻게 알고 있나요? "미국에 가면 행복할 거야." 당신이 미국을 어떻게 알고 있나요? 학교에서 미국에 대해 배웠기 때문입니다. 그것은 과거이지요. 과거로부터 비롯되지 않은 미래의 뭔가를 만드는 것은 불가능합니다. 당신이 고안해내는 모든 프로젝트들은 새로운 것이란 하나도 없습니다. 미래에 대해 당신이 상상할 수 있는 모든 것은 과거를 토대로 만들어집니다. 두뇌는 무로부터 새로운 것을 만들어낼 수 없으니까요.

당신은 왜 일본어로 말하나요? 혹은 한국어, 중국어로 말하나요? 그것은 과거입니다. 당신의 어머니, 아버지 그리고 선생님들이 당신의 두뇌에 그것을 넣었지요. 당신의 언어는 과거에서 왔습니다. '지금'의 언어가 있을까요? 사랑, 존재입니다. 당신이 존재할 때, 당신은 즉시 중국어, 한국어, 몽골어 등 원하는 말은 무엇이든 할 수 있습니다. 왜냐하면 더 이상 언어라는 것이 없게 되니까요.

당신이 '지금'을 느끼는 데 도움이 되는 좋은 이미지가 있는데, 새가 된 것처럼 느끼는 것입니다. 새는 어떤가요? 새는 중국어로 말하지 않지요. 불어도 못하고, 영어도 못합니다. 하지만 당신이 어느 나라에서든 새를 잡아 다른 나라에 가져간다면, 그 새는 즉시 다른 새들과 소통할 수 있을 것입니다. 통역도 필요 없고, 사전도, 아무것도 필요 없습니다. 왜냐하면 그 새는 '존재'하기 때문이지요. 새와 같이 느끼고, 새와 같이 노래하고, 새와 같이 날아보세요. 이것이 '존재'입니다. 당신 자신을 새라고 상상하세요.

나는 오늘 아침 일어나서 화장실에 갔습니다. 마이트레야는 화장실에서 무엇을 하는지 궁금해하는 사람들이 있을지도 모르겠군요. "그는 틀림없이 매우 복잡하고 매우 매우 높은 의식의 명상을 하겠지." 아닙니다. 나는 변기에 앉아 "짹, 짹" 하며 새 소리를 냅니다. 당신도 해보세요. "짹, 짹." 이것은 좋은 느낌을 가져옵니다. 이것은 언어가 아니며, 여기에는 어떤 생각도 간여하지 않습니다. 그냥 "짹, 짹" 하세요. 그렇게 하면 당신은 즉각적으로 행복을 느낄 수 있습니다. 그렇게 해보세요. 느껴보세요. "짹, 짹." 당신은 행복을 느낍니다. 이것은 두뇌의 생각을 멈추게 하고, 당신을 웃게 만듭니다. 기억하세요. 아침에 일어날 때, 새가 된 것처럼 느끼세요. 하루 종일, 아니 일생 동안 그렇게 느끼세요. 새가 되는 것은 부처가 되는 것입니다. "짹, 짹."

놔주고, 흐르게 하고, 그냥 두세요

A.H.68년 3월 - 2014년 일본 오키나와

오전 11시 텔레파시 교신은 엘로힘에 대해 생각하는 것인가요? 아니면 엘로힘을 느끼는 것인가요? 나는 일요 텔레파시 교신 때 "엘로힘에 대해 생각"하려고 애쓰는 라엘 리안들을 가끔 보는데, 그들의 팬티가 얼룩지지나 않을까 좀 걱정입니다. 당연히 엘로힘을 느끼는 것이 더 좋습니다. 그것은 애쓰는 것이 아니지요. 명상은 결코 애써서 하는 것이 아닙니다. 일요일 엘로힘과의 텔레파시 교신은 하나의 명상이지, 노력하는 것이 아닙니다. 노력을 아무리 아주 조금만 했다 하더라도, 그것은 명상을 망가뜨립니다.

명상은 전혀 어떠한 노력도 하지 않을 때 이루어집니다. 그것은 지혜와 같은 것입니다. 부처가 되는 것과 동일하지요. 얼굴을 찌푸린 부처 상은 어디에도 없습니다. 부처는 항상 웃고 있지요. 행복한 표정으로, 그냥 느끼고, 무한을 느끼고 있습니다. "안녕, 무한." 전혀 애쓰지 않습니다. 당신이 아주 조금만 노력하더라도, 당신은 자신을 무한에게서 단절시키게 됩니다. 당신이 노력할 때, 작은 노력이라도, 아주아주 작은 노력이라도, 두뇌는 생각합니다. "나는 뭔가를 원해"라고 생각하지요. 당신이 뭔가를 원한다면, 당신은 명상 상태가 아닙니다. 명상은 아무것도 원하지 않는 것입니다. 그것은 받아들이는 상태이며, 놔주고, 강처럼 흐르게 두는 상태입니다.

인생은 강과 같습니다. 당신은 어느 날 강의 근원처럼 태어납니다. 산에서 솟아 나와, 흐르고, 점점 커지고, 자라고, 마침내 죽음이라는 바다에 도달합니다. 전혀 힘들이지 않아도 그렇게 되지요. 강은 저절로 흐릅니다. 당신이 강의 어디쯤 있든, 샘 가까이 있든, 종착지인 바다 가까이 있든, 그냥 흐르게 놔두세요. 당신이 애쓰면, 당신이 흐름을 거슬러 헤엄치려고 노력하면, 그것은 매우 고통스럽고, 당신을 지치게 만듭니다. 당신이 강과 함께 흐를 때, 당신은 행복합니다. 당신의 삶 모든 곳에 행복이 있고, 당신은 부처가 됩니다. 모든 것을, 애쓰지 말고, 당신의 인생에서 무엇이 일어나든, 흐르게 하세요.

늙는 것, 흐르게 놔두세요. 당신은 노화를 멈출 수 없습니다. 당신은 노화를 거부하고, 강의 흐름을 거슬러 헤엄치려고 노력할 수는 있겠지만, 당신은 여전히 늙어갈 것입니다. 당신이 여자친구를 원할 때, 당신은 노력할 수 있겠지만, 노력은 사랑을 가져오지 않습니다. 반대로, 당신이 노력한다면, 모든 사람이 당신을 겁내게 되지요. 그러나 만약 당신이 그냥 살아있음에 행복하면, 그냥 영원히 행복한 부처의 상태에 있다면, 모든 사람이 당신에게 이끌릴 것입니다. 당신의 행복은 자석처럼 작용하니까요.

사람들은 나와 가까이 있기를 좋아하는데, 그것은 자연스럽습니다. 내가 비행기를 타고 세계를 여행할 때마다, 전혀 모르는 누군가의 옆자리에 앉게 되고, 90%의 경우, 1시간 후에는 그들의 아내와의 문제, 직장 문제, 건강 문제 등 그들의 인생에 대한 모든 것을 알게 됩니다. 언제나 그들이 나에게 말하지요. 나는 아무 말도 하지 않고, 그냥 듣습니다. 하지만 그들은 나에게서 사랑을 느끼고, 그들의 인생에 대해 말하고 싶다고 느끼게 됩니다. 간혹 그들은 이렇게 깨닫지요. "왜 제가 당신에게 이런 것을 다 말하는지 모르겠네요." 아마 그들이 사랑을 느꼈기 때문일지 모르겠군요. 때때로 그들은 남자인데요, 어떤 남자가 그들에게 "당신은 사랑을 느끼기 때문에, 이해심을 느끼고 있군요"라고 말하는 것을 듣고 매우 놀랍니다. 그들은 내가 그들의 삶에서 그들이 흐를 수 있도록 도울 만큼 열려있다고 느끼는 것이지요.

어떤 노력이든 그것은 당신 자신을 가로막고, 다른 사람과의 소통을 가로막고, 폭력과 고통과 전쟁을 낳습니다. 모든 사람이 자신을 놔줄 때, 갑자기 우리는 하나됨을 느낍니다. 모든 것과, 모든 사람과 하나됨을 느끼기 위해서는, 우리는 어떠한 노력도 멈춰야 할 필요가 있습니다. 만약 당신이 "다른 사람들을 더 많이 사랑하기 위해 노력하겠다"라고 말한다면, 그것은 소용없을 것입니다.

놔주세요. 흐르게 하세요. 그냥 두세요. 아무런 애도 쓰지 말고, 그저 바라보는 것입니다. 그러면 사람들은 사랑을 느낄 것입니다. 그냥 두세요.

사람들을 가장 슬프게 하는 것은 미래나 현재가 아니라 항상 과거입니다. 왜냐하면 그들은 지금보다 더 행복했다고 상상하는 뭔가를 기억하고 그것에 회한을 품고 있기 때문이지요. 나이가 들수록, 과거를 후회하는 이런 경향은 더욱 커집니다. 일본어에도 같은 표현이 있는지는 모르겠지만, 불어와 영어에는 "좋았던 옛 시절"이라는 말이 있습니다. 좋았던 옛 시절은 존재하지 않습니다. 지금이 더 좋습니다. 당신의 나이가 몇 살이든, 지금이 더 좋지요.

과거를 기억하려면 많은 노력을 해야 합니다. 과거를 기억하기 위해서는, 당신은 집중하고 노력해야 합니다. 미래가 어떻게 될지, 내년에 무슨 일이 일어날지 스스로 물어볼 때도 마찬가지입니다. 당신이 '지금'에 대해 생각한다면, 어떤 노력도 들지 않습니다. 당신이 과거나 미래를 생각할 때마다, 많은 노력을 하면서도 당신은 행복에서 멀어집니다. 그러니까 느끼세요. 그럴 때마다 당신은 자신의 에너지를 느낍니다. 만약 당신이 '지금' '여기'에 존재한다면, 당신은 무한히 더 많은 에너지를 갖게 됩니다. 왜냐하면, 당신이 과거에 대해 생각하면, 당신은 많은 에너지를 낭비하게 되니까요. 당신은 지치고, 울고, 많은 에너지를 쓰고, 그리고는 병들게 됩니다. 당신이 미래에 대해 걱정할 때도 마찬가지입니다.

두뇌는 우리 몸의 에너지의 80%를 사용합니다. 물론 달릴 때는 예외이지만, 우리가 온종일 달리지는 않으니까요. 당신이 앉아 있을 때도, 몸은 에너지를 태우고 있는데, 두뇌가 80%를 사용합니다. 당신이 호흡하는 산소의 80%가 두뇌에 사용되지요. 이것은 불이 타는 것과도 같습니다. 그러나 당신이 명상을 하면, 그것을 10%까지 낮출 수 있습니다. 80%에서 10%로 낮아지는 것입니다.

산소통을 메고 스쿠버다이빙을 하는 사람들이 있지요. 그 산소통에는 제한된 양의 산소가 들어 있습니다. 만약 당신이 긴장되고 불안하다면, 산소를 매우 빨리 태우게 됩니다. 그래서 20분쯤 지나면 산소가 없어서 물 밖으로 나와야만 합니다. 그러나 만약 당신이 깊은 명상 상태에서 편안하다면, 같은 산소통에, 똑같은 양의 산소를 갖고서도, 1시간이나 혹은 그 이상 물속에 머물 수 있습니다.

산소는 몸이 아니라, 두뇌가 태우는 것입니다. 당신이 스트레스를 받으면, 산소를 많이 태웁니다. 마치 당신의 내부에 불이 난 것과 같습니다. 당신이 화낼 때, 두뇌는 불처럼 타오릅니다. 당신도 그것을 알고 있습니다. 가끔 당신이 화를 내면, 당신은 그 후에 피곤함을 느끼게 되니까요. 당신이 행복하다면, 당신을 행복하게 해주는 아름다운 영화를 보러 가고, 당신은 영화관을 나서며 에너지가 넘칩니다. 당신이 전쟁 영화나 스타워즈를 보러 가면, 피곤한 상태로 집에 올 것입니다. 만약 당신이 영화 '바라카'를 보러 간다면, 당신은 영화관을 나설 때 모든 사람과 사랑하며 포용할 준비가 될 것입니다. 당신은 에너지를 태워버릴 어떤 감정도 생기지 않았으니, 여전히 에너지가 남아 있는 것이지요.

피곤함을 피하고 좋은 에너지를 갖기 위해서, 명상을 하세요. 명상과 행복은 요리할 때 낮은 화력을 쓰는 것과 같습니다. 확 태우는 대신, 불의 세기를 줄여서 아주 작은 불꽃만 유지하는 것이지요. 왜냐하면 두뇌는 완전히 긴장이 풀린 상태라 하더라도, 약간의 산소를 태우기 때문입니다. 하지만 아주 적습니다. 당신이 에너지와 두뇌에 대해 생각하고 싶다면, 이 가스통을 상상하세요. 요리할 때 최고 화력으로 올리면, 가스통은 금방 동이 날 것입니다. 당신은 작은 불을 선택할 수 있습니다. 당신이 결정하는 것입니다.

의식을 사용하는 것은 요리하는 것과 같습니다. 당신이 높은 온도로 요리하면, 매우 빨리 많은 양의 가스를 태우게 됩니다. 그리고 종종 음식을 태우고 사방에 연기를 피우지요. 낮은 온도로 요리하면, 더 낫습니다. 당신의 두뇌를 요리 냄비라고 생각하세요. 당신의 두뇌 안에서, 팬케이크를 태우렵니까? 아니면, 천천히 조리한 훌륭한 핫팟을 만들겠습니까? 그것은 당신의 선택입니다.

당신의 엄지발가락으로 생각하세요

AH69년 4월 – 2015년 일본 오키나와

우리는 함께 하나이며, 이 장소에 없는 사람들과도 하나이고, 또한 나무와 별과 비와 하나입니다. 오늘 내리는 비는 어제 다른 사람의 몸 안에 있었습니다. 당신이 오늘 눈 오줌은 언젠가 구름의 일부가 될 것입니다. 그렇게 우리는 모든 것과 하나이지만, 종종 우리의 생각 때문에 모든 것에서 분리되어 있다고 느낍니다.

생각은 초의식의 가장 나쁜 적입니다. 초의식은 생각의 반대이지요. 우리가 생각할 때, 우리는 두뇌의 작은 부분, 즉 대뇌피질 주위의 작은 층에 통제를 맡기게 됩니다. 생각에 의해, 우리 몸 전체가 손상될 수 있습니다. 질병의 주요 원인은 스트레스이지요. 스트레스는 우리 몸속에 독을 만드는데, 아드레날린과 기타 많은 호르몬들이 우리 몸에 독이

122

됩니다. 스트레스는 어떻게 만들어질까요? 생각이 만듭니다. 만약 당신이 생각하지 않는다면, 스트레스를 받을 수가 없지요. 만약 당신이 부처와 같다면, 밖에 앉아 있을 때 주위에서 무슨 일이든 일어날 수 있지만, 당신은 명상 상태를 유지하기 때문에, 아무것도 당신에게 영향을 줄 수 없을 것입니다. 오직 당신이 생각할 때만 당신 자신을 해칠 수 있습니다.

기억하세요. 어떤 말도 당신을 해칠 수 없습니다. 말은 당신을 죽일 수 없지요. 누군가가 "당신은 매우 멍청해"라고 말한다면, 그것은 그저 바람이 부는 것일 뿐입니다. 하지만 만약 당신이 반응하며, "뭐? 나를 바보로 생각하다니!"라고 화를 낸다면, 이것이 스트레스입니다. 스트레스를 만든 것은 당신에게 멍청하다고 말한 사람이 아니라, 바로 당신입니다. 당신은 아주 적은 수의 뉴런들이 반응하도록 허용한 것입니다.

많은 사람이 나를 완전히 바보라고 생각합니다. 하지만 나는 신경 쓰지 않습니다. 왜냐하면 나는 생각하는 두뇌가 반응하게 두지 않기 때문이지요. 나는 사랑입니다. 당신이 무슨 말을 하든, 나는 당신을 사랑합니다. 당신은 내가 완전히 멍청하다고 말할 수 있지만, 나는 당신을 사랑합니다. 아무도 나의 내면의 조화에 영향을 줄 수 없습니다. 내 안의 조화에 영향을 줄 수 있는 사람은 나 자신뿐입니다. 오직 당신만이 당신 자신에게 그렇게 할 수 있는 것이지요.

당신에게 약간의 요령을 알려 주겠습니다. 당신 주위의 어떤 것이 스트레스를 준다고 느끼는 상황에 놓였을 때, 당신 몸의 어느 부분이 반응할까요? 생각하는 두뇌이지요. 당신의 대뇌 주위 1센티미터의 피질이 반응하는 것입니다. 그것은 사람들이 당신에게 말하는 것에 반응할 뿐만 아니라, 당신의 믿음에도 반응합니다. 당신은 아침에 일어나 거울을 보며 "난 못생겼어"라고 말할 수 있겠지요. 아무도 당신에게 그렇게 말하지 않았지만, 당신은 자신이 멍청하다거나 못생겼다고 생각합니다. 당신은 생각하고 있는 것입니다. 당신이 "내 인생은 끔찍해"라고 생각할지도 모르지만, 그것은 생각이지요. 당신은 아주 적은 수의 세포로 자신을 해치고 있습니다. 우리 두뇌에는 약 2천억 개의 세포가 있는데, 당신은 극소수의 생각하는 뉴런들이 당신 자신을 해치게 합니다. 그래서 당신이 자신을 해치지 않도록, 내가 당신에게 내면의 조화와 평화를 유지할 수 있는 작은 기법을 하나 알려 주겠습니다.

당신이 '나'라고 말할 때, 그것은 누구입니까? 누가 '나'라고 말하나요? 어느 세포일까요? 당신의 두뇌 세포일까요? 아니면, 엄지발가락 세포일까요? 어느 쪽이 더 당신일까요?

두뇌인가요? 아니면, 발가락인가요? 둘 다 당신입니다. 나의 발가락은 두뇌와 팔만큼 똑같이 나입니다. 내가 왜 이 대뇌피질이 다른 모든 걸 해치게 둬야 합니까? 발가락은 나입니다. 나는 나의 항문입니다. 항문은 나의 두뇌만큼 똑같이 나입니다. 그러므로 행복하기 위해서는, 때때로 발가락으로 생각하는 것이 매우 중요합니다. 내 주위에서 무슨 일이 일어나든, 나는 두뇌로 반응하는 대신, 혼잣말로 "내 엄지발가락은 어떻게 생각할까?"라고 합니다. 그러면 엄지발가락은 "조화를 유지해"라고 말하지요. 기억하세요. 발가락으로 생각하면, 당신은 실수를 덜 하게 되고, 당신의 삶에서 스트레스를 훨씬 덜 받을 것입니다. 두뇌로 생각하지 말고, 항문으로 생각하세요. 당신의 두뇌는 당신을 해칠 수 있으니까요.

당신이 발가락이나 항문으로 생각할 때, 초의식은 활성화됩니다. 왜냐하면, 두뇌의 중앙에 있는 매우 적은 수의 뉴런인 초의식은 '하나됨'이기 때문이지요. 두뇌의 이 부분은 온몸을 하나로 느끼고, 또한 다른 사람들과도 하나임을 느끼며, 사랑을 만들어냅니다. 그러므로 당신의 생각하는 두뇌로 반응하지 마세요. 주위에서 무슨 일이 일어나든, 당신의 발가락, 엄지발가락으로 반응하세요. 느껴보세요, 이 엄지발가락을 느끼세요. 그것은 당신의 생각하는 두뇌보다 직접적으로 더 초의식에 연결되어 있습니다.

당신의 생각하는 두뇌는 야생마와 같아서, 당신의 몸에서 자기를 분리합니다. 그러면 사람들은 우울해지고 미쳐버립니다. 두뇌가 자기를 현실로부터 분리하는 것이지요. 당신이 "나는 일본인, 혹은 중국인, 프랑스인이다"라고 말할 때, 이것은 생각하는 두뇌가 말하는 것입니다. 엄지발가락은 "우리는 하나이고, 우리는 같은 인간이다"라고 말합니다. 한국인, 중국인은 없으며, 우리는 모두 하나입니다. 그러니 기억하세요. 당신의 엄지발가락으로 생각하세요. 지구를 구하기 위해, 느끼세요.

지구를 구하려면 느끼세요

A.H.72년 6월 - 2018년 일본 오키나와

여러분이 잠에서 깰 때, 여러분은 잠이라는 최상의 명상에서 나오는 것입니다. 잠이란 생각하지 않는 것이지요. 여러분이 잘 때는 생각하지 않습니다. 만약 생각한다면, 여러분은 잠들지 못합니다. 너무 많이 생각하는 사람들은 잠드는 데 어려움을 겪습니다.

만약 여러분이 다음 날을 위해 뭔가를 준비하고 싶다면, 침대에서 하지 마세요. 침대에서 일어나 책상으로 가세요.

그리고 거기서 내일을 위해 해야 할 것을 준비하세요. 침대는 '생각 금지구역'입니다. 그곳은 잠자거나 섹스하기 위한 곳이지요. 섹스는 잠과 똑같아서, 만약 여러분이 생각한다면 쾌감을 얻을 수 없습니다. 섹스도 일종의 명상입니다. 만약 여러분이 오르가즘에 대해 생각한다면, 결코 그것을 얻지 못할 것입니다. 그냥 느끼세요. 생각하지 않고, 느끼는 것입니다.

오늘 아침 여러분이 잠에서 깼을 때, 여러분의 두뇌는 깨어났지만, 눈은 여전히 감긴 채로 생각하기 시작했지요. 매일 아침 첫 번째 생각이 있는데, 여러분은 그것을 피해야 합니다. 나는 잠에서 깰 때, 느끼기만 하며, 두뇌가 생각하게 두지 않습니다. 나는 눈을 뜨고, '생각없음'에 집중합니다. 온종일 이 '생각없음'의 느낌을 유지하는 것이 가능합니다. 우리는 생각 없이도 아름다운 삶을 살고, 일하고, 삶을 즐기고, 섹스할 수 있습니다. 생각은 결코 유용하지 않습니다. 만약 여러분이 음악을 만들거나, 화가나 조각가가 되고 싶다면, 생각은 필요 없고, 그냥 느끼면 됩니다. 작품은 자연스럽게 나올 것입니다.

걸을 때, 여러분은 생각할 필요가 없습니다. 만약 걸을 때 생각한다면, 특히 보행 동작에 대해 생각한다면, 여러분은 넘어질 수도 있습니다. 나는 내 발에 대해 생각하지 않고,

그냥 걷습니다. 여러분은 춤출 때, 생각하지 않습니다. 사교 댄스장에 가보면, "하나, 둘, 하나, 둘, 하나, 둘…" 그것은 춤이 아니라 박자를 맞추는 것이지요. 여러분이 정말로 춤을 출 때는, 생각하지 않고 느낍니다. 여러분은 공간을 느끼고, 움직임의 기쁨을 느끼지만, 생각하지 않습니다. "하나, 둘, 하나, 둘…" 이런 것은 보기 싫으며, 춤이 아니라 수학입니다. 예술은 결코 수학이 아닙니다.

여러분의 직업이 무엇이든, 여러분은 생각 없이 그것을 할 수 있습니다. 알버트 아인슈타인은, 그의 최고의 발견들이 부엌에서 꿈꾸고 있을 때 나왔다고 말했습니다. 책상 앞에 앉아서 계산할 때가 아니라, 꿈꾸고 있을 때였다는 것이지요. 눈뜬 채 꿈꿀 때, 백일몽을 꾸고 있을 때, 여러분은 무한을 느낍니다. 무한은 여러분을 통해 음악으로, 그림으로, 조각으로, 수학으로 스스로 표현합니다. 그냥 숫자를 세는 것이라면, 여러분은 휴대용 계산기나 휴대폰을 사용할 수 있습니다. 그것이 훨씬 더 좋지요. 진짜 수학은 창조성이며, 그것은 생각이 필요 없습니다. 어떤 사람들은 암산을 매우 빨리 할 수 있습니다. 그들에게 두 개의 큰 숫자를 제시하고 그것들을 더하라고 하면, 그들은 특별한 재능을 가지고 있어서 즉시 답을 말합니다. 10초도, 5초도 아니라, 즉시지요. 그들은 생각하지 않으니까요. 그들은 숫자를 느낀다고 말합니다. 그들은 정말로 특별한 종류의 사람들입니다.

여러분은 모두 느껴야만 하며, 생각을 멈춰야 합니다.

파리의 어느 거리에서 토마토를 파는 두 사람이 있습니다. 한 사람은 생각만 하고 있어서, 전혀 못 팔고 있습니다. 다른 한 사람은 "이 토마토 보세요, 맛있어요!"라고 합니다. 모두가 그에게서 사고 싶어 하지요. 여러분이 무엇을 하든, 생각 대신 느낌을 사용한다면, 여러분은 훨씬 더 잘 할 수 있습니다. 잠에서 깨어날 때 모든 게 시작됩니다. 매일 아침 이것을 기억하세요. 눈을 뜨기 전에, '생각없음'에 집중하는 겁니다. 그리고 생각이 시작될 때, 중단합니다.

이 세계, 사회, TV, 라디오, 미디어, 모든 것이 여러분을 생각하게 만드는 자극으로 가득합니다. 그것들은 심지어 여러분에게 "생각해보세요!"라고 말하기도 하지요. 그것들은 여러분이 생각하도록 강요합니다. 그것들은 심지어 이런 끔찍한 질문을 던지기조차 합니다. "이것, 혹은 저것에 대해 우리가 어떻게 생각해야 할까요?" 나는 이 말을 TV에서 몇 번이나 들었습니다. 정치에 관해서, 인플레이션에 관해서, 이란에 관해서, 모든 것에 관해서 저널리스트들은 "우리는 그것에 대해 어떻게 생각해야 할까요?"라고 묻지요. 나는 "아무 생각도 없어"라고 말합니다. 저널리스트들이 나를 인터뷰하면서, 어떤 문제에 대해 내가 어떻게 생각하는지 여러 번 질문했습니다. 예를 들면, 프랑스 정부에 대해 어떻게 생각하느냐고 묻지요. 나는 "아무 생각 없어요"라고 대답합니다. "북한과 남한에 대해 어떻게 생각하세요?" 아무 생각 없어요. "어째서요? 왜요? 당신은 어떤 견해도 없나요?" 없어요. "당신은 그것에 대해 생각하지 않나요?" 그래요. 나는 생각하고 싶지 않아요.

나는 생각하기를 거부합니다. 그러면 마음을 침묵으로 유지할 수 있습니다. 마음에는 침묵이 필요하며, 그러면 여러분은 느낄 수 있습니다. 여러분은 다른 사람들을 느낄 수 있게 됩니다. 휴대폰을 쓰지 않더라도, 여러분은 옆에 앉아 있는 사람들을 느낄 수 있는 것이지요. 여러분은 새들도 느낄 수 있고, 풀도 느낄 수 있습니다. 풀은 살아있습니다. 풀의 모든 작은 부분은 살아있고, 느낌을 갖고 있습니다. 여러분이 풀을 밟고 걸으면, 풀은 비명을 지릅니다. 나는 길에서 달팽이를 보면, 그것을 길 밖으로 옮겨주고, 가던 길을 가지요. 나는 일부러 달팽이를 죽이고 싶지 않습니다. 하지만 풀한테는 미안하군요. 내가 날아다닐 수 없으니까요.

오늘 아침 여러분의 첫 번째 생각은 무엇이었나요? 여러분이 잠에서 깼을 때, 무슨 생각이었나요? 내일 아침에는 어떤 생각도 하지 말고, 단지 느끼기만 해보세요. 온종일 '지금'을 느끼세요. 잠에서 깨어난 순간부터 '지금'을 느끼고, 그 상태가 계속되면, 그것이 바로 무한입니다.

여러분은 나를 느끼고 있나요? 나에 대해 생각하지 마세요! 나를 느끼세요. 엘로힘에 대해 생각하지 말고, 모든 꽃에서, 모든 새에서, 여러분이 하는 모든 것에서, 그들을 느끼세요. 엘로힘에 대해 생각하지 말고, 그들을 느끼세요. 사랑에 대해 생각하지 말고, 사랑을 느끼세요. 평화에 대해 생각하지 말고, 평화를 느끼세요. 오직 우리 스스로 변화해야만 세상을 바꿀 수 있습니다. 우리가 오직 그것에 대해 생각하기를 멈추고 그 대신 그것에 대해 느껴야지만, 우리는 세상에 평화와 사랑을 가져올 수 있습니다.

여러분은 주위의 다른 라엘리안들을 사랑하지요. 여러분의 남자친구나 여자친구만이 아니라, 여러분 좌우에 앉아 있는 사람들도 사랑합니다. 그들에 대해 생각하지 마세요! 그들을 느끼세요. 그들을 바라보고, 그들에게 여러분의 미소를 주고, 그들의 미소를 느끼세요. 생각하기를 멈춰야만, 우리는 이 행성을 바꾸고 평화와 사랑을 만들 수 있습니다.

생각은 어떤 것도 해결할 수 없습니다. 세계는 평화에 대해 생각하는 위원회들로 가득합니다. 평화에 대해 생각하는 단체와 협회들로 가득하지요. 그들이 하는 일은 아무것도 없습니다. 유엔기구는 아름다운 생각이었습니다. 하지만 그들은 가자 지구에서 무엇을 하고 있나요? 아무것도 안 합니다. 아무것도! 매일 팔레스타인 사람들이 살해되고 있지만, 그들은 손가락 하나도 까딱하지 않습니다. 느끼세요. 평화를 느끼세요. 사랑을 느끼세요. 그러면 우리는 지구를 구할 수 있습니다.

생각이 없으면, 두려움도 없습니다

A.H.64년 3월 - 2010년 미국 라스베이거스

모든 두려움과 공포증은 생각하는 두뇌로부터 옵니다. 만약 당신이 생각하지 않는다면, 두려움을 느끼지 않습니다. 생각하지 않는다면 두려워할 수 없으니까요. 당신이 생각하지 않는다면, 당신의 삶에서 가질 수 있는 모든 두려움은 사라질 것입니다. 어떤 나라에서는 인구의 70%가 불안감을 느낍니다. 불안은 생각하는 것이고, 미래에 대한 두려움입니다.

생각이 없으면, 두려움도 없습니다. 당신의 두려움이 무엇이든 간에, 이것을 기억하세요. 당신이 생각을 멈춘다면, 모든 공포증, 불안, 모든 두려움을 멈출 수 있습니다. 그렇기 때문에 생각을 멈추도록 자신을 수련하는 것은 매우 중요합니다. 당신이 대도시에서 어두운 구역을 걷다가 어떤 소리를 듣게 되면, 당신은 겁이 나기 시작합니다. 왜냐하면 생각하기 시작하기 때문이지요. 만약 생각하지 않는다면, 당신은 겁나지 않을 것입니다. 당신은 공격이나 강간 등 모든 가능한 위험들에 대해 생각하다가, 완전히 공포에 질려 도망치지요. 당신이 생각을 멈춘다면, 당신의 모든 두려움은 즉시 사라질 것입니다. 불안증의 가장 흔한 원인 중 하나는 불면에 대한 두려움입니다. 사람들은 잠자리에서 잠들지 못할까 봐 두려워하지요. 만약 잠들 수 없는 것이 두렵다면, 당신은 잠들지 못할 것입니다. 잠들지 못하는 것에 대한 두려움이 불면증을 만듭니다.

당신의 삶에서 모든 두려움을 없애버리세요. 나는 어떠한 두려움도 없습니다. 아무것도 두렵지 않습니다. 내가 두려웠다면 자동차경주를 할 수 없었을 것입니다. 당신이 레이싱 카를 운전할 때 "만약…" "바퀴가 펑크나면 어쩌지?" "다른 차들이 밀면 어쩌지?" 등의 생각이 들기 시작하면, 당신은 운전할 수 없게 됩니다. 고속으로 자동차경주를 할 동안에는 생각이 없어집니다. 아무 생각도 없지요. 생각은 사라지지만, 초의식에 의해 인도됩니다. 초의식은 우주에서 가장 빠른 슈퍼컴퓨터입니다. 생각하는 두뇌는 가장 느린 컴퓨터입니다.

선택에 직면했을 때 많은 경우, "나는 이 사람과의 동행을 받아들일 것인가?" "예." 그것은 초의식의 말입니다. "나는 라엘리안 운동에 참여하는 것을 받아들일 것인가?" "예."
그것은 초의식의 말입니다. "나는 이 일을 받아들일 것인
가?" "예." 초의식의 말입니다. 하지만 당신이 생각하기 시작
할 때, 당신은 친구들이 뭐라고 할지 걱정하게 됩니다. 당신
의 가족들도 당신에게 "생각해봐"라고 말하겠지요. 생각해
봐! 그러면 당신은 생각하는 두뇌를 사용하기 시작하고, 어
쩌면 그렇게 하지 않는 것이 더 나을지도 모른다고 마음을
바꿉니다. 그럴 때마다 당신은 나쁜 선택을 하게 되고, 당신
의 첫 번째 선택, 즉 직관을 따르지 않은 것을 후회합니다.

직관은 초의식입니다. 초의식은 극히 짧은 순간에 올바
른 선택을 해냅니다. 하지만 당신이 생각하는 두뇌를 사용
하면, 갑자기 모든 두려움이 생겨나지요. "만약 내가 사귀고
싶은 이 남자가 내 돈을 훔쳐 가면 어쩌지?" 두려움이지요.
"만약 내가 이 일이 싫어지면 어쩌지?" "만약, 만약, 만약,
만약, 만약…" 당신의 두뇌 컴퓨터는 매우 느려지고, 당신은
그토록 끔찍한 삶을 살게 됩니다.

모든 예술가들은 초의식을 사용하는 방법을 알고 있습
니다. 모차르트는 음악을 작곡할 때 생각하지 않았습니다.
최고의 화가는 생각하지 않으며, 모든 작품은 순간적으로
나옵니다. 나오는 것이 너무 빨라 손이 따라가지 못할 정도
지요. 창조는 항상 우리의 초의식으로부터 나오며, 생각하

는 두뇌는 그것을 손상할 뿐입니다. 당신 자신이 되세요, 존재하세요!

당신은 생각하는 두뇌가 아니라 초의식입니다. 생각하는 두뇌는 당신을 중국인, 프랑스인, 미국인으로 만듭니다. 당신의 초의식은 당신이 그저 인간이라는 것을 알지요. 생각하는 두뇌는, 당신이 한국인이라면 당신의 성이 '이' 씨인 것을, 프랑스인이라면 '듀퐁'인 것을 자랑으로 여기게 합니다. 초의식은 성을 모릅니다. 국경도 모릅니다. 초의식은 존재입니다. 당신이 "나는 존재한다"라고 말할 때, 이것은 초의식의 말입니다. 만약 당신이 거기에 어떤 단어든 덧붙인다면, 그것은 생각하는 두뇌이지요. 나는 프랑스인이 아니라, 존재입니다. 당신이 "나는 중국인이다" "나는 듀퐁이다" "이, 김, 스미스다…"라고 말할 때, 당신은 밑으로 내려갑니다. 그것은 과거입니다. '지금'이 아니지요. 그것은 초의식이 아닙니다.

음악과 춤

A.H.66년 5월 - 2012년 일본 오키나와

음악은 느껴야 합니다. 음악을 듣지 마세요. 듣는 것은 생각하는 것입니다. 음악을 느끼고, 음악이 당신 안에서 흐르게 하세요. 음악이 되세요.

음악을 오직 귀로만 듣는다면, 그것은 충분하지 않습니다. 음악은 당신 몸의 모든 세포, 신발 속의 새끼발가락 세포에도 영향을 끼칩니다. 음악을 느끼세요. 당신의 새끼손가락도 음악을 느낄 수 있습니다. 그냥 귀로만 듣는 것이 아니라, 음악이 당신을 통해 흐르게 하세요.

당신이 음악을 느끼면, 자연스럽게 춤추고 싶어집니다. 춤은 당신의 의식과 행복을 위해 매우 중요합니다. 내가 젊었을 때는 매우 어리석었고 또 행복하지 않았습니다. 왜냐하면 나는 춤을 추어 본 적이 없었기 때문이지요. 나에게 춤은 바보 같았습니다. 하지만 라엘이 된 후, 나는 춤이 얼마나 중요한지 서서히 깨닫게 되었습니다.

당신이 춤을 출 때는 생각하지 않습니다. 당신은 생각하면서 춤출 수 없지요. 아프리카 주술사들이 쓰는 아름다운 문장이 있습니다. 어떤 사람이 우울증에 걸려 그들을 찾아가면, 그들은 먼저 이렇게 묻습니다. "당신은 언제 춤추기를 그만뒀나요?"

춤은 매우 중요합니다. 잘할 필요는 없지요. 나는 모든 사람에게 발레 무용수가 되라고 하는 것이 아닙니다. 나는 매일 아침 음악 없이 춤추는데, 가끔 음악과 함께 추기도 합니다. 하지만 언제나 내 안의 음악과 함께 하지요. 나는 내 안에 자연스러운 음악을 지니고 있습니다. 나는 잠에서 깨어 일어날 때, 몸의 움직임을 느끼는 즐거움을 위해 춤을 춥니다.

춤추세요. 당신의 몸을 느끼세요. 마치 아무도 보지 않는 것처럼 춤을 추세요. 당신이 나를 보더라도, "나는 상관없어요." 나는 움직임을 즐깁니다. 같이 해보세요. 당신은 행복이 오는 것을 느낄 것입니다. 물론 당신이 이것을 바보 같다고 생각한다면, 당신은 행복을 잃게 되는 겁니다.

나는 일본이나 프랑스의 바보 같은 무용학교에서 가르치는 춤을 얘기하는 것이 아닙니다. "하나, 둘, 하나, 둘…" 아니에요! 끔찍해요! 그것은 악보에 맞춰 음악을 연주하는 것과 같지요. 음악은 느낌이며, 춤도 느낌입니다. 춤을 출 때, 당신은 부처가 됩니다. 당신이 생각하는 것보다 더 부처가 됩니다.

당신이 생각한다면, 당신은 바보가 되고, 슬퍼집니다. 만약 생각하는 것이 당신을 행복하게 만들어 준다면, 나는 그것을 권장할 것입니다. 하지만 생각은 결코 당신을 행복하게 만들지 않습니다. 춤은 그렇게 해줍니다. 춤을 추세요. 그냥 움직이고, 춤추고, 느끼세요.

누군가 당신을 지켜보고 있을까 봐 신경 쓰지 마세요. 당신의 춤이 아름답냐고요? 신경 쓰지 마세요. 행복하세요!

4

존재하기

"나는 생각하지 않는다. 고로 나는 존재한다"

미륵 구경꾼이 되지 말고, 배우가 되세요

A.H.66년 9월 – 2011년 일본 오키나와

일요일 텔레파시 교신은 쇼가 아닙니다. 그것은 스피치를 위한 것도 아니고, 원맨쇼도 아닙니다. 그것은 느낌에 관한 것입니다. 느낌이 더 중요합니다.

여러분이 오전 11시 텔레파시 교신에 오면, 여러분은 자기 자신과 형제자매들과 엘로힘을 느끼며, 사랑을 느낍니다. 그것은 더 이상 한 사람의 스피치를 듣기 위한 것이 아니라, 여러분이 주체입니다. 그 때문에 여러분은 여기 옵니다. 만약 여러분이 단지 한 남자가 말하는 것을 들으며 졸음에 빠지려고 온다면, 그것은 재미없는 일이겠지요. 텔레파시 교신은 쇼가 아닙니다.

여러분은 나만큼 중요하며, 우리는 하나입니다. 나는 굳이 앞쪽에 자리할 필요도 없고, 뒤나 옆 어디에든 있을 수 있지요. 그리고 우리는 함께 터치하고, 서로를 느끼며, 우리 사이의 사랑을, 엘로힘과의 사랑을, 무한으로부터의 사랑을 느낍니다. 오전 11시 텔레파시 교신은 가르침이 아니라 존재함에 관한 것입니다. 그것은 뭔가가 되기 위한 것이 아니라, 더욱 존재하기 위한 것입니다. 존재하기 위해서입니다.

여러분은 나를 볼 필요가 없으며, 느껴야 합니다. 여러분은 엘로힘을 느껴야 하고, 여러분 내부와 모든 곳에 있는 무한을 느껴야 합니다. 그것은 침묵 속에서 할 수 있습니다. 하지만 가장 중요한 것은 단지 존재하는 것입니다. 우리는 먼지에서 왔으며, 먼지로 돌아갈 것입니다. 어떤 사람들은 곧 그렇게 되겠지만 또 어떤 사람들은 나중이 되겠지요. 하지만 바로 지금, 우리는 살아 있고 함께 있습니다. 여러분이 즐기지 않으면 안 되는 것은 바로 이 느낌입니다. 존재하세요. 한 번에 1초씩.

여러분은 언제나 이런 질문을 자신에게 해야 합니다. "왜 나는 오전 11시 텔레파시 교신에 가는가?" 마이트레야를 보러 가는가요? 조각상, 죽은 조각상을 보러 박물관에 가는 것처럼? 아니면, 여러분은 존재하기 위해 오는가요? 더욱 존재하기 위해서요?

구경꾼이 아니라 배우가 되세요, 왜냐하면 이것은 여러분의 삶이고, 여러분의 행복이며, 여러분과 모든 것의 연결이기 때문이지요. 오직 여러분만이 그렇게 할 수 있습니다. 여러분 한 사람 한 사람 모두가 할 수 있습니다. 그러므로 여러분이 매주 일요일 오전 11시에 여기 오겠다면, 나를 보러 오지 마세요. 여러분 자신을 보러 오세요. 왜냐하면 이곳은 여러분 자신을 더 잘 볼 수 있는 곳이기 때문입니다. 와서, 명상하고, 엘로힘에 대해 생각하세요. 그리고 마이트레야를 구경하지 말고, 자기 자신을 구경하세요. 그렇지 않다면, 이것은 단지 하나의 쇼일 뿐입니다. 텔레파시가 끝나면, 여러분은 "다음 순서는 뭐지?"라고 말하겠지요. 이것은 쇼가 아닙니다. 자신을 보는 사람이 되는 것, 더 존재하는 것, 이것이 바로 오전 11시 텔레파시 교신이 중요한 이유입니다. 그건 그렇더라도, 나는 여러분을 만나서 매우 행복합니다.

절대 어른이 되지 마세요

A.H.66년 1월 – 2012년 일본 오키나와

여러분의 사랑은 참으로 아름답고, 참으로 순수합니다. 나는 여러분 모두로부터 그것을 느낍니다. 나는 여러분의 사랑이 지닌 순수성을 느낍니다. 이것은 전 세계 모든 라엘리안 사이에서 공통적인 점이지요. 라엘리안들은 지구상에서 가장 순수한 사람들입니다. 라엘리안들은 많은 어른들이 잃어버린 이 빛나는 마음을 지니고 있는데, 이것은 참으로 중요한 것입니다.

이것은 아주 중요합니다. 절대 어른이 되지 마세요. 어른들은 바보입니다. 여러분은 어른들이 바보 같고 정신 나간 것을 볼 수 있는데, 그것은 그들이 심각하기 때문입니다. 심각한 사람들은 어린애가 되는 법을 잊었지만, 라엘리안들은 그렇지 않지요. 여러분의 마음속에 영원히 아이가 되도록 노력하세요. 머리카락이 날릴 정도로 웃으며, 영원히 일곱 살이 되도록 노력하세요. 어른이 되어야 할 필요가 없습니다. 왜 어른이 되어야 하나요? 왜 심각해져야 하나요?

여러분 주위의 모든 것들이 여러분을 늙게 만들고 있습니다. 특히 정치인들, 법률, 돈, 은행, 언론, 그들 모두가 여러분을 심각하게 만들고 있습니다. 그들에게 귀 기울이지 마세요. 그들은 틀렸으니까요. 그들은 후쿠시마에 책임 있는 자들입니다. 그들은 히로시마, 폭탄들, 전쟁, 굶주린 사람들에 책임 있는 자들입니다. 그리고 여러분이 은행에 지불해야 하는 빚으로 여러분을 노예화하고 있지요. 이런 자들은 진정한 인간이라고 말할 수 없습니다. 진정한 인간들은 영원히 일곱 살이며, 웃고, 장난치고, 미소 짓고, 농담하며, 재미있게 지냅니다. 절대 심각해져서는 안 된다는 것을 기억하세요. 아마 어떤 신입 라엘리안들은 심각한 예언자를 예상하며 나를 보러 왔을지도 모르겠군요. 만약 내가 심각하다면, 나는 예언자가 아닙니다.

모든 진정한 메신저와 예언자들은 항상 웃고, 농담하고, 장난칩니다. 왜냐하면 그들은 영원한 일곱 살이기 때문이지요. 만약 여러분이 스스로 일곱 살이 아니라면, 다른 사람들에게 일곱 살이 되라고 가르칠 수 없습니다. 나의 수염이 하얗게 변하고 머리숱도 사라질 수는 있지만, 나의 내면은 여전히 일곱 살입니다. 내 몸은 65세일지 몰라도, 나의 두뇌 속은 여전히 일곱 살입니다. 그리고 엘로힘 덕분으로, 내 몸은 영원히 16살이 될 수도 있습니다.

엘로힘의 가르침 덕분에, 그들이 전해준 명상법과 메시지 덕분에, 여러분은 영원히 일곱 살에 머물 수 있습니다. 여러분의 나이가 몇 살이든, 여러분은 영원히 일곱 살이 될 수 있습니다. 그리고 엘로힘의 훌륭한 가르침 덕분에, 여러분은 마약과 술과 담배를 하지 않고, 여기서도 또한 영원히 16살이 될 수 있지요. 나는 최근 어떤 도시들의 30대 남성들 중 50%가 더 이상 발기가 되지 않는다는 뉴스를 듣고 너무 놀랐습니다. 왜 그럴까요? 왜냐하면, 그들은 마약, 술, 담배를 하기 때문입니다. 이것들이 발기에 영향을 미친다는 사실은 과학적으로 증명된 일입니다. 엘로힘 덕분에, 여러분은 나이가 들어도 여전히 아름다운 성생활을 누릴 수 있습니다. 여러분의 마음은 영원한 일곱 살, 여러분의 몸은 영원한 16살, 얼마나 멋진 인생인가요! 엘로힘 감사합니다.

매 순간을 축제로 만드세요

A.H.66년 3월 – 2012년 미국 라스베이거스

엘로힘의 창조를 축하하고, 살아있음을 축하하고, 무한의 느낌을 축하하고, 식물의 아름다움을 축하하고, 소녀들과 소년들의 아름다움을 축하하는 것보다 더 높은 행복은 없습니다. 여러분 주위의 모든 것이 축하의 대상입니다. 동물이거나 사람이거나, 여러분 주위의 모든 대상을, 이런 축하의 개념을 갖지 않은 채 바라보지 마세요.

내가 꽃을 바라볼 때, 나는 꽃을 보지 않고, 최초에 엘로힘에 의해 창조된 씨앗을 봅니다. 거대한 세콰이어 같은 나무를 볼 때도, 나는 작은 씨앗을 봅니다. 왜냐하면 최초에 그것은 작은 씨앗이었기 때문이지요. 내가 새를 볼 때, 나는 새를 보지 않고, 알을 봅니다. 이 알에는 엘로힘의 아름다운 창조물인 모든 DNA가 담겨 있으니까요.

나의 주위에 보이는 모든 것이 축하의 대상입니다. 여러분의 삶에서 매 순간을, 매초를, 여러분이 하는 모든 일을, 엘로힘이 창조한 것들의 위대한 아름다움에 대한 축제로 만드세요. 아름다운 명상을 하기 위해 자리에 누울 때나, 엘로힘과 텔레파시 교신을 갖기 위해 일요일 아침의 모임에 참석할 때나, 메시지를 읽을 때나, 다른 사람에게 메시지에 대해 말할 때뿐만 아니라, 여러분이 화장실에 갈 때도, 그것을 축제로 만드세요. 여러분이 먹을 때나, 마실 때나, 무엇을 하더라도, 그것을 축제로 만드세요.

여러분이 먹을 때, 그것은 축제입니다. 왜냐하면 여러분이 먹는 것은 엘로힘의 창조물에서 온 것이기 때문이지요. 음식이 여러분 몸속으로 들어갈 때도, 그것을 축제로 만드세요. 여러분이 맛을 볼 때도, 여러분이 냄새를 맡을 때도, 그것을 축제로 만드세요. 여러분이 음식물을 소화 시킬 때도, 그것을 축제로 만드세요. 여러분이 화장실에 갈 때도, 그것 역시 축제로 만드세요. 왜냐하면 먹은 것은 다시 땅으로 돌아가고, 여러분의 똥은 미래의 꽃, 미래의 나무이기 때문입니다.

여러분이 하는 모든 것이 축제입니다. 우리는 겸손한 마음으로, 그리고 강력하게, 이 축제의 개념을 우리 내부에 항상 지녀야만 합니다. 겸손, 왜냐하면 우리는 먼지이기 때문입니다. 우리는 보잘것없는 작은 먼지 알갱이들이었는데, 엘로힘의 창조의 마법에 의해 함께 모아졌으며, 언제나 다시 먼지로 되돌아갈 것입니다. 그러므로 우리가 먼지였던 때 이후부터 먼지로 돌아가기 전까지, 매 순간이 살아있음에 대한 축제입니다. 우리는 지금 살아 있고, 우리는 그것을 축하할 수 있습니다.

살아있음의 목적은 우리 창조자들의 미와 힘을 축하하기 위함입니다. 그렇기 때문에, 매 순간, 바로 지금, 여러분이 화장실에 갈 때도, 소변을 볼 때도, 그것은 엘로힘의 위대함, 엘로힘의 무한한 지혜에 대한 축제가 되어야 합니다.

그리고 엘로힘은 우리가 무한에 대해 축하할 수 있도록 창조했습니다. 우리는 무한을 축하하고, 우리 내부와 외부의 모든 것과 연결됨을 축하하고 있습니다. 우리는 하나이며, 우리는 모든 것과 하나입니다.

이 축제는 영원해야 합니다. 훌륭한 라엘리안인 여러분

은 생애에 걸쳐 영원한 축제의 상태에 머물러야 합니다. 여러분이 태어났다는 사실을 축하하고, 지속적으로, 의식적으로, 매 순간 축하해야 합니다. 마찬가지로 죽음도 축하해야 합니다. 왜냐하면 죽음은, 무한한 축제의 행복이 계속될 어딘가로 우리를 데려갈 것이기 때문이지요.

바로 지금, 여러분을 보며, 엘로힘은 축하하고 있습니다. 그들은 자신들의 아름다운 창조물들을 축하하고 있습니다. 그들은 여러분의 일부이며, 그들은 여러분을 사랑합니다. 따라서 우리도 다 함께, 동시에 축하해야 합니다. 그들은 우리를 축하하고, 우리는 그들을 축하합니다. 이와 같이, 우주의 무한성 속에서 영원한 축제의 통일이 이루어집니다.

별들이 여러분을 보고 있을 때, 별들은 축하하고 있습니다. 그렇기 때문에 별들은 어둠 속에서 빛나고 있지요. 빛은 축제입니다. 어둠은 빛을 보는 데 필요하고, 또 어둠은 축제를 위해 필요합니다. 그러면 우리는 의식적으로 됨으로써, 무의식의 어둠 속에서 빛나며, 우리 스스로 별이 됩니다.

나는 끊임없이 변하고 있는
바로 현재의 여러분을 사랑합니다

A.H.66년 5월 - 2012년 일본 오키나와

며칠 전, 자유의지의 본질에 관한 놀라운 과학 기사가 발표되었습니다. 곤충의 자유의지를 연구하는 과학자들이 소위 '자유의지'라 부르는 선택 능력이 자아뿐만 아니라 영구히 끊임없이 변화하는 두뇌에도 연관되어 있다는 사실을 발견했습니다. 이것은 아주 굉장한 뉴스인데, 왜냐하면 우리가 '나' 또는 자아라고 부르는 것은 존재하지 않는다는 엘로힘의 가르침을 확인시켜 주기 때문이지요.

우리는 끊임없이 변하고 있습니다. 여러분은 내가 수많은 연례 세미나에서 그것을 가르쳐온 것을 기억할 것입니다. 우리는 끊임없이 변하고 있습니다. 내가 움직이면서 수백 번 똑같은 이야기를 하고, 똑같은 손짓을 하며, 똑같이 느끼고, 똑같은 이야기를 하더라도, 그것은 똑같은 이야기가 될 수 없으며, 나의 움직임도 똑같을 수 없습니다. 그러나 나는 내가 똑같은 이야기를 하고 있고, 똑같은 방식으로 손을 움직이고 있다는 환상을 가집니다. 그런데 그 곤충 과학자들은 실험에서, 곤충들에게 간단한 퍼즐 풀기 또는 미로 찾기와 같은 과제를 주었더니, 곤충들은 똑같은 경험을 거쳤음에도 똑같이 반응하지 않는다는 점을 발견한 것입니다. 단순한 곤충들도 그런 사실을 보여줍니다.

그것은 이 매우 작은 곤충들의 두뇌가 특별한 경로인 미로를 통과하려고 노력하는 것만으로도 변화되었음을 의미하며, 그것들의 두뇌가 변화되었기 때문에, 다시 똑같은 상황에 놓이더라도 다르게 반응하는 것입니다. 이것은 우리가 하는 모든 것에도 적용됩니다. 다시 한번 더 말하자면, 비록 내가 똑같은 이야기를 반복하며 똑같이 움직이고 똑같은 손짓을 하더라도, 그 똑같은 이야기가 조금씩 변한다는 것입니다.

여러분도 모두 마찬가지입니다. 여러분이 한 친구에게 어린 시절 일어났던 일에 대해 설명할 때, 여러분은 똑같은 얘기를 한다고 생각하지만, 그것은 시간이 지남에 따라 변하게 됩니다. 그것은 동일한 경험이고, 여러분은 똑같은 것을 말하고 있다고 착각하지만, 그 얘기는 세월이 지나면서 천천히 변하게 되지요. 왜냐하면 우리는 변하고 있으며, 우리 두뇌가 변하고 있기 때문입니다.

마찬가지로, 우리가 움직이는 방식도 변합니다. 내가 똑같은 이야기를 하며 똑같은 내용을 설명하고 있더라도, 나의 움직임은 변합니다. 나는 1973년 엘로힘과의 만남을 설명하는 나 자신의 인터뷰 영상들을 지켜보고 매우 놀랐습니다. 내가 30년 전 당시 상황을 설명하며 움직이는 방식과 지금 내가 움직이는 방식은 완전히 다릅니다. 게다가 단어들도 다르고, 이야기도 약간 다릅니다. 그것은 나에게 똑같은 이야기이지만, 내가 변한 것이지요.

우리 모두 그렇습니다. 그것은 엘로힘의 가르침대로, '나'라는 자아는 영구적이지 않으며 존재하지 않는다는 것을 의미합니다. 자아는 존재하지 않습니다. 그것은 환상일 뿐이지요. 우리는 끊임없이 새로워지고, 변하고 있습니다. 우리는 똑같다는 환상 속에 있지만, 끊임없이 변하고 있습니다. 그러므로 아침에 여러분이 누군가를 만나면, "안녕하십니까(How are you)?"라고 인사하는 대신, "누구십니까(Who are you)?"라고 말해야 합니다. 왜냐하면 우리는 매 초마다 변하고 있으니까요. 내가 똑같은 말을 또 하고 또 해도, 내가 똑같은 말을 또 하고 또 해도, 내가 똑같은 말을 또 하고 또 해도, 내가 똑같은 말을 또 하고 또 해도, 내가 똑같은 말을 또 하고 또 해도, 그것은 여러분과 나에게 똑같지 않습니다. 왜냐하면 돌연 여러분이 웃기 시작했고, 내가 처음 그 말을 했을 때는 웃지 않았기 때문이지요.

나도 마찬가지입니다. 나의 두뇌, 나의 감정들, 나의 연결들, 나의 동작들, 이 모든 것은 내가 똑같은 것을 반복할 때마다 조금씩 변하지요. 그러므로 이것이 "내가 존재하지 않으므로 자아도 존재하지 않으며, 그것은 환상일 뿐이다"라는 나의, 그리고 나 이전에 붓다의, 오랜 세월에 걸친 가르침에 대한 설명입니다. 우리는 자신이 영속적이라는 환상을 가진 채, 끊임없이 변하며, 시간의 흐름 속에서 움직이고 있습니다. 여러분이 이것을 느끼기 시작하는 것은 멋진 일입니다. 왜냐하면 이제 그것은 지구에 사랑을 증가시키기 때문입니다.

　　여러분이 누군가를 처음 만날 때, 이 새로운 인격체에 놀라게 됩니다. 여러분은 이 사람을 알고 싶고, 새로운 누군가를 알고는 놀라워하지요. 하지만 동일한 사람을 10년이나 20년 동안 보게 되면, 여러분은 "그래, 저 사람이 그 사람이지"라며 더 이상 놀라지 않습니다. 그러나 만약 여러분이 사람은 매 순간 새로워진다는 사실을 깨닫는다면, 여러분 주위의 사람들에게 끊임없이 놀라게 될 것입니다. 만약 지구상의 모든 사람들이 그렇게 한다면, 평화와 사랑이 믿을 수 없을 정도로 증가하겠지요. 만약 내가 여러분의 눈을 들여다보면서 수년간 알아 왔던 누군가로 생각하고 "아 그래, 나는 이 사람을 알아, 그의 모든 문제를 알아, 그래 나는 알고 있어"라고 느낀다면, 나는 아무 사랑도 없는 것입니다! 그러나 만약 내가 그 사람을 보며, 설령 그를 20년 동안 알고 있었더라도, "와우, 내 앞의 이 몸체에서 새로운 사람이 성장하며 나오고 있구나!"라고 말한다면, 그때는 그 사람에 대한 사랑의 수준은 무한해집니다. 그것은 연민과 사랑을 증가시키지요. 왜냐하면 그 사람이 아무리 어떤 실수나 악행을 저질렀다 하더라도, 여러분은 그가 변할 수 있고, 잘못을 만회할 수 있고, 점점 더 나아질 수 있다는 것을 알기 때문입니다.

그렇기 때문에 이 과학적 발견은 매우 중요합니다. 이 것을 기억하고, 여러분 인생의 매 순간에 적용하기 바랍니다. 다른 사람을 볼 때, 이미 알고 있는 사람으로 보지 말고, 변화할 수 있는 사람, 매 순간 자연적 과정에 의해 삶이 필연적으로 변하게 되는 사람으로 보세요.

내가 "여러분을 사랑합니다"라고 말할 때는, 옛날의 여러분을 사랑한다는 의미가 아니며, 미래의 여러분을 사랑한다는 의미도 아닙니다. 그것은 끊임없이 변하고 있는 현재의 여러분을 사랑한다는 의미이지요. 그리고 이 '사랑'의 깊은 의미는 사람들이 변화하는 것을 막으려고 하는 것이 아니라, 사람들이 더 좋게, 더 빠르게 변화할 수 있도록 돕는 것입니다. 여러분이 사랑하는 사람들, 여러분 주위의 모든 사람들을 바라보며, 그들에게 변화할 수 있는 기회를 줄 뿐만 아니라 그들 스스로 변화하게 만드는 자연적 과정을 돕는 것, 그것이 바로 사랑입니다.

비밀의 화원에 대해

A.H.66년 6월 – 2012년 일본 오키나와

우리는 모두 비밀의 화원을 갖고 있는데, 나에게 그것은 매우 소중합니다. '비밀의 화원'이란 당신의 어린 시절 기억이지요. 모든 인간은 자연스럽게 부처의 상태로 태어납니다. 아기들은 아무 이유 없이 미소 짓고, 웃고, 행복합니다. 당신은 어린 시절 행복했던 많은 기억들을 갖고 있습니다. 교육은 아직 받지 않았고, 아마 어머니 혹은 할머니의 정원에서 뛰어다니며, 곤충이나 나비, 꽃들과 놀고, 모래성을 쌓기도 했을 것입니다. 우리 모두 이러한 추억이 있고, 서로 다른 어린 시절이었기에 서로 다른 기억을 갖고 있지만, 자신 외에는 아무도 그것을 모르지요.

인생의 뇌우와 태풍, 지진이 당신에게 상처 주려 할 때, 이런 기억을 회상하면 좋습니다. 당신의 어린 시절 기억들을 떠올리는 것은 명상의 가장 자연스러운 형태입니다. 당신이 아이였을 때, 학교에 가기 전에, 선생님들과 교육으로부터 악영향을 받기 전에, 사회와 정부와 권력에 상처받기 전에, 당신은 아주 행복했습니다. 매우 단순한 것들을 보면서도 "이건 뭐지?"라며 갖고 놀던 그 작은 소녀 혹은 소년을 기억해 보세요. 당신의 어린 시절 기억 중에서 최대한 가장 오래된 것, 그리고 아주 행복한 기억을 떠올려보세요.

나한테도 한 가지 기억이 있습니다. 나는 달팽이들을 주워 모아 한 줄로 늘어놓고, 경주를 시켰습니다. 나는 어느 녀석이 이길지 혼자 내기하고 있었지요. 나는 그 놀이를 정말 좋아했습니다. 두 번째로 가장 즐거웠던 기억은, 커다란 정원을 가지고 있던 나의 할머니에 대한 것으로, 할머니의 정원에는 많은 장미꽃이 있었습니다. 장미꽃마다 특이하게 빛나는 곤충인 풍뎅이가 한 마리씩 있었는데, 그것은 이집트 벽화에 그려진 곤충처럼 반짝이는 초록색, 형광 초록색의 벌레였습니다. 벌레들은 장미꽃 속에 있었기 때문에, 나는 이 꽃 저 꽃을 옮겨 다니며 그것들을 채집했습니다. 나는 벌레들을 손에 올려놓고, 마치 살아있는 보석인 양 쳐다보았습니다. 그러고 나서, 나는 그것들을 다시 각각의 꽃에 돌려놓았지요. 그런데 가끔 실수를 해서, 원래 그것을 잡았던 꽃이 아닌 다른 꽃에 돌려놓기도 했습니다. 그 점에 대해서는 미안하군요. 이런 것들이 내 어린 시절의 가장 행복했던 기억들입니다.

당신도 자신의 기억들을 떠올려보세요. 우리는 모두 그런 기억을 갖고 있습니다. 그것들을 떠올려보세요. 그것은 여전히 당신 안에 살아있으니까요. 무슨 기억인가요? 꽃, 곤충, 돌, 새, 뭐든지 좋습니다.

우리 정원에는 많은 새들이 있었는데, 귀여운 새들이

아주 많아서, 나는 한 마리 잡고 싶었습니다. 나의 삼촌은 새를 잡기는 매우 쉽다고 말했는데, 새 꽁지 밑에 소금 알갱이를 조금 놓아두기만 하면 된다는 것이었습니다. 나는 삼촌의 말을 믿고, 할머니의 소금통을 가져와서는 새 꽁지 밑에 소금을 놓으려 했습니다. 나는 여러 날 시도한 뒤에야 그것이 거짓말이고 농담이었다는 것을 깨달았지요. 물론 당신이 새를 잡으면 꽁지 밑에 소금을 놓을 수 있겠지만, 새들은 언제나 먼저 도망가 버립니다. 아직도 기억나네요. 내가 아주 귀여운 모습으로 작은 소금통을 들고 와서, 새에게 매우 가까이 다가가 보지만, 귀여운 새는 언제나 도망가 버렸지요. 행복한 어린 시절의 추억들입니다.

당신은 무슨 추억이 있나요? 기억해 보세요. 우리는 모두 많은 추억이 있고, 우리는 몇 시간이라도 그것에 대해 얘기를 나눌 수 있을 것입니다. 그러므로 이것은 가장 쉬운 명상법 중 하나입니다. 이것은 당신에게 행복을 가져오기 때문에 매우 강력한 것입니다. 그냥 앉아서, 어린 시절의 기억들을 떠올리기만 하면 되지요.

우리는 일상생활 때문에 잊고 삽니다. 우리는 자신의 일부인 이 아름다운 기억들을 잊으려고 하는 경향이 있습니다. 이 기억들, 이것들은 무엇일까요? 그것들은 우리 두뇌의 뉴런들 간 연결입니다. 행복한 기억들은 행복한 연결입니다. 우리가 그것들에 대해 생각하지 않을 때, 우리는 슬퍼질 수 있고, 우울해질 수 있습니다. 그 기억들은 여전히 그곳에 있지만, 우리는 그것에 의식의 초점을 맞추지 않지요. 그래서 우리는 부정적인 것들, 공포, 분노, 나쁜 일들에 관심을 집중하는 경향이 있습니다. 단지 초점을 바꿔서 어린 시절의 행복한 추억들을 떠올리는 것만으로, 갑자기 우리는 부정적 연결을 중단시킬 수 있고, 긍정적인 행복의 연결을 사용하게 됩니다.

우리는 모두 행복한 기억들을 갖고 있으며, 가장 우울하고 부정적인 사람들이라도 마찬가지입니다. 만약 그들이 어린 시절의 추억으로 의식을 돌린다면, 그들은 긍정적인 연결을 갖게 됩니다. 이러한 과거의 연결로 우리의 관심을 돌림으로써, 우리는 그 기억들을 다시 살릴 수 있고, 그러면 우리는 생기를 되찾고, 다시 태어나게 됩니다. 여러분이 어릴 때를 회상할 때는 자연스럽게 미소를 띠게 됩니다. 미소 짓는 것에 대해 생각할 필요도 없지요. 단지 할머니의 정원을 떠올리는 것만으로 미소가 저절로 돌아오고, 그러면 두뇌 속에서는 부정적 연결이 멈추게 되며, 두뇌는 행복으로 방향을 돌립니다.

우리 기분은 100% 생각에 바탕을 두고 있습니다. 예를 들어, 당신은 오늘 올라올 태풍에 대해 생각할 수 있겠지요.

그러면 당신은 집과 정원과 나무들을 잃게 될까 봐 걱정됩니다. 아니면, 어린 시절의 추억을 떠올릴 수도 있겠지요. 만약 다가오는 태풍에 대해 걱정하는 것이 쓸모가 있다면, 그렇게 하는 것이 좋을 것입니다. 하지만 그렇지 않지요. 그런 걱정은 전혀 쓸모없습니다. 당신이 걱정하든 안 하든, 태풍은 여전히 올 것입니다. 만약 당신이 걱정한다면, 태풍이 오는 것뿐만 아니라 그에 관련된 스트레스까지 갖게 됩니다. 하지만 만약 당신이 어린 시절의 행복에 대해 생각한다면, 비록 태풍이 오고 있을지라도, 당신은 행복하지요. 당신은 태풍의 진로를 바꿀 수 없지만, 자신의 기분을 바꿀 수는 있습니다. 그렇기 때문에, 당신이 생각하는 법을 배우기 전의, 어린 시절의 추억을 떠올리는 것은 매우 중요합니다.

그리고 다음 단계는, 왜 당신은 다시 어린아이였을 때처럼 행동하지 않나요? 왜 다시 어린아이의 눈으로 벌레를 쳐다보지 않고, 벌레들이나 개미들을 모으지 않나요? 그것은 금지된 일이 아닙니다! 당신이 어른이 되었다는 이유로, 어린아이였을 때 한 것과 똑같이 할 수 없는 것은 아닙니다. 만약 당신이 그렇게 한다면, 똑같은 행복이 되돌아올 것입니다. 그러므로 너무 늦어서 시작할 수 없는 것은 아니지요. 바로 지금 해보세요! 벌레들에게 사랑을 주세요. 그것들 또한 살아있는 존재들이니, 고통을 주지는 마세요.

매일 아침 나는 이곳 거리를 산책합니다. 그리고 매일 아침 나는 달팽이 몇 마리의 목숨을 구합니다. 달팽이들은 도로를 횡단하는데, 나는 많은 차들이 지나다니는 것을 알고 있지요. 그래서 나는 그 달팽이들을 집어서 길 밖에 놓아줍니다. 매일 아침, 나는 어린 시절의 달팽이들을 추억하며 달팽이의 목숨을 구하는 것이 너무 좋습니다. 도로 횡단은 달팽이들에게 매우 위험하지요. 횡단하는 데 긴 시간이 걸리고, 많은 차들이 지나갑니다. 가끔 차가 없기도 하지만, 태양이 매우 뜨겁습니다. 그러면 나는 달팽이들을 집어서 풀밭에 놓아줍니다. 달팽이들은 고맙다고 말하지 않지요. 나는 감사가 필요 없습니다. 나는 단지 한 생명을 구할 수 있어 행복할 뿐이며, 그것이 나를 기분 좋게 만들어줍니다. 당신도 그렇게 해보세요! 당신 주위에서, 당신은 식물, 나무, 꽃, 나비들을 구해줄 수 있습니다. 그것은 간단히 만들 수 있는 행복입니다.

미치는 것의 중요성

A.H.68년 11월 - 2013년 일본 오키나와

여러분의 인생에서 모든 것에 대해 미치는 것이 중요합니다. 미친 듯이 사랑하세요. 조금만 사랑하는 것이 아니라,

미친 듯이 사랑하세요. 만약 여러분이 조금 사랑한다면, 조금만 사는 것입니다. 미친 듯이 웃으세요. 만약 여러분이 조금 웃는다면, 조금만 사는 것입니다. 여러분은 양껏 살기를 원하나요? 그러려면 여러분은 미친 듯이 살아야 합니다. 미치게 될까 봐 걱정하지 마세요. 여러분은 미치지 않으니까요. 그것이 정신병이 될 수는 없지요. 마음껏 미치세요. 왜냐하면 여러분이 더 심각할수록, 정신적으로 더 병들기 때문입니다. 여러분이 미친 듯이 웃으면 웃을수록, 정신적으로 더 건강하게 됩니다.

미친 듯이 사랑하고, 미친 듯이 웃고, 미친 듯이 미소 지으세요. 미친 듯이 춤추고, 미친 듯이 음악을 연주하고, 인생의 모든 것을 미친 듯이 하세요. 왜냐하면 여러분이 그것들을 조금만 한다면, 인생은 매우 작아지게 될 것이고, 여러분은 작은 인생을 살게 될 것이기 때문입니다. 여러분의 삶을 양껏 살고 싶나요? 그렇다면 모든 것을 미친 듯이 하세요. 미친 듯이 색소폰을 불고, 미친 듯이 농담하고, 심각해지지 마세요.

다른 사람들이 여러분을 판단할까 봐 두려워하지 마세요. 다른 사람들이 여러분을 판단하는 것이 신경 쓰입니까? 전혀, 신경 쓰지 마세요. 대신, 여러분은 인생을 마음껏 살고 있는지에 대해 신경 써야 합니다. 인생은 매우 짧으니까요.

인생은 너무 짧습니다. 우리는 젊었는데, 갑자기 흰머리가 자라고, 늙습니다. 너무 순식간이고, 너무 빠릅니다. 매 순간을 미친 듯이 즐기세요.

미친 듯이 산다고 해서 정신병이 될까 봐 염려하지 마세요. 그러나 만약 여러분이 자신을 심각하도록 내몬다면, 진짜 일본인들처럼 된다면, 정말로 정신적으로 병들게 될 수 있습니다. 일본은 세계에서 정신적으로 병든 사람들의 수가 가장 많은 나라 중 하나이지요. 왜냐하면 그들은 자신을 지나치게 억제하기 때문입니다. 그들은 자신이 미친 듯이 사는 것을 용납하지 않으므로, 진짜로 미쳐버리는 것입니다. 이 문장을 기억하세요. "더 미친 듯이 살려고 노력할수록 더 많은 지혜를 갖게 되고, 더 심각해지려고 노력할수록 더 진짜로 미치게 된다." 그러니까 미친 듯이 오늘을 즐기세요.

인생에서 문제는, 너무 완벽한 파트너나 친구를 찾으려 한다는 것입니다. 하지만 그것은 불가능하지요. 대신, 여러분만큼 미친 사람을 찾으려고 노력하세요. 우리는 모두 미침의 수준이 서로 다릅니다. 그러므로 우리와 같은 종류의 미침을 가진 사람들을 찾는 것이 좋습니다. 그래서 우리는 서로를 발견했습니다. 우리는 모두 말합니다. "우리는 엘로힘에 미쳤다!" 엘로힘, 이런 미침에 감사합니다. 우리는 무한에 미쳤습니다. 사랑에 미쳤습니다. 엘로힘, 감사합니다.

자신을 사랑하고 에고를 줄이세요

A.H.68년 3월 - 2014년 일본 오키나와

에고가 없거나 매우 작은 에고를 갖는 것과, 자기 자신을 사랑하는 것의 중요성 사이에 모순이 있을까요? 그것은 모순처럼 보일 수도 있습니다. 어떻게 하면 여전히 나 자신을 사랑하면서도 나의 에고를 최대한 줄일 수 있을까요?

자신을 사랑함으로써 에고를 줄이는 것은 실제로 훨씬 더 쉽습니다. 만약 당신이 자신을 사랑하지 않는다면, 에고를 줄일 수 없습니다. 당신이 자신에 대한 사랑과 연민을 갖지 않는다면, 당신은 다른 사람을 미워하게 됩니다. 반대로, 당신이 자신을 사랑할 때, 당신은 다른 사람들을 더 사랑할 수 있고 에고를 잊을 수 있습니다. 거의 40년 전의 첫 세미나에서, 아마 오래된 라엘리안들은 기억하겠지만, 우리는 자신을 사랑하는 것에 관해 많은 훈련을 했습니다. 어떤 사람들은 자신을 사랑하는 것이 어려울지도 모릅니다. 어떻게 하면 나 자신을 사랑할 수 있을까요? 나는 초밥을 사랑합니다. 그것은 쉽지요. 초밥을 집고, 먹으면 됩니다. 나는 꽃을 사랑합니다. 꽃을 들고, 냄새를 맡습니다. 하지만 나 자신을 어떻게 사랑할까요? 대부분의 사람들이 동의하는 대로, 우리는 자신을 사랑해야 합니다. 그러나 오랜 세월 동안 자신을 증오해 왔다면, 당신은 어디서부터 시작해야 할까요?

많은 사람들은 자기가 스스로를 사랑하고 있지 않다는 사실 조차 인식하지 못합니다.

당신 자신에게 물어보세요. 당신은 정말로 자신을 사랑하나요? 자신을 사랑한다는 것은 판단이 아닙니다. 왜냐하면 판단은 사랑의 반대이기 때문이지요. 사랑하면서 동시에 판단할 수는 없는 일입니다. 판단은 사랑의 반대이지만, 우리는 다른 사람들을 판단하는 것에 참으로 익숙합니다. 그것은 우리의 에고이지요. "이 사람은 나쁘다. 그는 못났다. 그는 나쁜 냄새가 난다." 그렇게 판단합니다. 아주 빠르게 판단하지요. 자동반사적으로, 사람들은 다른 사람을 판단하고, 그리고 대체로 그들을 폄하합니다. 긍정적으로 판단하는 일은 거의 드물고, 항상 부정적으로 판단합니다. 대개, 당신이 다른 사람에 대해 그렇게 하면, 당신은 자신에게도 똑같이 합니다. "나는 바보야. 나는 못났어." 이렇게 판단합니다.

사랑하는 것은 판단이 아닙니다. 사랑은 전혀 판단하지 않습니다. 어떠한 판단도 없이, 거울 속의 당신을 바라보세요. 아마 당신은 나이가 들어가고, 주름살이 생기고, 가슴이 처지고 있겠지요. 당신 자신에게 연민을 가지세요. 판단하지 마세요. 당신은 완벽하지 않습니다. 우리는 완벽하지 않습니다. 나도 완벽하지 않습니다. 야훼도 완벽하지 않습니다. 아무도 완벽하지 않습니다. 당신은 엘로힘처럼 되기를 원하나요? 당신이 완벽하기를 원하면, 당신은 엘로힘처럼 될 수 없습니다. 왜냐하면 그들은 완벽하지 않으니까요. 당신이 자신을 사랑한다 함은, 당신이라는 불완전한 사람을 용납하고, 사랑하고, 소중히 하는 것입니다.

우리는 아름다운 것뿐 아니라 추한 면도 사랑해야 합니다. "나에겐 나쁜 냄새가 나지만, 나는 내 냄새를 사랑해. 나는 주름살이 많지만, 그게 나야. 나는 실수를 많이 하지만, 그게 나야." 나는 스스로에게 연민을 갖고 있습니다. 나는 내가 저지른 실수들, 과거와 현재 그리고 미래의 모든 실수들과 함께 나 자신을 사랑합니다. 우리가 살아 있는 한, 우리는 실수할 테니까요. 그것은 끝이 없습니다. 단지 시작일 뿐이지요.

산다는 것은 실수를 저지르는 것입니다. 배우고, 개선하고, 두 번 다시 같은 실수를 하지 않으려고 노력하는 것, 그것은 아름답습니다. 만약 당신이 그렇게 생각하면, 영원한 삶은 아름답습니다. 영원한 삶은 영원한 배움이며, 고정적인 것이 아닙니다. 변화 없는 영원한 삶은 지루할 것입니다. 만약 오늘의 자신 그대로 영원한 삶을 산다면, 나는 그런 삶을 원하지 않습니다.

꽃처럼 되세요. 처음에는 작은 씨앗으로 시작해서, 자

라고, 뿌리를 내리면서, 실수도 저지릅니다. 때때로 나무들을 보면, 휘어져 있는데, 그것들은 많은 문제를 갖고 있기 때문입니다. 그것들은 실수를 저질렀지만, 계속 성장합니다. 나무들처럼 되세요. 당신은 꽃입니다. 연꽃처럼, 서서히 개화하지요. 연꽃은 고정되어 있지 않습니다. 작은 싹으로 시작하여, 개화하고, 꽃이 집니다. 하지만 연꽃은 물밑에, 진흙에서, 여전히 살아 있습니다. 그리고 이듬해에 또다시 꽃이 필 것입니다. 우리는 그와 같습니다. 당신 자신을 고정된 존재로 보지 마세요.

내가 '연꽃'이라고 말하면, 모든 사람은 아름다운 꽃에 대해 생각합니다. 꽃은 바로 식물의 성기입니다. 남자의 아침 발기, 그것이 꽃이지요. 식물은 땅 아래, 진흙 아래, 싹이 있습니다. 만약 당신이 장미를 사랑한다면, 당신은 줄기, 가시, 뿌리를 모두 사랑하는 것입니다. 당신은 단지 꽃만 사랑하는 것이 아니라, 살아 있는 전부를 사랑합니다. 그것은 당신 자신에게도 마찬가지입니다. 아름다운 미소, 아름다운 눈, 냄새 나는 항문, 그것들은 모두 동등하며, 당신은 그 모두를 사랑해야 합니다. 진흙 속의 뿌리 없이는, 어떤 꽃도 없습니다. 그러므로 당신 자신의 모든 부분을 사랑하세요. 그것들이 바로 당신입니다.

정신적으로 병든 사람들은 소외되어 있습니다. 말하자

면, 그들의 연결이 끊어진 것이지요. 그들은 주위의 현실로 부터 단절되어 있습니다. 건강한 두뇌는 연결되어 있는데, 그것은 자신이 전부가 아니라 우주의 일부임을 인식하고 있음을 의미합니다. 정신적으로 병든 사람에게는, 온 우주가 자기 자신입니다. 그들의 에고는 완전히 억제된 상태입니다. 다른 말로 하자면, "나, 나, 나"입니다. 그렇게 그들은 세계로부터 단절되어 있습니다. 그 반대는, 연결되어 있음을 느끼고, 작은 내가 전체의 일부일 뿐임을 인식하는 것입니다. 토니는 나의 일부이고, 나도 그의 일부이며, 우리는 서로 분리되어 있지만, 함께 우주를 형성하고 있는 우주의 일부입니다. 당신도 자신에 대해 같은 방식으로 생각해야만 합니다.

당신이 "나는 나 자신을 사랑합니다"라고 말할 때, '나'는 누구일까요? 그리고 '나 자신'은 누구일까요? '나'는 초의식입니다. '나 자신'은 몸입니다. 감정을 지니고, 느끼고, 트림하고, 방귀 뀌는 원시적인 두뇌, 그것이 나 자신입니다. 그러나 '나'는 초의식입니다. 그러므로 당신이 자신을 사랑하기를 원할 때는, 당신의 몸, 즉 물질적인 것을 사랑하고, 당신이 얼마나 아름다운지 바라보세요. 당신의 나이, 두뇌, 감정, 실수, 다른 무엇이든, 그 모두를 사랑하세요. 마치 귀여운 아이를 쳐다보는 것처럼, 당신 자신을 보세요. 온종일, 당신이 마치 작은 아기인 것처럼 당신 자신을 보살피세요. 당신을 이끌고 있는 당신의 초의식을 사용하세요. 초의식의 안내가 없으면, 에고는 엄청나게 커집니다. 에고는 초의식을 뺀, 몸 전체이니까요. 당신이 초의식을 깨우면, 갑자기 당신의 몸, 감정, 느낌은 도구가 됩니다. 그저 도구가 되지요. 그러면 사랑이 번창하고, 꽃피울 수 있습니다.

그렇기 때문에, 자신을 사랑함으로써 에고를 줄일 수 있습니다. 그리고 자신에 대한 사랑을 키우는 것과 에고를 줄이는 것은 서로 모순되지 않습니다. 당신이 자신을 더 사랑할수록, 당신은 다른 사람들에 대한 사랑을 더 많이 가지게 되고, 에고는 더 작아집니다. 이것은 매우 중요합니다. 당신 자신을 사랑하는 것은 이기적인 것이 아닙니다. 그것은 당신의 몸과 물질적 두뇌로부터 하나의 도구를 만드는 것입니다. 다른 사람들을 사랑하기 위한 행복의 도구이지요. 나는 당신이 더욱더 자신을 사랑하기를 바랍니다. 부디 그렇게 해주세요. 왜냐하면 우리가 엘로힘의 아름다운 창조물인 우리 자신을 사랑한다면, 우리는 세상을 바꿀 수 있으니까요.

우주는 당신의 사원입니다

A.H.68년 7월 - 2014년 일본 오키나와

종교성을 느끼기 위한 사원은 필요하지 않습니다. 바다가 사원입니다. 갑자기 영적인 느낌을 얻으려고 돌이나 나무로 지은 건물에 들어갈 필요가 없지요. 당신은 바다를 바라보는 것만으로 그것을 느낄 수 있고, 훨씬 더 많이 느낄 수 있습니다! 하늘을 바라보며, 구름을 바라보며, 푸른 식물을 보면서도 느낄 수 있지요. 이 모든 것들이 사원이며, 석조 사원보다 훨씬 더 훌륭한 사원들입니다. 사람들의 미소와 눈을 바라보는 것이 사원보다 더 좋습니다. 자기 자신을 볼 때도 마찬가지지요. 나는 내 몸을 '나의 사원'이라 부릅니다.

당신의 몸을 사원처럼 다루세요. 왜냐하면 당신의 몸에서 일어나는 일은 정말 환상적이기 때문입니다. 바로 지금, 그리고 매초 마다 수십억 개의 세포들이 하나됨을 느끼며, 당신이 좋은 기분을 느낄 수 있도록 일하면서 연결되고 있습니다. 심장이 뛰고 있습니다. 여기에 손을 올려놓고 그것을 느껴보세요. 심장은 다행히도 절대 멈추지 않습니다. 당신의 미친 듯한 두뇌가 무엇을 생각하든, 당신의 심장은 계속 뛰고 있지요. 그것은 생명의 사원입니다.

우리 몸의 모든 부분이 사원입니다. 그러니 건물에 들

어갈 필요도 없고, 교회나 어떤 예배 장소에 앉아 있을 필요도 없습니다. 우주가 당신의 사원입니다. 모든 곳에서 그것을 느껴보세요. 당신의 내부, 하늘, 바다, 다른 사람들의 미소 속에서 그것을 느끼세요. 이것이 진정한 정신성입니다.

즉흥성

A.H.72년 6월 – 2018년 일본 오키나와

즉흥성은 '지금'에 존재하는 것입니다. 인생을 계획하거나 과거의 기억을 사용하는 대신, '지금'에 존재할 때, 당신은 즉흥적인 삶을 살게 됩니다. 다른 사람이 쓴 악보대로 당신의 인생을 연주하고 싶나요? 부모님이 써준 악보대로 살고 싶나요? 악보를 던져 버리고 음악을 느끼기 시작하는 음악가, 느끼는 대로 연주하는 음악가가 되세요.

인생도 마찬가지입니다. 당신이 '지금'에 존재할 때, 당신에게는 악보가 필요 없습니다. 당신은 교사, 가족에 의해 계획된 삶을 벗어던지고, 자신의 삶을 살아야 합니다. 당신의 인생을 다른 누군가가 아닌 당신 자신이 작곡한 콘서트로 만드세요. 당신은 자신의 인생을 살기를 원하나요? 아니면 부모님이 당신을 위해 작성한 인생을 살기를 원하나요? 어떤 것을 선택할 건가요? 다른 사람들이 당신에게 원하는 것에 대해 "아니오"라고 말하고, 당신이 원하는 것에 대해 "예"라고 말하는 법을 배우세요. 수염 난 소녀가 "이게 바로 나야!"라고 노래했던 것처럼 말입니다. "이게 바로 나야!" 당신은 매일, 매일 그렇게 말해야 합니다.

나는 누굴까요? 나의 부모, 나의 교육, 나의 전통에 의해 계획된 존재인가요? 아니면, 나에 의해 계획된 존재인가요? 만약 당신이 당신의 문화, 당신의 나라, 당신의 전통, 당신의 가족, 당신의 종교에 의해 계획된 것들을 행한다면, 그것은 당신이 아닙니다! '진정한 당신'은 과거를 제거하고, 전통을 제거하고, 미래의 계획도 제거한, '지금'의 당신입니다. 지금입니다. 지금 당신은 즉흥적입니다. 당신이 오직 즉흥적일 때만, 당신은 진정한 당신이 됩니다. 항상 이것을 느끼세요. 당신은 진정한 당신인가요? 아니면, 당신의 가족, 전통, 정부가 만든 계획을 수행하고 있나요? 매 순간 자신에게 물어보세요! 당신이 초의식을 사용할 때, 즉시 "이게 바로 나야!"라고 말합니다. "이게 바로 나야!"는 '지금'입니다. 어제는 당신이 아니었고, 내일도 당신이 아니지요. 가끔 나는 학교에 다니던 때나 경주용 자동차를 몰던 시절의 옛날 사진을 들여다봅니다. 대부분의 사람들은 "이게 나야!"라고 말할 것입니다. 하지만 나는 그 사진들을 보며, "이건 내가 아니야!"라고 말합니다. 나는 지금 존재할 뿐입니다. 어제 무대 위에서 이야기하던 나는, 내가 아닙니다. 내일 또한 내가 아닐 것입니다. 지금이 바로 나입니다!

지금, 무한이 나의 말을 통해 흘러갑니다. 오직 무한이 당신을 통해 흐르도록 둘 때, 그것이 당신입니다. 당신은 마치 피아니스트가 음표에 따라 건반을 누를 때 진동하는 피아노의 현과 같습니다. 누가 건반을 누르나요? 무한입니다. 지금 당신의 소리를 표현하세요. 그 소리는 10년 전과는 다르며, 지금부터 10년 후에도 다를 것입니다. 왜냐하면, 당신은 살아있기 때문이지요. 그것을 느끼세요! 만약 당신이 "열 살이었을 때가 나야"라거나 "이게 나야, 미래가 나야"라는 환상을 계속 갖는다면, 당신은 절대로 성장하지 못할 것입니다. 당신은 죽은 것이지요. 살아있지만, 죽었습니다.

가끔 나는 카 레이서였을 때 알고 지냈던 옛 친구들을 만납니다. 그들은 나를 보고서 이렇게 말합니다. "넌 변하지 않았구나." 뭐라고? 넌 이제 내 친구가 아니야! 물론 나는 변했습니다! 그리고 더욱 많이 변할 계획이지요. 나는 바로 지금도 변하고 있습니다. 나는 아까 무대에 올라왔을 때와 똑같지 않습니다. 지금 나의 '지금'은 5분 전의 '지금'이 아닙니다. 이것이 '지금'에 사는 것입니다. 이것을 느끼세요!

내 눈 안에 있는 당신의 눈

A.H.72년 6월 - 2018년 일본 오키나와

나의 목표는 여러분을 더 지적으로 만드는 것이 아닙니다. 여러분의 목표도 더 지적으로 되기가 아니라, '존재하기'여야 합니다. 존재하세요! 느끼세요! 인스턴트 부처가 되세요. 부처는 생각하지 않습니다. 부처는 존재합니다. 나의 목표는 이 방에 있는 모든 사람을 부처로 만드는 것입니다.

여러분은 지적으로 태어났습니다. 아무도 여러분을 더 지적으로 만들 수 없지요. 여러분은 더 많은 것을 배울 수 있고, 더 많은 지식을 쌓을 수 있고, 더 많은 '과거'를 축적할 수 있지만, 그것은 전혀 소용없습니다. 아니면, 여러분은 존재할 수 있습니다! '지금'에 존재하세요.

부처가 되는 것은 대학에서 1년, 5년, 10년 걸리는 과정이 아닙니다. 인스턴트(즉석) 커피처럼, 여러분은 즉석에서 부처가 되거나, 아니면, 결코 부처가 될 수 없을 것입니다. 만약 여러분이 초의식을 사용한다면, 여러분은 즉시 모든 것이 되며, 또한 무로 됩니다.

이와 같은 무한을 느끼기 위해, 여러분은 가능한 한 명청해질 필요가 있습니다. 나의 목표는 여러분을 가능한 한 멍청하게, 나만큼 멍청하게 만드는 것입니다. 여러분은 아마 나보다 더 멍청하게 되는 데는 절대로 성공하지 못할 것입니다. 하지만 여러분이 시도해 볼 수는 있겠지요. 그것은 어렵습니다!

여러분이 명상할 때, 생각을 멈춥니다. 따라서 여러분은 멍청하게 되고, 그러면 여러분은 모든 것에, 그리고 무에 연결됩니다. 모든 것과 무는 같은 것입니다. 그럴 때, 여러분은 존재합니다! 과거도 없고, 미래도 없이, 여러분은 존재합니다. 그것을 느끼세요! 그것에 대해 생각하지 마세요. 만약 여러분이 그것에 대해 생각하면, 그것은 즉시 멈추고 맙니다. 부처가 되는 것은 미래의 일이 아니고, 지금입니다.

많은 사람들이 명상을 처음 해본 뒤 실망하고서는, 나에게 와 명상이 효과가 없었다고 말합니다. 그러면 나는 그들에게, 명상 중 무슨 생각을 하고 있었는지 물어봅니다. 그들은 언제나, 명상 가이드가 하는 말에 대해 생각하고 있었다고 대답합니다. 바로 그 때문에 명상이 효과가 없는 것입니다. 들리는 말에 대해 생각하지 마세요. 만약 내가 "나는 당신을 사랑합니다"라고 말하면, 여러분은 그것을 느끼나요? 아니면, 여러분은 생각하면서 내가 왜 그 말을 했는지 자신에게 물어보나요? 만약 여러분이 그것에 대해 생각한다면, 아무것도 느낄 수 없을 것입니다.

내가 캐나다의 거대한 숲으로 라엘리안들을 데려갔을 때가 기억나는군요. 아름다운 새 한 마리가 날아와서 우리 옆 나무에 앉았습니다. 어느 라엘리안이 "저것 봐, 저 새는 코네필루스 모필루스…"라고 말했는데, 그러자 새는 날아가 버렸습니다. 다음번에 새가 나타나면, 그 새의 이름에 대해 생각하지 마세요. 단지 새를 느끼세요. 그러면 새는 날아가지 않을 것입니다. 여러분이 새에 대해 생각하고 그 이름을 말한다면, 새는 날아가 버릴 것입니다.

명상도 이와 같습니다. 명상이란, 생각하면 겁먹고 날아가 버리는 새와 같지요. 느끼세요! 이해하려고 애쓰지 마세요. 무한도 마찬가지입니다. 만약 여러분이 무한을 이해하려고 노력한다면, 여러분은 결국 정신병원에 가게 될 것입니다. 만약 여러분이 무한을 느낀다면, 부처가 됩니다. 여러분은 정신적으로 병들고 우울증에 걸리거나, 또는 영원한 행복에 도달하거나, 선택할 수 있습니다.

나는 숲에 갈 때, 모든 것을 잊습니다. 나는 나무들의 이름을 알고 싶지 않습니다. 나는 그 이름을 알지만, 떠올리고 싶지 않습니다. 나는 새들의 이름을 떠올리고 싶지 않습니다. 나는 새들을 느끼길 원하며, 그럴 때 새들은 내게 다가옵니다. 때때로 새들은 내 손가락 위에 앉습니다. 그 새들은 사랑을 느끼고 나에게 다가오는 살아있는 존재들입니다.

나는 여러분에게 사과해야 합니다. 나는 여러분의 이름을 일일이 기억하지 못합니다. 여러분에겐 충격적일지 모르지만, 나는 여러분의 이름을 알고 싶지 않습니다. 여러분을 느끼고 싶습니다. 그렇기 때문에, 여러분은 내가 여러분을 한 사람 한 사람 쳐다볼 때 사랑을 느낍니다. 나는 여러분의 눈을 완벽하게 기억하지만, 여러분에게 이름을 붙이고 싶지 않습니다. 나는 내가 무조건 사랑하는 인간을 느낍니다.

나는 여러분의 눈에서 무거운 돌덩이처럼 짊어지고 있는 여러분의 모든 과거를 보며, 내 눈의 사랑으로 그것을 없애려고 노력합니다. 나는 여러분의 눈에서 여러분이 꿈꾸는 모든 가능한 미래를 보며, 여러분을 '지금'으로 데려오기 위해 그것을 없애고 싶습니다. 지금! 내 눈 안에 있는 여러분의 눈, 오직 그것만이 중요합니다. 이것을 느끼세요! 그러면 여러분은 부처가 되며, 여러분의 삶은 모두 명상이 됩니다.

기분 상하지 마세요

A.H.72년 6월 - 2018년 일본 오키나와

사람들은 어떤 이유로든 기분이 상합니다. 기분 나빠하는 것은 유행이 되고 있습니다. 여러분이 무슨 말을 하든,

무슨 행동을 하든, 사람들은 불쾌한 감정을 드러내고, 미디어는 그것에 관해 보도합니다. 하지만, 여러분이 그토록 쉽게 기분이 상한다면, 살아있는 것이 아니라 죽은 것입니다. 살아있다는 것은, 끊임없이 기분 상하는 일을 겪으면서도 그것에 대해 웃는 것입니다.

여러분은 불쾌한 일을 피할 수 없으며, 그런 것은 모든 곳에 있습니다. 그것은 삶의 일부이니까요. 사람들은 인터넷을 검색하고 뉴스를 보면서, 자신의 기분을 상하게 하는 것들을 찾습니다. 그들은 TV에서 동성애 남성 둘이 서로 키스하는 것을 보며 불쾌감을 느끼고, 개 두 마리가 교미하는 것을 보거나, 유대인, 무슬림, 흑인에 대한 농담을 들으며 불쾌감을 느낍니다. "불쾌하군."

웃음은 불쾌함을 피하는 열쇠입니다. 여러분은 세상을 변화시킬 수 없지만, 자신을 변화시킬 수는 있습니다. 세상을 변화시키려고 애쓰는 사람은 매일 기분이 나쁩니다. 그러나 여러분이 자신을 변화시키려고 한다면, 매일 행복합니다. 어떤 것이 여러분의 버튼을 누르려고 할 때마다, 웃으세요. 왜냐하면, 여러분은 버튼이 없기 때문입니다. 간단합니다. 여러분 자신의 모든 버튼을 제거하세요.

여러분 자신에게 이렇게 물어보세요. "다른 사람이 나에게 하는 어떤 말이 나를 불쾌하게 혹은 화나게 만드는가?"

만약 여러분이 흑인이라면, 흑인에 대한 농담인가요? '깜둥이' 혹은 '검둥이'라는 단어인가요? 만약 여러분이 유대인이라면, 유대인에 대한 농담인가요? 만약 여러분이 라엘리안이라면, 누군가가 UFO에 대해 놀리는 건가요? 모든 버튼을 제거하세요. 여러분은 인간입니다. 나는 유대인도 아니고, 흑인도 아니고, 라엘리안도 아니고, 나는 먼저 인간입니다.

여러 번, 공공장소에서, TV 쇼에서조차도, 사람들은 나에게 이렇게 욕했습니다. "미친 남자!" "라엘은 라엘리안들의 돈을 훔치고 있어." "섹스 컬트!" 등등 그 외에도 많습니다. 그러나 나는 절대 반응하지 않습니다. 그런 모욕들은 나와 상관없습니다. 그런 것은 내가 아니니까요. 말은 여러분의 몸을 해칠 수 없습니다. 만약 내가 "당신은 매우 멍청해"라고 말한다면, 그것은 단지 소리일 뿐입니다. 어떤 말도 여러분의 몸에 손상을 줄 수 없습니다. 어떤 말도 여러분의 두뇌에 손상을 줄 수 없습니다. 어떤 말도 여러분의 조화를 파괴할 수 없습니다. 오로지 여러분만이 자신의 조화를 파괴할 수 있습니다. 여러분은 자신의 조화를 파괴하기 위해 다른 사람의 말을 이용하는 것입니다.

만약 내가 "당신은 멍청해"라고 말한다면, 그것이 여러분을 멍청하게 만드나요? 여러분은 다른 사람의 말과 행동과 태도를 수용함으로써 자신에게 상처를 주는 것입니다.

여러분만이 자신에게 상처를 줄 수 있는 유일한 사람이며, 다른 누구도 아닙니다. 사람들은 내가 들으라고 어떤 욕이라도 퍼부을 수 있지만, 그것은 단지 바람이나 비일 뿐입니다. 나에게 아무런 영향도 주지 않습니다. 여러분 자신에게 상처 주지 않도록 자신을 훈련하세요!

하지만, 만약 어떤 사람이 나에게 사랑의 말을 해준다면, 나는 그것을 받아들입니다. 조화로운 말, 초의식의 수준을 높이는 말이라면, 좋지요. 나는 나의 두뇌를 열고 그것을 받아들입니다. 만약 어떤 사람이 나의 어머니, 아버지, 할아버지, 나의 나라, 나의 종교를 모욕한다면, 나는 상관하지 않습니다.

여러분의 초의식을 행복의 방으로 만드세요. 거기에는 사랑, 조화, 평화, 평온의 모든 바람은 자유롭게 들어올 수 있지만, 증오, 차별의 모든 태풍은 들어올 수 없습니다. 여러분은 이 아름다운 방의 책임자입니다. 오직 여러분만이 창문을 열고 바람이 들어오게 할 수 있습니다. 만약 바깥에 위험한 태풍이 불고 있다면, 여러분은 창문을 열겠습니까? 물론 아니지요. 증오와 모욕도 마찬가지입니다. 만약 아름다운 새들의 노래를 들을 수 있다면, 창문을 여세요. 여러분의 선택입니다.

그러니까 "나 기분 상했어"라고 말하지 마세요. 가끔

사람들은 내가 하는 말에 불쾌감을 느낍니다. 맞습니다! 그들은 내 말로 인해 스스로 기분 상하지요. 나는 여러분을 초의식의 수준으로 상승시키려는 교사로서, 가능한 한 여러분의 기분을 상하게 만들려고 노력합니다. 나쁜 교사는 모든 사람에게 정치적으로 올바르게 보이려고 애쓰고, 모든 사람에게 예의 바르고 공손하려고 애씁니다. 그렇게 하면, 아무도 불쾌하지 않지요. 나의 목표는 가능한 한 많은 사람을 기분 상하게 만드는 것입니다. 왜냐하면 그것은 내 문제가 아니라, 그들의 문제이니까요. 그들은 내 말로 인해 스스로 기분 상합니다.

"당신은 아름다워요" "당신은 친절해요" "당신은 멋진 사람이에요" 이런 말로는 효과가 없습니다. 그러면 여러분은 변하지 않을 테니까요. 만약 내가 "당신은 가끔 똥같이 생각하는군요"라고 말한다면, 그때서야 여러분은 그것에 대해 반성하고 변하게 됩니다. 여러분은 울 수도 있고, 화날 수도 있지만, 마이트레야가 왜 그런 말을 했는지 자문하게 되고, 그러면 여러분은 더 높이 성장할 수 있습니다.

부처로 이끄는 가르침은 예의 바른 것이 아니라, 진실을 말하는 것입니다.

여러분의 환상을 확인하세요

A.H.72년 6월 - 2018년 일본 오키나와

여러분은 자신이 가진 환상에 거리를 두지 않으면 안 됩니다. 환상은 여러분이 초의식에 도달하는 것을 방해합니다. 환상은 어디에나 있습니다. 여러분이 어린 소년이나 소녀였을 때, 여러분은 산타클로스, 하느님에 대해 배웠고, 민주주의에 대해서도 배웠습니다! 그것들은 모두 환상입니다.

프랑스 정부 건물들에는 세 단어가 새겨져 있는데, "자유, 평등, 박애"라는 아름다운 단어들이지요. 그러나 그것들은 존재하지 않습니다. 프랑스에는 '자유'가 없습니다. 만약 여러분이 인간 복제를 지지한다면, 감옥에 갑니다. 여러분은 독일이 죽인 유대인이 600만 명 미만이라고 생각하더라도, 그것을 말해서는 안 됩니다. 공식적으로 600만 명이며, 한 명이라도 빼거나 보태서도 안 됩니다. 만약 여러분이 590만 명이라고 말하면, 감옥에 갑니다. 그곳에는 '자유'가 없습니다.

프랑스에 '평등'이 있나요? 여러분이 가난하면, 길거리에서 잡니다. 부자라면, 큰 저택에 삽니다. 만약 여러분에게 법적 문제가 생기면, 무료 변호사를 쓸 수 있지만, 실력이 형편없지요. 그러나 부자라면, 실력이 뛰어난 최고 변호사를 쓸 수 있습니다. '평등'은 없습니다. 박애? 없습니다. 전혀 없지요.

이런 단어들은 환상입니다! 여러분의 인생 전체가 환상입니다. 종교, 정치, 심지어 과학까지, 모든 것이 그렇습니다! 과학은 환상이 아니어야 하지만, 환상입니다. 100년 전에는 우주의 크기가 이만했는데, 지금은 저만큼 큽니다. 환상이지요! 수백 년 전에는 지구가 평평했습니다. 환상입니다! 과학의 모든 것이 그렇습니다. 진화론도 그렇지요! 여러분의 조상은 원숭이였습니다. 환상입니다! 과학, 진정한 과학은 진화가 불가능함을 증명하고 있지만, 진화란 모든 사람이 받아들여야만 하는 공통의 환상입니다. 그리고 이러한 환상들은 정부, 금융, 종교 등 모든 곳에서 점점 더 많이 이용되고 있습니다. 여러분의 삶은 99% 환상들로 이루어져 있습니다. 대부분의 사람들에게는 100%이지요.

세 가지 외에, 모든 것이 환상입니다. 공간적 무한은 환상이 아닙니다. 여러분은 무한이며, 무한으로 이루어져 있습니다. 시간적 무한도 환상이 아닙니다. 시작도 없고 끝도 없으며, 물질은 영원합니다. 그리고 가장 중요한 것, 사랑입니다. 진정한 사랑, 즉 호르몬의 지배를 받지 않는 사랑을 할 때, 사랑은 환상이 아닙니다.

호르몬은 환상의 원천입니다. 7살이나 8살의 어린 소년들은 아름다운 가슴을 가진 여성을 아무런 영향도 받지 않고 바라볼 수 있습니다. 그러나 테스토스테론이 생성되기 시작하는 사춘기가 되면, 그들은 갑자기 여성의 가슴을 보고 반응하게 되며, 그들의 생각하는 두뇌는 완전히 작동을 멈추고 호르몬에 의해 이끌리게 되지요. 전에는 그토록 조화롭고 평온했던 어린 소년이, 갑자기 그의 고환을 따르는 남자로 변합니다. 이전에, 그는 생각하는 두뇌의 이끌림을 받았는데, 그것이 매우 좋지는 않았지만, 적어도 좋은 삶을 사는 데 도움은 되었습니다. 이는 여성 호르몬인 에스트로겐을 가진 소녀들의 경우에도 마찬가지입니다.

그러나 초의식을 사용할 때, 여러분은 단지 호르몬 생산을 자극하는 누군가가 아닌, 여러분과 닮은 파트너를 찾고 싶어 합니다. 그럴 때, 여러분은 아름다운 러브스토리를 가질 수가 있습니다. 사랑이란 함께 느끼는 것이며, 같은 수준에서 느끼고, 교환하고, 소통하는 것입니다. 여러분은 거대한 차이가 있을 때 서로 소통할 수 없습니다. 그것은 마치 부처처럼 아주 아주 높은 수준의 사람이 갑자기 정신지체인과 함께 살아야 하는 것과 같지요. 그것은 불가능합니다. 부처처럼 온종일 명상하며 초의식을 사용하는 사람은 항상 휴대폰을 두드리고 있는 여자친구와 함께 지낼 수가 없습니다. 그들은 같은 세계에 있지 않으며, 소통할 수가 없습니다. 한 사람은 "이 나비 좀 봐"라고 말하지만, 다른 사람은 자신의 휴대폰만 쳐다봅니다.

요즘 사람들은 연결되는 것을 매우 좋아하는데, 말할 것도 없이 인터넷 연결이지요. 하지만 현실 세계와의 연결은 거의 없습니다. 나는 명상하기 위해 매일 해변에 갑니다. 거기서 나는 일출을 맞이하는 사람들을 봅니다. 여러분은 인터넷에 더 많이 연결될수록, 현실 세계와는 덜 연결됩니다. 사람들은 때때로 해변이나 숲에 가서 인터넷이 연결되지 않으면 화를 냅니다. 나는 숲에 가면, 경이로움을 느낍니다. 나는 모든 것들에, 나무들에 연결됨을 느끼고, 그것들을 만지고, 나비들에, 모든 것들에 연결됨을 느낍니다.

인터넷 연결은 환상입니다. 진정한 연결은 누군가를 바라볼 때 일어납니다. 연인들도 마찬가지입니다. 나는 해변에서 젊은 커플들이 함께 있는 것을 자주 봅니다. 내가 한 여자와 사랑에 빠지면, 나는 온종일 그녀의 눈을 쳐다보고 싶습니다. 그녀와의 연결을 느끼는 거지요. 요즘 젊은 커플들은, 해변에 함께 있을 때조차, 둘 다 휴대폰을 꺼내 들고 있습니다. 여자는 그녀의 휴대폰을 보고, 남자도 그의 휴대폰을 보며, 아무 대화도 하지 않습니다. 이 무슨 행성인가요!

여러분은 이것을 바꾸어야 하며, 배워야 합니다. 하루 동안 전혀 인터넷 연결을 하지 않는 인터넷 단식부터 시작하세요. 여러분의 휴대폰을 다락방 어딘가에 두든가 멀리 던져 버리고, 진짜 사람들과 연결되는 겁니다. 그러면 아주 달라집니다. 나는 여러분이 최소한 일주일에 하루는 컴퓨터와 휴대폰 없이 지내기를 권합니다. 나는 그것이 어렵다는 것을 압니다. 왜냐하면, 여러분은 중독되었으니까요.

대부분의 사람들은 베개 밑에 있는 휴대폰과 함께 잠에서 깹니다. 나는 어떤 휴대폰도 원하지 않으며, 갖고 있지도 않습니다. 많은 사람이 내 전화번호를 물어보지만, 나는 전화번호가 없습니다. 나는 전화번호를 갖고 싶지도 않습니다. 어떤 사람들이 나에게 휴대폰을 제공한 적이 있지만, 나는 정중하게 거절했습니다. 나는 여러분에 연결되고, 여러분의 눈에 연결되고 싶지, 여러분의 휴대폰에 연결되고 싶지 않습니다. 여러분이 어제 무엇을 먹었는지 사진을 찍어 나에게 보낼 수도 있겠지만, 나는 관심 없습니다. 나는 지금 내 접시에 있는 것을 좋아하지, 여러분이 어제 먹은 것은 아닙니다. 사람들은 음식을 먹기 전에 찍은 사진은 보내지만, 먹은 후의 사진은 절대로 보내지 않는다는 것은 우스운 일입니다!

환상의 세계는 모든 곳에 존재하며, 그것은 초의식의 각성을 가로막습니다. 여러분은 환상들로 가득 차 있습니다. 여러분 중 누군가는 어떤 환상도 갖고 있지 않다고 생각할지 모르겠군요. 만약 그렇게 생각한다면, 그는 다른 사람보다 더 많은 환상을 갖고 있습니다. 겸손은 초의식과 연결되어 있습니다. 그리고 여러분이 자신에게 물어보아야만 하는 질문은 "나의 환상은 무엇인가?"입니다. 여러분 스스로 이 질문에 대답하기는 어렵습니다. 왜냐하면, 여러분은 그 환상들 속에 있어서 그것들을 볼 수 없으니까요. 여러분이 "나는 어떤 환상도 없어"라고 말할 때, 여러분에게는 가이드나 선생님이 필요합니다. 그는 여러분에게 다가와 여러분의 어떤 부분을 짚으면서, "이것이 당신의 환상입니다"라고 말해 줄 수 있을 것입니다. 그러면 여러분은 눈을 번쩍 뜨고, 깜짝 놀랄지도 모르며, 심지어 처음에는 화가 날 수도 있습니다.

어떤 나라에서 열린 세미나에, 라엘리안들이 기독교 십자가를 몸에 걸고 왔습니다. 나는 그들에게 라엘리안인지 물었고, 그들이 그렇다고 말했을 때, 왜 기독교 십자가를 걸고 있는지 물었습니다. 대개 그들은 그것이 그들의 어머니나 사랑하는 사람에게서 받은 선물이라고 말하며, 그들의 환상을 던져 버리고 싶어 하지 않았습니다.

여러분이 옷을 입는 방식이나 여러분의 국적은 환상입니다. 우리는 인간이지요. 문화와 전통은 모두 환상이지만, 우리는 그것들을 지키고 싶어 합니다. 여러분은 환상의 욕조 안에서 살고 싶어 합니다. 여러분의 환상들을 밝혀내는 시간을 갖고, 그것들을 침묵시킬 수 있는 시간을 여러분 자신에게 주세요.

침묵은 우리의 초의식을 깨웁니다

A.H.72년 6월 – 2018년 일본 오키나와

여러분이 체험하기 위해 선택한 침묵은 초의식을 일깨우는 데 가장 중요한 것입니다. 초의식을 사용하지 않는 사람들만이 쉴새 없이 지껄입니다. 현명한 사람은 항상 침묵하지만, 여러분은 그것을 알지요. 언제나 말 많은 사람들은 생각하는 두뇌를 사용하며, 자신의 초의식을 사용하지 않습니다. 그러면서 그들은 자신이 매우 지성적이라고 생각합니다. 그들은 말을 더 많이 할수록 더 뛰어나고 더 지성적이라고 생각하지만, 사실은 완전히 반대입니다. 초의식을 사용하는 아주 지성적인 사람들은 고요하며, 침묵을 지킵니다.

침묵을 즐기세요. 침묵 속에서, 여러분은 느낍니다. 자신을 느끼고, 새들을 느끼고, 나비들, 별들, 엘로힘을 느낍니다. 그러나 끊임없이 말할 때, 여러분은 느낌을 가질 수 없습니다. 그저 절대 끝나지 않는 생각들의 순환일 뿐이지요. 사람들은 왁자지껄하게 함께 어울려, 많은 말을 하며, 서로의 말에 끼어들기를 즐깁니다. 이것이 현대의 문화라고 하는데, 실제로는 문화가 아닙니다. 소음, 소음일 뿐입니다!

높은 수준의 초의식을 지닌 사람들은 1주일, 1개월을 침묵하며 지내려고 합니다. 1년도 가능하지요. 수사가 들어갈 때 침묵의 서약을 하는 기독교 수도원이 많이 있습니다. 수사들은 그곳에서 전 생애를 침묵 속에서 살아갑니다. 침묵의 영원한 삶인들, 왜 안 되겠습니까? 엘로힘의 행성에는 소음이 없습니다. 대부분의 불사인들은 침묵하며 천천히 움직입니다. 영원한 생명을 지녔는데 바쁠 이유가 있나요? 여러분이 영원히 살게 되면, 서두를 이유는 없어집니다. 모든 것이 느려지고, 모든 것이 친절합니다.

여러분이 침묵을 지니면, 친절은 자동으로 우러납니다. 사회생활 중에 자신의 주위를 둘러보세요. 대부분의 불친절한 사람들은 매우 시끄럽습니다. 그리고 친절한 사람들은 항상 천천히 하며, 침묵합니다. 선물을 줄 때조차도 말할 필요가 없습니다. 많은 라엘리안들이 선물을 가지고 옵니다. 그들은 아무 말 없이 나의 탁자 위에 그것을 놓습니다. 소란스러울 필요도, 서두를 필요도 없습니다.

여러분의 초의식을 깨우는 다음 세 규칙을 기억하세요. "천천히 하고, 친절하고, 웃으라." 부처는 항상 웃고 있습니다. 아무 이유 없이 웃으세요! 살아 있기 위해 웃으세요. 영원한 삶을 갖기 위해 웃으세요. 여러분이 내일 아침에 엘로힘의 행성에서 깨어나는 것을 상상해보세요. 여러분은 맨 먼저 무엇을 하겠습니까? 나의 첫 반응은 영원히 웃는 것일 겁니다. 자신에게 물어보세요. 여러분은 무엇을 하겠습니까? 그러면 천천히, 느린 발걸음이 오고, 친절함이 오고, 자연스럽게 웃음이 옵니다.

아침에 일어날 때 명상하세요

A.H.69년 9월 - 2014년 일본 오키나와

만약 여러분이 피곤할 때, 매우 피곤할 때 명상하면, 잠드는 것이 정상입니다. 여러분이 10시간 일한 뒤 퇴근을 위해 자동차에서 2시간 보내면, 명상을 위해 자리에 누웠을 때는 밤 10시가 되고, 여러분은 매우 피곤합니다. 그러면 여러분은 10초 안에 잠이 들어버리지요. 그것은 좋지 않습니다. 그래서 작은 비결을 하나 알려주겠습니다. 메시지에 쓰여 있듯이, "아침에 일어날 때 명상하세요." 이때가 명상을 위해 최고의 시간입니다.

시계 알람 소리에 눈뜨지 말고, 자연스럽게 깨어나세요. 만약 여러분이 알람에 잠을 깬다면, 잠이 충분하지 않기 때문에, 일어나 명상하다가 다시 잠들게 됩니다. 자연스럽게 잠에서 깨기 위해서는, 항상 매우 일찍 잠자리에 드세요. 매일 밤 9시 30분경이 좋습니다. 그러면 여러분은 자연스럽게 매우 일찍 눈뜨게 됩니다. 그것이 우리 몸의 자연스러운 유전적 24시간 주기 리듬입니다.

늦게 잠자리에 드는 것은 매우 나쁩니다. 그러므로 아주 일찍 잠자리에 드세요. 그러면 여러분이 일어나서 명상할 때, 잠들지 않을 것입니다. 왜냐하면 잠을 잘 잤기 때문에 더 이상 졸리지 않을 테니까요. 그러나 만약 여러분이 밤에 자기 전에 명상하고 싶다면, 침대에 누워서 하지 마세요. 왜냐하면 여러분은 너무 피곤해서 잠이 들어버릴 테니까요. 밤늦은 시간이고 또 여러분이 피곤할 때는, 앉아서 명상하거나, 서서 할 수도 있습니다. 서 있는 상태에서는 잠들기가 더 어렵겠지요. 명상을 위한 최적의 시간은 아침이라는 점을 기억하세요. 그런 방식으로 하면, 여러분은 잠들지 않을 것입니다.

여러분은 또한 잠들기 위해 명상을 이용할 수도 있습니다. 그것은 수면제를 복용하는 것보다 더 좋습니다. 하지만 그것은 명상으로 여러분의 두뇌를 훈련하는 데는 좋지 않습니다. 그것은 여러분이 잠들도록 돕겠지만, 명상이 잠을 유도하는 일종의 반사작용을 두뇌에 만들게 될 것입니다. 그러므로 나는 그것을 추천하지 않겠습니다. 아니면, 여러분은 단지 잠들기 위한 아주 특별한 명상을 고안해낼 수도 있습니다. 단지 잠들기 위해 특정 이미지나 사물을 시각화하는 명상이지요. 그러면 이것이 반사작용을 일으켜서, 여러분은 점점 더 빨리 잠들게 될 것입니다. 하지만 이 명상은 잠을 위해서만 사용하세요.

여러분이 '행복해지는 능력'을 기르고 싶을 때는, 두뇌가 자신만의 생명력을 지닐 수 있도록, 잠들기 전에 사용하는 것과는 다른 명상을 사용하세요. 그렇게 하지 않으면 뉴런 간의 연결, 즉 "나는 잠들기 위해 명상한다"라는 연결로 이루어진 두뇌의 고속도로가 명상할 때마다 여러분을 잠들도록 만들 것입니다. 예를 들어, 잠들기 전에는 노란 꽃을 시각화하세요. 노란 꽃이나 노란 새, 또는 여러분이 좋아하는 어떤 것이든 선택하고, 잠드는 것입니다. 하지만 여러분이 행복을 위해 명상하고 싶을 때는, 빨간 꽃을 상상하세요. 다른 방식의 이완에 서로 다른 이미지를 사용하는 것이지요. 하나는 잠들기 위한 것으로, 다른 하나는 행복에 도달하기 위한 것으로 간직하세요.

왜냐하면 잠들기 위한 명상은 약과 같기 때문입니다. 그것은 진정한 명상이 아닙니다. 명상은 잠들게 만들기 위해 고안된 것이 아닙니다. 그 반대로, 여러분을 더 깨어있게 만들고, 무한과 하나됨을 느낌으로써 행복에 이르도록 만들기 위함입니다. 그러므로, 기억하세요. 명상하며 잠들지 않는 가장 좋은 방법은, 자연스럽게 잠에서 깬 뒤 아침 일찍 명상하는 것입니다.

새들처럼, 어두워지면 일찍 잠자리에 드세요. 우리 인간은 전기를 발명했습니다. 전기 불빛이 없다면, 바깥이 어둑해질 때, 여러분은 아름다운 일몰을 바라보지요. 그리고는 어두워지고, 여러분은 저절로 하품이 나며 졸음이 옵니다. 어두워지면, 우리 몸은 졸리게 만드는 멜라토닌을 생성합니다. 아침에는, 빛이 멜라토닌을 없애면서 세로토닌으로 바뀝니다. 세로토닌은 행복 호르몬입니다.

여러분의 건강을 위해 매우 중요한 또 다른 것은 성장 호르몬입니다. 성장 호르몬은 아기들과 어린이들의 성장을 담당하지요. 그것은 또한 성인의 장기를 회복하는 데에도 기여합니다. 자정 전에 잠들게 되면, 우리 몸은 자정 전에 두 배나 많은 성장 호르몬을 만들어냅니다. 따라서, 만약 여러분이 자정 후에 잠자리에 든다면, 여러분은 가질 수 있는 성장 호르몬의 반만 갖게 되는 것입니다. 그러면 여러분은 더 빨리 늙고, 더 많이 아플 수 있습니다. 그러므로 여러분이 밤 9시나 10시에 잠자리에 든다면, 두세 시간 동안 여러분의 몸은 더 많은 에너지와 더 큰 행복으로 이끄는 성장 호르몬을 더 많이 생성해냅니다.

그러니 일찍 자고, 빛과 함께, 자연광과 함께 일어나세요. 그러면 여러분은 명상 동안 잠들지 않고, 명상으로 행복해질 수 있습니다. 가능한 한 자주 명상하는 것을 잊지 마세요. 왜냐하면 명상은 행복과 직접 연결되기 때문입니다.

영원히 명상하세요

A.H.72년 10월 – 2017년 일본 코린도

명상 수행은 우울한 사람에게 좋습니다. 명상이 좋은 이유는 그것이 일종의 약이기 때문입니다. 그러나 우리의 목표는 명상을 약으로 이용하지 않는 것입니다. 우리의 목표는 정상인들이 더 높이 날게 하기 위한 것입니다.

아픈 사람들을 좀 더 편하게 해주기 위해 그들에게 명상을 가르치는 것은 좋습니다. 라엘리안을 포함하여, 대부분의 사람들은 명상이 마치 의료행위인 양, 건강이 좋지 않다고 느낄 때만 명상합니다. 그것도 좋은 일이고, 또 도움이 되지만, 진정한 라엘리안이라면 매일 명상해야 합니다.

오늘은 컨디션이 좋으니까 명상할 필요가 없다고 생각

하지 마세요. 그러는 것은 매우 나쁩니다. 왜냐하면, 잠시 후에는 침체될 테니까요. 컨디션이 아주 좋을 때 명상하세요! 여러분이 컨디션이 나쁠 때만 명상한다면, 행복하지도 않고 우울하지도 않은 평범한 수준에 머물게 될 것입니다. 채소처럼, 그냥 평범하지요. 여러분은 평범하기를 원하나요? 아니면, 높이 올라가서, 더 높은 수준의 의식으로 상승하여, 여러분도 될 수 있는 부처가 되기를 원하나요? 그러기 위해서는, 명상하기 위해 컨디션이 나빠질 때까지 기다리지 마세요.

컨디션이 아주 좋을 때도, 명상을 멈추지 마세요. 여러분이 진정으로 행복할 때, 오히려 더욱 많은 명상이 필요합니다. 그러면 여러분은 더 높이 성장하고, 더 높이, 더욱 높이 성장할 수 있습니다. 만약 여러분이 명상을 멈춘다면, 여러분은 침체될 것입니다. 틀림없습니다.

명상은 매일 해야 하고, 나를 포함하여 모든 사람에게 필요합니다. 물론 야훼에게도 필요하지요. 야훼께서 수천 년을 살았는데도 여전히 매일 명상한다면, 여러분 또한 명상이 필요한 것입니다. 엘로힘은 매일 명상합니다. 내가 예수, 부처, 마호메트와 함께 있었을 때, 우리는 식사하기 전에 명상했습니다. 그들도 명상이 필요합니다. 모든 사람이 필요합니다. 그러므로 새로운 여자친구가 생기거나 돈을 많이 벌었다고 해서, 더 이상 명상할 필요 없다고 생각하지 마세요. 여러분은 명상이 영원히 필요할 것입니다. 만약 여러분이 영원한 생명을 원한다면, 여러분은 영원히 명상해야 합니다. 하지만 얼마 후에는, 명상은 힘들지 않게 됩니다. 여러분이 매일 조금씩 명상하면, 얼마 후, 명상은 영속적인 상태로 됩니다. 점차적으로, 하루 전부가 명상이 됩니다. 여러분은 산책하면서, 동시에 명상할 수 있게 될 것입니다.

나는 걸으면서 동시에 명상합니다. 나는 누울 필요가 없습니다. 나는 부처의 자세로 앉을 필요도 없습니다. 실제로, 부처는 결가부좌하고 앉아서, 웃으면서 동시에 명상하고 있습니다. 사람들은 그런 부처의 자세가 바로 명상을 위한 자세라고 생각합니다. 전혀 그렇지 않습니다. 명상을 위한 자세는 없습니다. 요가에는 자세들이 있는데, 그것은 다른 것이지요. 명상에는 자세가 없습니다. 여러분은 요가와 명상을 동시에 할 수 있습니다. 여러분은 달리면서 동시에 명상할 수 있습니다. 여러분은 운전하면서 동시에 명상할 수 있습니다. 여러분은 사랑을 나누면서 동시에 명상할 수 있으며, 그것은 매우 좋습니다.

여러분은 온종일 명상할 수도 있습니다. 여러분이 이 수준에 도달하면, 명상은 단 1초의 멈춤으로 될 수 있고, 온종일 모든 것과 연결됨을 느낄 수 있습니다. 이것을 '순간 명상'이라 부릅니다. 엘로힘의 행성에서 예언자들과 함께 있었던 때가 기억나는군요. 우리는 순간 명상을 했습니다. 눕거나, 한 점을 응시하면서 한 시간 동안 하는 명상이 아니라, 단 1초 명상하고, 우리는 함께 식사하기 시작했습니다.

그러나 여러분이 그렇게 되기 위해서는, 생각하는 두뇌가 지배하도록 두지 말아야 하고, 호흡을 통제하며, 장기간의 수련이 필요합니다.

에고를 없애야 합니다

A.H.72년 10월 - 2017년 일본 고린도

여러분이 더 이상 사용하지 않는 물건을 버리지 말고, 누군가에게 선물로 주세요. 그것은 사랑입니다. 왜냐하면, 아무것도 영원하지 않기 때문이지요. 여러분이 소유한 어떤 것도 여러분의 영원한 재산이 아닙니다. 무엇이 여러분의 재산인가요? 여러분은 무엇을 소유하고 있나요? 자동차인가요? 은행계좌인가요? 권리증들은 숫자가 인쇄된 종잇조각일 뿐입니다. 아무것도 여러분에게 속해 있지 않으며, 여러분은 잠시 그것을 사용할 뿐입니다.

여러분이 땅과 집을 소유하고 있다고 생각하나요? 그것은 환상입니다. 여러분이 소유자라고 적힌 예쁜 종이를 들고, 여러분은 그것을 잠시 사용하고 있을 뿐이지요. 그리고 여러분은 그것을 자녀와 손자에게 물려 줄 수 있다고 생각하지만, 정부가 세금으로 50%를 가져가고, 또 50%를 가져가고, 또 50%를 가져가면, 마침내 아무것도 남지 않게 됩니다.

그럼 여러분은 무엇을 소유하고 있나요? 자기 몸을 소유하고 있나요? 여러분은 자기 몸조차도 소유하지 못합니다. 그것은 환상입니다! 오늘 여러분의 몸은 20년 전에 가졌던 몸이 아니며, 그 몸은 이미 사라졌습니다. 먼지로 돌아가 버렸지요. 오늘 여러분의 몸도 같은 방식으로 사라질 것입니다. 그래서 우리는 아무것도 소유하지 않습니다.

여러분의 입에 넣은 음식은 여러분의 것이라고 말할지도 모르겠군요. 짧은 시간 동안 그렇겠지만, 다음 날 아침이면 변기에 씻겨나갈 것입니다. 우리가 인생을 통과해 지나가듯이, 음식도 우리 몸을 통과해 지나갑니다. 여러분은 한 병에 2,000달러를 지불하고 가장 비싼 와인을 마실 수 있지만, 그것은 2시간 후면 소변으로 빠져나갈 것입니다. "2,000달러야, 잘 가!" 여러분은 기쁨을 느꼈고, 그것은 아름다운 일입니다.

여러분은 무한이기 때문에, 무와 모든 것을 소유하고

있습니다. 느끼세요. 여러분은 무한입니다. 무한이 바로 여러분의 소유입니다. 여러분은 모든 것을 소유하고 있습니다. 하늘을 바라보세요. 별들을 바라보세요. 여러분의 것입니다. 모든 것이 여러분의 것입니다. 무한은 여러분의 것이며, 여러분은 무한의 일부입니다. 그렇기 때문에 우리는 죽을 때 슬퍼하면 안 됩니다.

여러분 몸의 90%는 성진으로 만들어졌습니다. 매일 성진이 떨어져 몇 센티미터씩 쌓입니다. 가끔 그것은 커다란 운석의 형태로 떨어져 여러분도 볼 수 있습니다. 때로는 운석이 너무 커서 사람들이 죽기도 하지요. 하지만 대부분은 먼지 형태로 매우 작습니다. 별에서 온 먼지가 지구에 떨어지면, 채소들이 그로부터 미네랄을 얻고, 여러분은 그 미네랄을 먹습니다. 그렇게 성진은 여러분의 몸이 됩니다. 동물들, 소들이 풀을 먹고, 여러분이 소를 먹으면, 성진은 여러분의 몸 안으로 들어옵니다. 여러분의 몸은 성진으로 가득 차 있습니다. 그것을 느끼세요.

여러분은 별들로 이루어져 있습니다. 그리고 여러분이 죽으면, 여러분은 먼지로 돌아가게 될 것이며, 다시 한번 강의 일부가 되고, 바다의 일부가 되고, 구름의 일부가 되고, 별의 일부가 될 것입니다. 여러분은 이 행성 위에서 잠시 이 몸을 통과해서 지나가고 있을 뿐이지요. 그러나 여러분을 구성하고 있는 것은 무한하고 영원합니다. 이것을 느끼세요. 느낀 후에는, 여러분은 죽는 것을 두려워할 수 없습니다. 여러분의 몸을 구성하는 모든 것은 항상 존재해왔고, 모든 곳에 존재해왔습니다.

무한과 영원은 하나이며, 영원합니다. 무한이란 무엇인가요? 무한은 모든 곳에 존재합니다. 이 말은, 무한한 우주 안에서 어떤 시점에 여러분 몸의 일부가 포함되어 있지 않았던 행성은 하나도 없다는 것을 의미합니다. 단 하나도 없습니다. 어쩌면 내 몸의 일부는 이 별에서 왔을까요? 아니요, 무한한 우주의 모든 별에서 왔습니다. 여러분은 무한한 우주의 모든 별이었습니다. 여러분은 지구뿐만 아니라, 무한한 우주에 사는 모든 동물이었습니다. 여러분은 무한한 우주의 모든 식물이나 나무였으며, 죽은 후에 다시 그것들로 돌아갈 것입니다. 우리는 다시 모든 강, 모든 바다, 모든 구름이 될 것입니다. 지구뿐만 아니라, 무한한 우주의 모든 행성에서 그럴 것입니다.

그것을 느껴보세요. 여러분은 영원하고 무한합니다. 그러면 여러분은 무한한 행복으로 영원히 웃을 수밖에 없습니다. 왜냐하면, 이 작은 몸은 단지 환상일 뿐이며, 단지 잠깐이기 때문이지요. 에고는 환상입니다. 하지만 무한과 영원은 여러분의 진짜 모습이며, 영원합니다.

그 무엇도 무한과 영원을 파괴할 수 없지만, 이 작은 환상인 에고는 파괴할 수 있습니다. 무한은 여러분을 자신으로부터 초연한 상태로 데려갑니다. 그리고 자신에게서 초연해지면, 여러분의 의식에 가장 지독한 독인 에고를 깨뜨릴 수 있습니다. 에고는 "나! 나는 매우 중요해!"라고 말합니다. 여러분이 그렇게 말할 때, 여러분은 어릿광대입니다. 여러분은 에고가 없어야 합니다. 에고는 여러분을 다른 사람으로부터 분리합니다. 에고는 여러분을 사랑으로부터, 행복으로부터 분리합니다. 에고는 가장 지독한 독입니다. 에고는 좌절, 우울증, 불안을 만들어냅니다.

죽음에 대한 두려움은 "나는 사라지고 싶지 않아"라고 말하는 작은 에고에서 비롯됩니다. 여러분은 사라질 것입니다. 그러므로 여러분은 에고에 매여 있지 않습니다. 여러분이 통과해 지나가고 있음을 깨달을 때, 더 이상 에고는 없습니다. 그러면 여러분은 다른 사람을 느끼게 되고, 여전히 에고의 포로들인 다른 사람의 고통을 느낄 수 있습니다. 그리고 여러분은 그들이 사랑을 느끼도록, 우리가 하나임을 느끼도록, 우리 사이의 분리는 환상임을 느끼도록 만들어 줄 수 있습니다.

내가 숨 쉴 때, 내 몸의 일부는 여러분의 몸 안으로 들어갑니다. 여러분의 호흡을 나에게 더 주세요. 여러분 몸의 일부가 내 몸 안으로 들어오고 있습니다. 우리는 하나입니다! 에고는 환상입니다. 우리는 하나이며, 이것이 진짜입니다. 이것은 환상이 아니며, 더 이상 분리는 없습니다.

우리가 이 하나됨을 느낄 때, 우리는 모두를 포용하고 싶고, 모두에게 사랑을 주고 싶어집니다. 우리는 모두를 터치하고 싶습니다. 왜냐하면, 몸은 에고로 소유하도록 설계된 것이 아니라, 터치하고 사랑을 주도록 설계되었기 때문이지요. 사랑을 주세요. 사랑을 줄 시간은 짧습니다. 1초도 놓치지 마세요. 먼지로 돌아가기 전에, 사랑을 줄 수 있는 1초의 기회도 놓치지 마세요.

당신의 인생에서 가장 중요한 심장박동은 어느 것입니까?

A.H.71년 6월 – 2017년 일본 오키나와

당신의 인생에서 가장 중요한 심장박동은 어느 것인가요? 1년 전의 박동이었나요? 당신이 아기였을 때의 첫 번째 박동이었나요? 당신이 죽는 날의 마지막 박동인가요?

당신의 인생에서 가장 중요한 심장박동은 당연히 지금

의 박동입니다. 만약 그것이 멈춰버리면, 당신은 더 이상 보지도 듣지도 못하고, 생명은 끝나버리지요. 당신의 심장을 느껴보세요. 그것에 대해 생각하지 말고, 항상 당신의 심장을 느끼세요.

당신이 행복하지 않을 때, 심장은 "내가 왜 뛰고 있지?"라고 궁금해합니다. 우울한 사람들은 언제나 "내가 왜 살아 있지? 내가 왜 숨 쉬고 있지?"라고 말하지요. 그들은 왜냐고 묻습니다. 그리고 그들은 스스로 목숨을 끊습니다. 만약 그들이 왜냐고 묻기를 멈추고, 대신 자신의 심장박동을 느낀다면, 그 박동은 마법이 되어 결코 멈추지 않게 됩니다.

당신은 숨을 쉬고 있습니다. 당신은 호흡에 대해 생각할 필요가 없습니다. 당신은 잠잘 때 "난 숨을 쉬어야만 해"라고 말하지 않지요. 당신의 자연 지능, 자연율이 호흡을 관리하고 있으니까요. 당신은 호흡에 대해 생각하지 않고, 심장박동에 대해서도 생각하지 않습니다. "아 잠깐만, 심장은 지금 뛰어야만 해!"라고 말하지 않지요. 그것은 자연적으로 이루어집니다. 소화도 마찬가지입니다. 당신은 오늘 아침에 식사를 했고, 이제 당신이 먹은 모든 것을 소화 시키는 큰 공장이 돌아가고 있습니다. 당신은 그것에 대해 생각하지 않습니다. 당신은 위장에게 비타민을 추출하라거나, 마그네슘을 어디 넣어달라고 요청하지 않지요. 그것은 생각이 필요하지 않고, 자동적으로 수행됩니다.

　행복도 마찬가지입니다. 행복에 대해 생각하지 말고, 그냥 오게 내버려 두세요. 행복이 비처럼 당신에게 내리도록 두세요. 흐르도록 두세요. 그대로 두세요. 행복은 자연발생적입니다. 당신은 행복하기 위해 태어났습니다. 그냥 존재하세요. '지금' 속에 존재하세요.

5

사랑

"지구는 사랑의 행성이 되어야한다"

진정한 사랑은 자유에서만 올 수 있습니다

A.H.66년 9월 - 2011년 일본 오키나와

가장 중요한 사랑은 무엇일까요? 성적 파트너에 대한 사랑인가요? 아버지와 어머니에 대한 사랑인가요? 자녀에 대한 사랑인가요? 전 인류에 대한 사랑인가요? 엘로힘에 대한 사랑인가요? 가장 중요한 사랑은 무엇일까요?

위에 언급한 어느 것도 아닙니다. 가장 중요한 사랑은 자기 자신에 대한 사랑입니다. 만약 여러분이 자신을 사랑하지 않는다면, 여러분은 아무도 사랑할 수 없습니다. 여러분은 인류를 사랑할 수 없으며, 엘로힘도 사랑할 수 없습니다. 왜냐하면 여러분은 자신을 사랑하지 않으니까요. 첫 번째가 자기 자신을 사랑하는 것입니다. 여러분 자신을 진정으로 사랑하고, 여러분의 자유, 선택할 수 있는 자유, 자기 자신이 될 자유, 어떠한 조직으로부터도 강요받지 않고 여러분이 진정으로 원하는 것을 할 수 있는 자유를 사랑하는 것, 그것이 가장 중요합니다. 조직이란 커플 사이의 관계일 수도 있고, 사회 조직일 수도 있고, 무브먼트 조직일 수도 있고, 선택의 자유를 제한하거나 사랑의 자유를 제한하는 어떤 조직이든 될 수 있습니다.

어떻게 하면 여러분은 자신을 더 사랑할 수 있을까요? 어떤 조직이든, 여러분의 자유에 가해진 어떠한 제한이든, 그것을 깨버림으로써, 여러분은 사랑할 수 있습니다. 진정한 사랑은 자유에서만 올 수 있습니다. 자유가 없다면 사랑도 없지요. 습관, 규칙, 조직이 있으면, 사랑은 없습니다.

그러므로 만약 여러분이 자기 자신을 사랑하고 싶다면, 첫 번째로 해야 할 것은, 여러분이 자신에게 부과한 규칙들을 없애는 것입니다. 왜냐하면 여러분은 살아오면서 만들어낸 완전히 인위적인 자신만의 규칙들을 갖고 있기 때문입니다. 여러분은 자신만의 제한들을 갖고 있는데, 그것은 여러분이 받은 교육과 미디어를 추종하여 여러분이 만들어낸 것입니다. 여러분은 그것을 정상이라고 생각하지요.

비록 여러분이 자신의 내면은 자유로워져야 함을 느끼

고 있더라도, 어떤 규칙들은 존중하지 않으면 안 된다고 믿습니다. 사회 안에서 살기 위해서는 법을 존중해야 하지만, 여러분의 내면에서조차 어떤 규칙들을 존중하지 않으면 안 된다면, 여러분은 자유롭지 못하게 됩니다. 여러분은 사회의 법을 깰 수 없습니다. 여러분은 사회의 규칙을 깰 수 없습니다. 그러나 여러분은 자신의 두뇌 속에 있는 법과 규칙을 깰 수는 있습니다. 여러분은 그것들을 깰 수 있으며, 자유를 느끼기 위해서는 그것들을 반드시 깨부수지 않으면 안 됩니다. 그러면 진정한 자유가 오고, 진정한 자유와 함께 진정한 사랑이 옵니다.

여러분이 아침에 거울에 비친 자신을 바라볼 때, "나는 이걸 하지 않으면 안돼, 나는 저걸 하지 않으면 안돼"라는 많은 생각에 사로잡힌 어떤 사람으로 보이지 않나요? 그것은 여러분이 아닙니다. 거울을 보며, 자유로운 누군가를 보세요. 여러분은 그런 자유의 얼굴을 좋아할 것입니다. 그것이 바로 자기 자신을 사랑하는 유일한 방법입니다. 절대 늦지 않았습니다. 젊어서 시작하는 것이 더 좋지만, 50살에도, 75살에도 할 수 있습니다. 그만한 가치가 있습니다. 비록 여러분이 내일 죽는다 하더라도, 자기 자신을 위해 적어도 하루는 진정한 자유의 날, 진정한 사랑의 날을 경험해 보세요. 그것이 내가 여러분 모두에게 바라는 것입니다.

엘로힘을 사랑하는 것은 당신이 할 수 있는 가장 아름다운 일입니다

A.H.66년 11월 - 2011년 일본 오키나와

어떤 사람들은 엘로힘께 기도하고 그들에게 사랑한다고 말하는 것이 다소 원시적이거나 다른 종교들과 비슷하다고 말할지도 모릅니다. 그러나 그들은 틀렸습니다. 당신의 사랑을 엘로힘께 보내는 것은 당신이 할 수 있는 가장 아름다운 일입니다. 그것은 전혀 원시적인 것이 아니지요. 우리는 사랑할 때 항상 가장 높은 지성 수준에 있게 됩니다. 가장 높은 지성과 의식의 증거는 발명이나 과학, 예술이 아닙니다. 물론 그것들은 매우 중요하지만, 가장 중요하지는 않지요. 가장 중요한 것은 사랑입니다.

당신이 지성적임을 정말로 증명하기를 원한다면, 사랑을 주세요. 당신이 지성적 존재임을 보여주기 위해서 사랑보다 더 위대한 증거는 없습니다. 당신은 최고의 과학자일 수도 있지만, 사랑이 없다면 당신은 아무것도 아닙니다. 당신이 세계 최고의 예술가일지라도, 사랑이 없다면 당신은 아무것도 아니지요. 반대로, 당신이 이름 없고 가난한 인간이지만 사랑으로 가득하다면, 단지 사랑을 주는 것만으로 어느 누구보다도 더 훌륭합니다.

그것은 어렵지 않습니다. 대학에 갈 필요도 없고, 연구할 필요도 없으며, 수학이 필요하지도 않습니다. 단지 사랑하면 됩니다. 그리고 사랑을 줄 때, 당신은 전능한 존재가 됩니다. 당신이 사랑 그 자체가 될 때는, 아무도 당신보다 강할 수 없습니다. 당신은 아인슈타인보다도, 레오나르도 다빈치보다도, 어느 누구보다도 더 강합니다.

메시지에서 말하는 것처럼, 자기 자신에게 사랑을 주고, 그런 다음 다른 사람들에게 사랑을 주세요. 거울 속의 당신을 쳐다보며 자신에게 사랑을 주는 것으로 시작할 수 있을 것입니다. 그런 뒤, 당신 주위에 있는 사람들의 눈을 쳐다보세요. 그들이 당신을 불에 태우지 않을 것이니, 다른 사람들의 눈을 쳐다보는 것을 부끄러워하지 말고, 사랑을 주세요. 그들의 눈을 들여다볼 때, 그들과 하나됨을 느끼세요. 비록 그들이 당신에게 미소를 짓지 않더라도, 어떤 보답도 기대하지 마세요.

어떤 라엘리안들은 매우 심각한 얼굴을 하고 있습니다. 나는 그들을 쳐다보며 나의 사랑을 주지만, 나는 그들의 미소를 기대하지 않습니다. 사랑은 거래가 아닙니다. "내가 너에게 사랑을 주었으니, 너도 나에게 무언가를 줘야만 해." 이런 것이 아니지요. 사랑은 아무것도 기대하지 않고 주는 것입니다. 나는 심지어 나를 미워하는 사람들에게도 사랑을 줍니다. 나는 인터넷 상에서 몇몇 사람들이 나를 미워하고 있다는 것을 압니다. 그리고 그들이 내 영상물을 보는 것도 알고 있습니다. "당신들은 나를 미워하지만, 나는 당신들을 사랑해요! 그리고 당신들에게 더 많은 사랑을 줄게요! 이것이 당신들을 화나게 합니까? 그건 당신들의 문제입니다." 그리고서 나는 더욱 많은 사랑을 보냅니다.

이것은 엘로힘에 대해서도 마찬가지입니다. 아무런 보답도 기대하지 않고 엘로힘에게 사랑을 보내며 기도하는 것은, 당신을 기분 좋게 만들고, 당신을 더 높고 더 위대한 사람으로 만듭니다. 엘로힘을 사랑하는 것은 당신이 할 수 있는 가장 아름다운 일입니다. 무한을 사랑하세요! 모든 것을 사랑하세요!

가족보다 타인을 더 사랑하세요

A.H.66년 7월 - 2012년 일본 오키나와

엘로힘에 대해 생각해보세요. 그리고 여러분과 같은 시간에, 여기 있는 모든 사람뿐만 아니라 다른 곳에 있는 다른 사람들도 포함하여, 바로 지금 얼마나 많은 사람들이 엘로힘에 대해 생각하고 있을지를 생각해보세요. 이제 무한에 대해 생각해보세요. 지금, 바로 지금, 지구상에 얼마나 많은 사람들이 무한에 대해 생각하고 있을까요? 그리고 바로 지금, 우주에서 얼마나 많은 사람들이 무한에 대해 생각하고 있을까요? 무한 수입니다. 왜냐하면 우주는 무한하기 때문이지요. 무한소의 우주에서 얼마나 많은 사람들이 무한에 대해 생각하고 있을까요? 역시 무한 수입니다.

이제 사랑에 대해 생각해보세요. 지구상에서 얼마나 많은 사람들이 사랑에 대해 생각하고 있을까요? 섹스가 아니라 사랑에 대해서, 자식이나 아내에 대한 사랑이 아니라 모르는 사람에 대한 사랑에 대해서요. 여러분이 자녀들을 사랑하는 것은 좋은 일이지만, 흥미롭지는 않습니다. 모든 소도 자기 새끼들을 사랑하고, 모든 개도 자기 새끼들을 사랑하지요. 그러므로 우리가 자식들을 사랑할 때, 우리는 개나 소보다 더 많이 사랑하는 것은 아닙니다. 개도 자기 암컷친구나 수컷친구를 사랑합니다. 우리가 아내나, 남편, 남자친구, 여자친구를 사랑할 때, 개보다 더 많이 사랑하는 것은 아닙니다. 그러나 우리와 관련 없는 사람들을 사랑하는 것, 우리 가족이 아닌 사람들을 사랑하는 것, 이것이 진정한 사랑이며 훨씬 더 중요합니다. 그러므로 우리는 항상 가족이 아닌 사람들을, 가족보다 더 많이 사랑하는 데 초점을 맞춰야 합니다. 그러면 지구상에 사랑이 증가합니다.

인류역사상 대부분의 범죄자들은 그들의 자녀들을 사랑했습니다. 인류역사상 최악의 집단학살 범죄를 저지른 군사 지도자들도 그들의 자녀와 가족을 사랑했습니다. 히틀러도 자기 가족을 사랑했고, 나폴레옹도 자기 가족을 사랑했고, 징기스칸도 자기 가족을 사랑했고, 줄리어스 시저도 자기 가족을 사랑했지만, 그들은 수백만의 사람들을 죽였지요. 중요한 것은 여러분의 가족을 사랑하는 것이 아니라, 여러분의 가족이 아닌 사람들, 여러분 나라의 국민이 아닌 사람들, 여러분과 피부색이 같지 않은 사람들을 사랑하는 것입니다. 만약 히틀러, 나폴레옹, 징기스칸, 기타 모든 범죄자들이 그들의 가족, 그들의 나라, 그리고 그들의 인종보다 다른 사람들을 더 사랑했다면, 그들은 아무도 죽이지 않았을 것입니다.

그러므로 바로 지금 지구상에, 얼마나 많은 사람들이 이런 식으로 다른 사람들을 사랑하고 있을지 생각해보세요. 이것이 평화와 사랑을 가져오고 인류에게 미래를 줄 수 있는 유일한 방법입니다. 엘로힘 감사합니다. 우리가 생물학적으로 당신들의 자녀가 아님에도, 우리를 사랑해 주셔서 감사합니다.

사랑의 억만장자

A.H.66년 7월 - 2012년 일본 오키나와

인생은 매우 빨리 지나가고 있습니다. 어제 우리는 아이였는데, 지금은, 겉보기에는 느리지만 매우 빠른 속도로, 나이 들고 있지요. 우리가 어린 시절을 돌이켜보면 아직도 아주 최근의 일처럼 보이지만, 우리는 점차 20세, 30세, 40세, 50세, 60세에 도달하게 됩니다. 세월은 아주 빨리 지나갑니다. 그런 다음, 우리는 최후를 맞게 되지요. 어떤 사람들에게는 최후가 매우 어릴 때 오지만, 또 어떤 사람들에게는 70세, 80세, 90세, 혹은 100세에 오게 됩니다. 어쨌든 여러분은 최후에 도달할 것입니다. 우리가 엘로힘의 기술을 갖게 될 때까지는, 우리는 모두 죽음을 맞게 됩니다. 지금이든 나중이든, 우리는 모두 죽을 것입니다.

따라서 문제는, "우리가 죽을 때까지 무엇을 할 것인가?"입니다. 여러분은 지상에서 최고로 부유한 남성 또는 여성이 되어 죽을 수도 있습니다. 여러분은 은행계좌에 수십억 달러를 갖고 죽을 수도 있지요. 여러분은 왕성한 성생활로 아마 10명이나 20명의 자식들을 갖고 죽을 수도 있습니다. 여러분은 세상의 모든 권력을 갖고, 미국 대통령이나 가톨릭 교황이 되고 죽을 수도 있습니다. 그러므로 얼마나 많은 권력 혹은 돈을 가졌는지에 관계없이, 우리는 모두 죽습니다.

그러나 죽음 이후, 엘로힘이 우리에게 영원한 생명을 줄지도 모릅니다. 그것은 기적이 아니며, 그들은 과학적으로 그렇게 합니다. 그들은 누구를 선택하여 재생시킬까요? 부자였던 자들일까요? 권력을 가졌던 자들일까요? 더 지적이었던 자들일까요? 여러분은 매우 지적이거나 천재로서 죽을 수도 있으니까요.

그들은 부자였거나, 권력자였거나, 지적이었던 자들을 선택하지 않습니다. 그들은 사랑을 준 사람들을 선택합니다. 따라서 이것은 돈의 억만장자가 되는 문제가 아닙니다. 돈의 억만장자가 되기는 매우 어렵지만, 그것이 여러분에게 영원한 생명을 주지는 않지요. 여러분은 권력의 억만장자가 될 수도 있지만, 그것도 여러분에게 영원한 생명을 주지 않습니다. 그러나 여러분이 사랑의 억만장자가 된다면, 여러분은 영원한 생명을 가질 수 있습니다. 그러므로 나는 여러분 모두가 사랑의 억만장자가 되기로 결심하길 바랍니다.

돈의 억만장자가 되기 위해서는, 여러분은 더 많이 소유하고, 또 더 많이 가져와 더욱더 많이 소유할 필요가 있습니다. 권력의 억만장자가 되기 위해서는, 더욱더 많은 권력을 잡고, 또 더 많은 권력을 가져와야만 합니다. 그것은 둘 다 매우 어려운 일이지요. 하지만 사랑의 억만장자가 되려면, 여러분은 즉시 그렇게 할 수 있습니다. 시간도 걸리지 않고, 학교도, 대학교도, 은행계좌도, 신용카드도 필요 없습니다. 여러분은 사랑이 됨으로써, 바로 그렇게 될 수 있습니다. 가져오는 것이 아니라 주는 것으로 되지요. 여러분이 더 많은 사랑을 줄수록, 여러분은 더 큰 사랑의 억만장자가 됩니다.

그래서 나는 여러분을 돈의 억만장자로 만들 수 없습니다. 나는 여러분을 권력의 억만장자로 만들 수 없습니다. 나는 여러분을 지식의 억만장자로 만들 수 없습니다. 나의 임무는 모든 사람을 사랑의 억만장자로 만드는 것입니다. 그리고 그것은 바로 시작됩니다. 여러분이 생을 마치는 시간은 곧 다가오는데, 그때 엘로힘은 은행계좌도 아니고, 큰 대학교에서 받은 학위 숫자도 아니고, 여러분이 가졌던 권력도 아니라, 지구에서의 아주 짧았던 삶 동안 얼마나 많은 사랑을 주었는지를 확인합니다. 불사의 행성에는 사랑의 억만장자들만 있습니다. 거기에 함께 하고 싶나요? 돈이나 권력과는 반대로, 사랑은 더 많이 줄수록 더 부자가 된다는 것을 기억하세요.

여러분은 자신과 사랑에 빠져야 합니다

A.H.67년 8월 - 2012년 일본 오키나와

나는 우리가 사랑에 대해, 사랑하는 것이 얼마나 중요한지에 대해, 사랑을 모든 곳에 전파하는 것에 대해, 아무리 이야기하더라도 충분하지 않다고 생각합니다. 그리고 우리는 먼저 우리 자신을 사랑하는 것이 얼마나 중요한지를 항상 기억해야 합니다. 왜냐하면 우리가 사랑에 대해 생각할 때, 대개 우리는 애인, 즉 남자친구나 여자친구를 갖는 것에 대해 생각하기 때문이지요. 이것은 무언가를 기대하고 있는 것입니다. 보통 우리가 누군가를 사랑할 때, 우리는 그 사람으로부터 무언가를 기대합니다. 우리에게 애인 혹은 파트너가 없다면, 우리는 외로움을 느낍니다. 그것은 진정한 사랑이 아니기 때문이지요. 만약 여러분이 자신을 충분히 사랑한다면, 여러분은 아무도 필요하지 않습니다.

여러분은 누군가를 사랑할 수 있지만, 그것은 결코 여러분이 자신에게 주는 사랑만큼은 아니어야 합니다. 만약 다른 누군가가 여러분이 자신을 사랑하는 것보다 더 여러분을 사랑한다면, 그것은 좋지 않습니다. 여러분은 자신이 꿈꾸던 애인보다 더, 마이트레야보다 더, 엘로힘보다 더, 자기 자신을 사랑해야 합니다. 그러면 여러분은 다른 사람을 사랑할 수 있습니다. 여러분은 진정으로 자기 자신과 사랑에 빠져야 합니다. 예를 들어, 여러분이 사랑하는 누군가를 여러분 집에 초대할 때, 여러분은 좋은 음식을 준비하고, 아름다운 식탁을 차리고, 양초나 꽃으로 장식합니다. 그러나 만약 여러분이 혼자라면, 그냥 패스트푸드를 먹지요. 그것은 좋지 않습니다. 여러분 집의 가장 중요한 손님을 대하듯이, 자기 자신을 대하세요. 자기 자신을 위해 아름다운 식탁을 꾸미세요. 여러분은 그럴 자격이 있습니다. 여러분을 위해 양초를, 여러분을 위해 꽃을, 그리고 단지 여러분만을 위해 뭔가 근사한 음식을 요리하세요. 그것이 사랑입니다. 여러분이 자신을 사랑하지 않는다면, 여러분은 행복할 수 없습니다. 매 식사가 여러분 자신에 대한 사랑의 축하연이어야 합니다. 이것이 행복의 기초입니다. 왜 다른 누군가를 위해서는 그렇게 하면서, 자신을 위해서는 하지 않나요? 여러분은 자신을 누구보다 더 귀하게 대우해야 하며, 그것이 여러분 안의 아름다운 사랑을 키우는 시작입니다.

여러분의 사랑의 컵이 가득 차지 않는 한, 여러분은 다른 사람들에게 사랑을 줄 수가 없습니다. 여러분의 초의식이 여러분 안에서 사랑을 만들어냅니다. 그것은 꽃병에 물을 붓는 것과 같습니다. 물이 차면, 밖으로 흘러넘치지요. 그것이 바로 여러분이 다른 사람들에게 주어야 하는 사랑입니다. 그러나 여러분의 꽃병이 채워지지 않는 한, 여러분은 다른 사람들에게 줄 수 없습니다. 왜냐하면 여러분은 자신을 위한 사랑조차 충분치 않기 때문입니다. 그러므로 다른 사람들에게 주기 전에, 자신의 꽃병부터 채우세요. 자신에 대한 사랑이 충분하지 않은 사람이 다른 사람들에게 사랑을 주는 것은, 일종의 건조한 사랑이며 메마른 꽃과 같습니다. 그러나 여러분이 자신을 사랑으로 완전히 채웠을 때, 여러분이 다른 사람에게 주는 사랑은 살아있는 꽃과 같지요. 왜냐하면 여러분 화병의 물이 이 사랑의 나무를 아름다운 꽃들로 가득하도록 자라게 하여, 그 꽃들이, 마치 꽃비처럼, 주위에 있는 모든 사람의 머리에 떨어지기 때문입니다.

일본에는 벚꽃잎이 꽃눈처럼 떨어지는 멋진 때가 있지요. 벚나무가 꽃잎에 충분히 물을 공급해 줄 때만, 벚꽃잎은 꽃비 혹은 꽃눈처럼 떨어질 수 있습니다. 벚나무는 자신을 사랑으로 가득 채우기 때문에 많은 꽃을 피웁니다. 모든 나무, 모든 동물은 스스로를 사랑합니다. 그렇기 때문에 나무는 매우 중요합니다. 부처가 보리수나무 아래에서 깨달음을 얻은 것은 바로 그 때문이지요. 이 아름다운 나무는 자신을 사랑하며, 바람이 잎 사이로 불어오고, 태양이 그 위에 비추고 있고, 그리고 나무는 땅속에서 물을 마십니다. 나무도 여러분처럼 느낌을 갖고 있습니다. 나무는 여러분을 지금 바로 느낄 수 있고, 그리고 나무는 자신을 사랑합니다. 이것이 나무가 그토록 많은 햇수 동안 그토록 아름답게 자라는 이유입니다. 나무는 아마 100년 이상 자랄 것인데, 왜냐하면 나무는 자신을 사랑하기 때문입니다. 그렇게 나무는 그 가지를 벌리고, 뿌리를 사방으로 뻗지요. 여러분도 마찬가지입니다. 여러분은 모두 자신을 크고 아름다운 나무라고 상상해야 합니다. 그러면 여러분은 자신을 사랑하고, 벚꽃비를 주위의 모두에게 뿌릴 수 있습니다. 그것이 사랑의 참모습입니다.

사랑은 작고 세밀한 것으로 시작한다는 점을 명심하세요. 여러분 자신을 위해 아름다운 저녁 식탁을 차리고, 여러분의 아파트를 다른 사람들을 위해서가 아니라 바로 여러분 자신을 위해 아름답게 꾸미세요. 다른 사람들을 위해서가 아니라 여러분 스스로 기분 좋게 느끼기 위해, 여러분의 머리를 아름답게 꾸미고 아름다운 옷을 골라 입으세요. 거울 앞에서 여러분 자신을 볼 때, 그 모습을 아름다운 꽃으로 바라보세요. 그렇게 자신을 사랑하세요. 왜냐하면 여러분이 자신을 사랑할 때, 여러분은 엘로힘을 사랑하는 것이기 때문입니다. 엘로힘은 그들의 모습대로 우리를 창조했습니다. 많은 사람들이 "저는 엘로힘을 보고 싶습니다"라고 말하는데, 나는 "거울을 들여다보세요"라고 말해줍니다! 여러분은 UFO를 보거나 특별한 장소에 갈 필요가 없습니다. 거울을 들여다보세요. 여러분이 자신의 모습을 보면, 그것이 바로 엘로힘의 모습입니다.

엘로힘을 사랑하는 시발점은 먼저 자신을 사랑하는 것입니다. 나는 여러분을 사랑합니다. 하지만 나는 여러분을 나 자신보다 덜 사랑합니다. 나는 여러분이 자신을 나보다 더, 엘로힘보다 더, 어떤 누구보다 더 사랑하기를 바랍니다. 여러분이 자신을 사랑할 때, 여러분은 행복해지고, 자연히 모든 사람을 위한 사랑으로 가득해집니다. 그러므로 여러분 자신을 사랑하세요. 여러분은 엘로힘의 사원입니다. 여러분의 몸은, 여러분의 전신은 바로 엘로힘의 사원입니다.

라엘리안 기도에 대하여

A.H.68년 9월 - 2013년 일본 오키나와

라엘리안 기도는 신을 믿는 사람들이 하는 기도와는 다릅니다. 라엘리안이 기도할 때는, 단지 연결감을 느끼고, 하나됨을 느끼지요. 우리는 함께 무한과, 엘로힘과 하나가 됩니다. 이것이 라엘리안 기도입니다.

이것은 기독교도가 신에게 기도하는 것과는 다릅니다. 우리는 뭔가를 얻기 위해 기도하지 않습니다. 많은 기독교도뿐 아니라 불교도들도 건강과 부를 위해 기도합니다. 그것은 어리석습니다. 그것은 사랑이 아니지요. 뭔가를 얻기 위해 기도하는 것은 자아를 만족시킬 뿐입니다. 모든 것과 연결되어 있음을 느끼기 위해, 무한과, 우주와, 다른 라엘리안들과, 모든 동물과, 식물과, 꽃들과 하나됨을 위해 기도하는 것, 이것이 바로 진정한 기도입니다. 이것은 사랑을 보내고, 사랑을 주는 것입니다. 이것만이 오직 선한 기도입니다. 모든 사람과 모든 것에게 사랑을 보내는 것이지요.

나는 이미 여러분에게 사랑하는 사람과 조금 알고 있는 사람, 그리고 싫어하는 사람에게 사랑을 보내는 것에 대해 가르쳤습니다. 하지만 여러분은 모든 것들을 위해서도 그렇게 할 수 있습니다. 나무들과 꽃들을 축복하며 사랑을 보내고, 별들에게 사랑을 보내고, 엘로힘에게 사랑을 보내는 것, 이것은 기독교도들이 하는 기도와 다릅니다. 그들은 "하나님, 나를 지켜주세요"라고 기도하지요. 그것은 이기적입니다. 존재하지도 않는 신에게 "나, 나!"를 돌봐달라고 간청하다니요.

기도는 주는 것입니다. 자신을 위해 뭔가를 요청하는 것이 아니라 다른 이들을 위해 모든 것을 기원하는 것이 바로 기도입니다. 그리고 이러한 기도는 자연스럽게 여러분을 행복하게 만듭니다. 왜냐하면 여러분이 뭔가를 얻기 위해 기도한다면, 그것은 여러분을 행복하게 만들지 않기 때문입니다.

"무한이여, 나의 사랑을 받아주세요. 이 우주에 살아있는 모든 생명이여, 나의 사랑을 받아주세요. 엘로힘이여, 나의 사랑을 받아주세요." 이것은 여러분을 미소 짓게 합니다. 주는 것은 여러분을 미소 짓게 하지요. 그렇기에 기도는 항상 여러분을 행복하게 만들어야 합니다. 이것이 바로 기도의 진정한 의미입니다. 받는 것이 아니라 주는 것입니다.

서로 보살피기

A.H.68년 11월 – 2013년 일본 오키나와

에고는 우리 내면에서 가장 좋지 않은 것입니다. 매일 아침 여러분이 일어날 때, 여러분의 에고가 여러분의 선도자로 되게 하는 대신, 초의식과 사랑이 여러분을 이끌게 하겠다고 생각하는 것이 매우 중요합니다. 여러분은 보통사람들처럼, 아름다운 삶을 살고, 멋진 일을 하며, 돈도 많이 벌고, 가정을 갖고, 패션을 즐기고, 가족과 아이들을 가질 수도 있을 것입니다. 하지만 보통사람이 되는 것은 이기적입니다. 여러분이 보통사람일 때, 여러분은 이기적이지요. 내 집, 내 아이들, 내 가족, 내 구두, 내 돈, 나, 나, 나. 이런 것은 똥이지만, 보통의 것입니다.

보통사람들은 아침에 일어날 때, "무얼 더 가질 수 있을까? 어떻게 하면 더 많은 즐거움을 누릴 수 있을까? 누가 나에게 더 큰 즐거움을 줄 수 있을까?"라고 생각하지요. 하지만 아침에 일어날 때, 여러분이 자신에게 묻는 것에 대해 주의하세요. 만약 여러분이 "나는 오늘 더 많은 즐거움과 더 큰 기쁨을 원해"라고 말한다면, 그것은 사랑을 주는 것이 아닙니다.

　여러분이 아침에 일어날 때, 여러분은 옳고 그름 사이에서 선택해야 합니다. "나는 오늘 하루를 사랑을 주는 데 사용할 것인가, 아니면 받는 데 사용할 것인가?" 만약 여러분이 매일매일을 받는 데에만 사용한다면, 사랑은 없는 것이지요. 그러므로 일어날 때 이렇게 말해야 합니다. "나는 오늘 전부를 사랑을 주는 데 바치겠다." 이것이 바로 여러분이 매일 아침 선언해야 할 말입니다. 여러분이 매일 아침 그렇게 한다면, 그것은 매주가 될 것이고, 매월, 매년이 되어, 여러분은 전 생애 동안 사랑을 준 뒤 평화롭게 죽을 수 있을 것입니다.

　인생은 매우 빨리 지나갑니다! 여러분의 인생에서, 내일 좋은 일을 하겠다고 말하기 전에는 그것을 깨닫지 못하지요. 내일이 아니라, 지금입니다. 만약 여러분이 지금 하지 않으면, 결코 그것을 할 수 없습니다. 지금 시작하세요. 여러분은 다른 사람들과 어울릴 때 사랑을 주나요? 아니면 다른 사람들로부터 뭔가 받기를 기대하나요? 여러분은 이곳 모임에 나올 때, 다른 라엘리안들에게 사랑을 주러 오나요? 아니면 단지 받기를 원하나요? 우리 중 한 사람이 아프거나 슬플 때, 그에게 전화해주는 사람이 몇 명이나 되나요? 우리는 때때로 우리 중에 누군가가 아프거나, 삶에서 나쁜 문제에 부딪혔음을 알게 됩니다. 그러면 서로 전화해서 이렇게 말하세요. "안녕, 나야, 뭐 필요한 게 있으면 도와주러 갈게." 여러분이 이렇게 하지 않는다면, 사랑은 그저 하나의 개념에 지나지 않습니다.

"나는 너를 사랑해"라고 말하지 말고, 다른 사람을 보살핌으로써 그것을 증명하세요. 붓다는 이렇게 말했습니다. "옳은 생각과 옳은 말은 옳은 행동을 낳는다." 만약 여러분이 "나는 너를 사랑해"라고 말하면서, 여러분의 보살핌 없이 그가 자기 아파트에서 혼자 죽을 동안, 여러분은 집에 머물러 있는다면, 그것은 끔찍합니다. "나는 너를 사랑해"라고 말하지 않는 편이 더 낫지요. 그러므로 서로 도와주고, 서로 전화해주며, 사랑을 증명하세요. 일요일 아침 이곳에서 우리 멤버들 중 한사람이 보이지 않는다면, 왜 그가 안 나왔는지 물어보세요. 그가, 혹은 그녀가 괜찮은지 물어보세요. 여러분 모두 휴대폰을 갖고 있는데, 그건 어디 쓰는 건가요? 바보 같은 농담을 주고받는 용도인가요? 아니, 사랑을 주는

데 사용하세요. 여러분 삶의 모든 것이 사랑을 위한 도구가
되어야 합니다. 나는 한 사람이 빠진 것을 볼 때마다, 이렇게
말합니다. "왜 그가 여기 없지요? 어떤 문제가 있나요?" 나
는 우리 모두에게 무슨 일이 일어나고 있는지 알기를 원합니
다. 우리부터 시작하지 않는다면, 우리는 세계를 사랑으로
가득한 더 나은 곳으로 만들 수 없습니다.

나는 여러분을 만날 때마다, 여러분을 포용하며 이렇게
말합니다. "안녕하세요?" 나는 진심으로 여러분이 안녕한지
알고 싶은 것입니다. 그래서 나는 여러분의 눈을 들여다보
며, 여러분이 거짓말을 하지나 않는지 확인합니다. 나는 많
은 사람들이 거짓말하고 있다는 것을 느끼고, 압니다. 거짓
말하지 마세요. 나는 사랑과 연민을 주고 싶으니까요. 만약
여러분이 문제를 겪고 있다면, 나는 여러분의 얼굴에서 그
것을 봅니다. 모든 사람이 문제를 갖고 있지요. 모두들 부정
적인 문제, 건강 문제들과 힘겹게 싸우고 있습니다. 아무도
삶이 완벽할 수 없습니다. 왜냐하면 아무도 완벽하지 않기
때문이지요. 그것이 바로 우리가 서로 사랑하고, 서로 보살
펴야 하는 이유입니다.

여러분은 완벽하지 않습니다. 나도 완벽하지 않습니다.
나는 오늘 아침 수염을 깎는 중에 베었는데요. 붓다 또한
수염을 깎을 때 많이 베었습니다. 우리는 완벽하지 않지만,

서로 보살펴야 합니다. 우리는 모두 문제들을 갖고 있고, 나도 갖고 있습니다. 만약 내가 나의 문제들에 집중한다면, 나는 이곳에 없을 것이고, 집에 남아서 이렇게 말하겠지요. "나는 너무 많은 문제들을 갖고 있어." 아닙니다. 나는 여러분에 대해 생각합니다. 여러분도 그렇게 하세요. 여러분의 문제들을 잊고, 대신 다른 사람들의 문제들에 대해 생각하세요. 만약 우리 모두가 그렇게 한다면, 우리는 즉시 기분이 더 나아질 것입니다.

어느 날, 붓다의 제자 중 한 사람이 이렇게 말했습니다. "스승님, 저는 오늘 좌절감을 느꼈습니다. 더 이상 용기가 없습니다. 어떻게 할까요?" 붓다가 말했습니다. "타인에게 용기를 주어라." 여러분은 문제를 갖고 있나요? 다른 사람들이 그들의 문제들을 풀도록 도와주세요. 그러면 여러분은 자신의 문제들을 즉시 잊게 됩니다. 우리가 평소 '나의 문제들'에 대해 생각하는 것, "나, 나, 나"는 에고입니다. "나, 나, 나"라고 할 때, 여러분은 더욱더 끔찍한 기분이 됩니다.

여러분은 옆에 앉아 있는 사람에게 정말로 관심이 있나요? 여러분이 오늘 아침 "안녕하세요?"라고 말했을 때, 여러분은 정말로 그 의미로 물었나요? 만약 여러분이 좋은 상태가 아니라면, 그렇게 대답하세요. 우리는 함께 하며, 우리는 가족입니다. 여러분은 문제를 가질 수 있고, 이렇게 말해야 합니다. "당신은 알고 싶어서 저에게 물었지요? 저는 이런 저런 문제를 갖고 있어요." 여러분은 이런 대답을 예상해야 하고, 이런 대답을 기다려야 하며, 그가 여러분에게 사실을 말해주길 기대해야 합니다. 여러분이 "안녕하세요?"라고 말하고는 눈길을 돌린다면, 여러분은 상대방의 문제를 듣고 싶지 않은 것입니다. 여러분이 상대방의 눈을 들여다보며 "안녕하세요?"라고 물을 때는, 여러분의 시선을 떼지 마세요. 상대방을 진정으로 느끼세요.

가끔 사람들은 이렇게 말하지요. "아주 좋습니다." 그러면 나는 그를 보면서 말합니다. "정말인가요?" 어느 누구도 이렇게 하는 데 시간을 쓰지 않습니다. 하지만 여러분은 그렇게 해야 합니다. 그것이 사랑이니까요.

아무리 사랑을 주어도 결코
충분하지 않습니다

A.H.69년 9월 - 2014년 일본 오키나와

당신이 여성이거나 남성이거나, 가능한 한 여성스러워지세요. 여성스럽다 함은 친절하다는 의미입니다. 당신 자신에게 친절하고, 타인에게 친절하고, 부드럽고 다정하다는 뜻이지요. 아무리 많이 다정하더라도 절대 지나치지 않습니다. 결코 충분하지 않지요. 아무리 타인에게 친절해도 절대 충분하지 않습니다. 우리는 결코 충분한 사랑을 주고 있지 않습니다. 당신이 100% 준다고 생각할 때도, 당신은 더 많은 사랑을 줄 수 있습니다. 그러므로 서로 사랑을 주세요. 그리고 당신의 삶이 이런 사랑에 의해 깨어나게 하세요. 아무것도 기대하지 말고 주세요.

나는 이번 주에 아름다운 문장을 봤습니다. "사랑은 절대 증명할 수 없는 것이다." 만약 당신이 자신의 사랑을 증명할 수 있다면, 그것은 사랑이 아닌 것이지요. 사랑은 그냥 사랑입니다. 만약 당신이 누군가가 당신을 사랑하고 있다는 증거를 원한다면, 그것은 마치 흥정하는 것과 같습니다. 그것은 거래입니다. "당신이 날 사랑한다는 것을 증명해봐!" 이것은 사랑이 아닙니다. 사랑은 그냥 느낌입니다. 이러한 사랑을 당신의 내면과 외면, 모든 곳에서 느껴보세요.

당신이 주위의 다른 사람을 바라볼 때, 이러한 사랑을 느끼세요. 당신은 그 사람에게 사랑을 주어야 할 뿐만 아니라, 그의 내면에 있는 사랑을 찾는 데에도 당신의 두뇌를 집중해야 합니다. 어떤 사람들은 절대 웃지 않지요. 어떤 사람들은 항상 화를 냅니다. 하지만 나는 이런 사람들을 볼 때 항상 내면의 사랑을 봅니다. 나는 심지어 가장 부정적이고 화가 난 사람들의 내면에서도 사랑을 보며, 연민을 갖고 그들을 바라봅니다. 그러면 그들은 긴장을 풀고, 미소를 짓습니다. 이러한 사랑을 느끼고, 사랑이 당신의 삶을 이끌게 하세요.

사랑은 속도가 없습니다

A.H.72년 6월 – 2018년 일본 오키나와

중요한 일은 천천히, 친절하게, 웃으면서 행하는 것이 중요하다는 사실을 여러분은 알고 있습니다. 하지만 사람들은 보통 이 중요한 규칙들을 라엘리안 활동에만 적용합니다. 여러분은 우리가 여기 함께 있을 때는 이 규칙들을 적용하고, 집에 돌아가서도 실행에 옮기지만, 한 달 혹은 그 이상 지나면 점점 생각하는 두뇌로 되돌아갑니다. 여러분은 생각하지 않는 두뇌로 영원히 머물 수 있습니다! 그런데 왜 추락할까요? 왜 지금 여러분이 가지고 있는 이 '지금'이라는 느낌이 사라져 버릴까요? 그것이 사라질 이유는 없습니다.

여러분이 '생각없음'을 영원히 유지하기 위해서는 "천천히, 친절하게, 웃으며"라는 기본 원리를 적용해야만 합니다. 이것이 열쇠이고, 비결이지만, 대부분의 사람들은 '천천히'를 그냥 천천히 걷는 것이라고 생각하는 잘못을 범합니다. 그것은 단순한 행동일 뿐이지요. 그것으로는 충분하지 않고, 아무런 가치도 없습니다. 여러분은 천천히 움직이면서도 매우 빨리 말할 수 있으니까요. 그래서 사람들은 천천히 걸으면서 천천히 말하는 데 집중해 봅니다. 이것은 약간 더 낫지만, 역시 충분하지 않습니다.

여러분은 천천히 말하고 천천히 걷지만, 쓰나미가 몰려오듯 생각할 수도 있습니다. 천천히 생각하세요. 생각이 아주 느려져서, 생각을 멈춥니다. 이것이 목표입니다. 가능한 한 천천히 생각하고, 천천히 말하고, 천천히 움직이세요! 몸의 움직임을 천천히 하기는 상당히 쉽지요. 매일 수백만 명의 중국인들이 태극권을 합니다. 그것은 좋은 시작이기는 하지만, 단지 몸뿐입니다. 여전히 그들은 아주 빨리 말합니다. 여러분은 말할 때 서둘러야 할 필요가 없습니다. 여러분이 할 말이 무엇이든, 여러분은 각 단어 사이마다 숨을 돌리면서 천천히 말할 수 있습니다. 그러면 여러분의 두뇌도 천천히 만들 수 있습니다.

'생각없음'이 궁극적인 목표입니다만, 생각을 천천히 하는 것은 좋은 첫걸음이 되지요. 그럼, 생각이 없는 지점에 도달하기 위해, 생각을 느리게 해보겠습니다. 이것이 바로 명상이 도움이 되는 이유입니다. 여러분의 시선을 하나의 점에 집중하세요. 어머니에 대해서도 생각하지 말고, 일에 대해서도 생각하지 말고, 아무 생각도 하지 마세요. 호흡하세요. 순전히 자연스러운 호흡에 집중하세요. 어머니에 대해 생각하지 않고, 직장에 대해 생각하지 않고, 옆에 앉아 있는 라엘리안의 젖가슴에 대해 생각하지 않으면, 두뇌의 속도가 천천히 낮아집니다. 천천히 낮추세요! 두뇌가 느려지면 느려질수록, 여러분은 '생각없음'에 더 가까워집니다.

각각의 생각은 강처럼, 폭포수처럼 생겨납니다. 그것은 심지어 우리가 친구들과 함께 있을 때도 일어나는데, 여러분도 경험한 적 있지요? 우리는 친구들과 함께 앉아 무언가에 대해 이야기합니다. 많은 주제들에 관해 대화가 튀어 오르다 보면, 누군가가 갑자기 이렇게 말하지요. "우리 무슨 얘기하고 있었지?" 우리의 두뇌가 너무 빠르게 돌아가니까 연결을 잃어버리게 되는 것입니다. 그것은 생각하는 두뇌가 얼마나 미쳐있는지를 보여줍니다. 모든 정신병은 생각하는 두뇌에서 나오며, 결코 초의식에서 나오지 않습니다. 초의식은 고요, 조화, 사랑, 그리고 모두를 이해하고, 모두를 느끼는 것입니다. 초의식은 느낌입니다.

생각하려면, 여러분은 많은 연결들을 사용하기 위해 빨라야 합니다. 느끼기 위해서는, 속도가 필요 없습니다. 여러분은 빨리 느낄 수 없으니까요. 빠르게 생각할 수 있으나 그것은 좋지 않습니다. 여러분은 생각하는 두뇌를 가속할 수 있지만, 내가 "지금을 느끼세요!"라고 말할 때, 빨리 느낄 수 있나요? 느낌에는 속도가 없습니다. 속도가 없지요. '지금'이 그렇습니다. '지금'은 속도를 모릅니다. '지금'은 전혀 속도가 없습니다. 이것이 '지금'입니다. 어떤 사람도 '지금'을 다른 사람들보다 더 빨리 느낄 수 없습니다. 하지만 다른 사람들보다 더 빨리 생각하고, 더 빨리 말하고, 더 빨리 움직일 수는 있습니다. 그래서 부처는 움직이지 않는 것입니다. 그들은 '지금'에 있으니까요. 부처는 빠르지도 않고, 느리지도 않습니다. 부처는 속도를 갖고 있지 않습니다.

'지금'을 천천히 느끼지 마세요. 천천히 느낀다면, 빨리 느낄 수도 있음을 의미합니다. '지금'을 느끼세요! 그것이 속도가 없음을 느끼세요. 사랑할 때는 속도가 없습니다. 나는 성관계에 대해 말하는 것이 아닙니다. 성관계는 속도가 있지요. 진정한 사랑은 주는 것이며, 다른 사람들을 상승시키는 것이며, 모든 사람에게 평화와 조화를 가져다주는 것인데, 거기에는 속도가 없습니다. 그것은 느리지도 빠르지도 않으며, 속도가 없습니다.

초의식, 사랑, 무한은 속도가 없습니다. 우리 사회나 인류 문명과는 정반대입니다. 그래서 세계는 병이 든 것입니다. 모든 것이 빨라야 하지요. 고속 연결, 고속 인터넷, 패스트푸드, 패스트섹스, 모든 것이 빠릅니다. 슈퍼 고속도로, 고속 기차, 고속 수면도 있습니다. 사람들은 빨리 잠들기 위해 수면제를 복용하는데, 그것은 두뇌에 절대적으로 좋지 않습니다.

인생에서 중요한 모든 것은 속도가 없습니다. 음악을 창작할 때, 춤을 창작할 때, 그림을 창작할 때, 거기에는 속도가 없습니다. 그것은 그냥 나오니까요. 어느 예술가도 그것이 얼마나 빨리 나올지 상관하지 않습니다. 어느 예술가도 창작품이 얼마나 빨리 완성될지 상관하지 않습니다. 모차르트는 결코 앉아서 생각하며 작곡하지 않았지요. 그가 작곡하는 데는 10분밖에 걸리지 않았지만, 거기에 속도는 없습니다.

사랑은 속도가 없습니다. 속도를 낮춰 제로 스피드에 천천히 도달하세요. 붓다는 속도가 0입니다. 그는 무한입니다. 무한은 속도가 없습니다. 인간은 분리를 만들었고, 속도와 광속과 음속을 만들어냈습니다. 무한은 속도가 없습니다. 그것은 나눌 수 없는 무한한 속도입니다. 왜냐하면 그것은 공간과 시간에서 무한하기 때문입니다.

느끼세요! 느낌은 속도가 없습니다. 나는 여러분의 사랑을 느낍니다. 거기에는 속도가 없으며, 나는 그냥 여러분의 사랑만을 느낍니다. 사랑은 무한의 절대적인 도구입니다. 더욱 사랑하세요. 여러분의 사랑을 언제나 주세요. 다른 사람들을 바라볼 때 "내가 그들에게 무엇을 얻을 수 있을까?"라고 생각하지 말고, 대신에 "내가 그들에게 무엇을 줄 수 있을까?"라고 생각하세요. 돈에 대해 말하는 것이 아닙니다. "내가 무엇을 줄 수 있을까?" 여러분이 줄 수 있는 유일하게 중요한 것은 값을 매길 수 없습니다.

여러분이 어떤 노숙자를 보고 돈을 주면, 그것은 패스트푸드와 같은 빠른 선물입니다. 여러분이 거리를 걷다가 그에게 약간의 돈을 주면, 여러분의 에고는 좋은 기분을 느끼겠지요. "나는 관대해." "나는 줬어!" 이것은 사랑이 아닙니다. 사랑이란 노숙자들과 함께 앉아, 그들과 이야기하고, 그들의 인생에 일어난 일들을 이해하려고 노력하는 것입니다. 여러분은 줄 수도 있습니다. 그들에게 음식을 가져다줄 수 있고, 머물 곳을 제공할 수도 있지요. 가능합니다. 하지만 진정한 사랑은 그들과 눈을 맞추며 짧은 대화를 나누는 것입니다. 왜냐하면 그들은 여러분과 같은 인간이니까요. 그들은 결코 노숙자가 되기를 선택하지 않았습니다. 지구에서의 미친 삶이 그들을 거리로 내몰았습니다. 그들에게 말을 걸고, 조금이라도 진정한 사랑을 주세요. 그것이 그들을 이해하는 것입니다.

느낌! 여러분이 노숙자가 된다면, 여러분이 가장 그리

운 것은 여러분을 느껴줄 누군가일 것입니다. 사람들을 느끼세요. 동물들을 느끼세요. 모든 사람을 느끼세요. 그러면 여러분은 모든 곳에 사랑을 가져다주게 됩니다. 패스트푸드도 아니고, 고속 인터넷도 아니고, 빠른 선물도 아닙니다. 천천히 "이 사람은 누굴까?"라고 하는 것, 이것이야말로 여러분이 이 세계를 바꿀 수 있는 방법입니다. 이것은 폭탄 없이 이루는 마음의 혁명입니다.

집착 없이 사랑하세요

A.H.72년 10월 – 2017년 일본 코린도

사랑한다는 것은 필요함을 의미하지 않습니다. 사랑은 주는 것이며, 타인으로부터 아무것도 기대하지 않고 단지 주는 것입니다. 나는 여러분을 사랑하며, 여러분에게서 어떤 것도 기대하지 않습니다. 아무것도 기대하지 않습니다.

나는 여러분에게 진실을 알려 주고 있고, 무엇이 옳은지를 가르치고 있습니다. 여러분이 이런 것을 좋아한다면, 좋은 일이지요. 하지만 여러분이 좋아하지 않더라도 상관없습니다. 어쨌든 나는 할 말을 할 것입니다. 왜냐하면 나는 사랑받기 위해 가르치는 것이 아니니까요. 나는 여러분을 더 높이 성장시키기 위해 가르칩니다. 그것이 바로 진정한 교사가 하는 일입니다. 거짓 선지자나 나쁜 교사는 사랑받기를 원합니다. 하지만 나는 아닙니다.

우리는 먼지이며, 먼지로 돌아갈 것입니다. 사랑하는 사람들을 사랑하되, 그들에게 집착하지는 마세요. 만약 여러분이 사랑을 준다면, 여러분은 어머니, 아버지, 남자친구, 여자친구에게 집착하지 않게 됩니다. 그들이 죽거나 여러분 곁을 떠날 때도, 여러분은 울지 않을 것입니다. 여자친구나 남자친구가 여러분을 떠날 때 외로움을 느낀다면, 그것은 집착이지 사랑이 아닙니다.

누군가에게 "사랑해!"라고 말하고서 그의 대답을 기다릴 때, 여러분은 무엇을 기대하나요? "나도 사랑해!"라는 말을 기다리고 있지는 않나요? 자주 있는 일이지만, 여러분이 여자친구나 남자친구를 만나고서 "너를 사랑해, 사랑해…"라는 시기가 지나면, 어느 순간 "너, 나를 사랑하니?"라고 묻는 때가 옵니다.

나는 지금까지 살아오면서 많은 여자친구를 만났는데, 한 여성은 반복해서 이렇게 묻더군요. "나를 사랑하나요?" "사랑해요." "나를 사랑하나요?" "사랑해요." 매일! 매시간! 계속해서 더 묻습니다. 얼마 후에는 너무 심해졌습니다. "나를 사랑하나요?" "사랑해요." "나를 사랑하나요?" "아니요!"

"뭐라고요?" "아니요, 더 이상 사랑하지 않아요! 당신은 그것을 너무 자주 물어요. 나는 그런 사람을 사랑하지 않아요. 당신 자신을 사랑하세요. 그러면 언젠가 내가 다시 당신을 사랑하게 될 것입니다."

사랑할 때, 여러분은 사랑을 줍니다. "나는 당신을 사랑하며, 당신이 나를 사랑하든 말든 상관하지 않습니다." 나는 여러분을 사랑합니다. 여러분이 나를 사랑한다면, 나는 매우 행복합니다. 여러분이 나를 사랑하지 않는다면, 그것은 여러분의 문제입니다. 여러분의 감정은 내 문제가 아니지요. 여러분은 다른 사람의 감정의 주인이 아닙니다. 심지어 여러분은 자신의 감정의 주인도 못됩니다. 자신의 감정의 주인이 되기 시작하세요. 그러면 여러분은 다른 사람들도 그렇게 하기를 기대할 수 있습니다.

생각하는 두뇌는 여러분의 노예여야 하며, 여러분이 주인입니다. 우선, 생각하는 두뇌를 지배하세요. 그런 다음, 여러분은 여러분처럼 행하는 사람을 만나기를 기대할 수 있을 것입니다. 그리고 그는 여러분에게서 아무것도 기대하지 않고 여러분을 사랑할 것입니다. 그것이 바로, 아무런 대가도 바라지 않고 주는 사랑입니다.

거래는 아름답지만, 사랑이 아닙니다. "나는 너에게 사과를 주고, 너는 나에게 바나나를 준다." 이것은 거래이지요.

"나는 너에게 바나나를 주고, 너는 나에게 사과 두 개를 준다." 좋지요. 나는 사과를 매우 좋아하지만, 이것도 거래입니다. 사랑을 주는 것은 아무것도 기대하지 않는 것이며, 심지어 아름다운 사과조차도 바라지 않는 것입니다. 이것이 사랑입니다.

서로 도우세요. 여러분의 이웃을 도우세요. 여러분 주위 사람들을 도우세요. 무거운 가방을 들고 가는 노인을 도우세요. 여러분은 자기 자신에 대한 사랑 이외에는 아무런 대가도 받지 않을 것입니다. 그렇지만 사랑을 주면 기분이 좋아질 것입니다.

사랑과 연민

A.H.66년 12월 – 2011년 일본 오키나와

우리는 모두 작은 정자였습니다. 난자를 향해 헤엄쳐간 2억의 정자들 중, 오직 하나가 승리자였지요. 199,999,999개의 다른 정자들은 모두 화장실에서 씻겨 내려갔습니다. 단 하나가 살아남았으며, 바로 당신입니다. 우리는 모두 승리자입니다. 당신은 2억의 참가자들이 달린 경주에서 우승했습니다. 2억 중에서 1등, 그것은 정말 놀라운 일입니다.

느껴보세요. 당신은 승리자입니다. 당신이 그것을 느끼면, 더 이상 슬픔을 느끼지 않게 됩니다. 우리는 승리자이기 때문에 살아 있는 것입니다. 우리의 인생에서 적어도 한번은 승리자였습니다. 그것은 우리의 인생에서 가장 중요한 경주였지요. 느껴보세요. 당신은 승리자입니다.

자신에 대한 사랑과 존경심을 갖는 것이 매우 중요합니다. 왜냐하면 당신은 챔피언이니까요. 그렇기 때문에 우리는 무조건 자신을 사랑해야 하며, 심지어 우리의 삶에 문제가 있거나 굴곡이 있을 때도 마찬가지입니다. 우리가 실수를 저지르거나 건강에 문제가 생기더라도, 우리는 자신을 사랑해야만 합니다. 왜냐하면 우리가 매우 아프거나, 매우 우울하거나, 많이 다쳤거나, 많은 실수를 저질렀더라도, 우리는 챔피언이기 때문입니다. 그리고 그것은 우리 자신에 대한 사랑과 연민을 갖지 않을 수 없게 만들지요. 연민이란 매우 아름다운 자질인데, 모든 부처가 그것을 가르쳤습니다. 만약 우리가 자신에게 연민을 갖지 않는다면, 타인에 대한 연민을 가질 수가 없습니다.

우리는 과거에 지나왔지만, 여전히 우리 내면에 살아있는, 이 작은 아기를 소중히 여겨야만 합니다. 당신이 거울을 볼 때, 당신 내면에 있고 여전히 당신인 그 아기를 바라보세요. 사실적으로 말하자면, 당신 내부에 있고 여전히 당신인 그 작은 정자를 바라보세요. 그것은 우리로 하여금 자신을 더욱 사랑하게 만들어 줍니다. 만약 우리가 자신에게 사랑과 연민을 갖기 시작하지 않는다면, 다른 사람들에게 사랑과 연민을 가질 수가 없습니다. 우리는 다른 사람들에게 사랑과 연민을 줄 수 있도록, 먼저 자신에게 가장 큰 사랑과 가장 큰 연민을 가져야만 합니다. 왜냐하면, 자신을 사랑하지 않고 자신에게 연민을 갖지 않은 사람들은 다른 사람에게 사랑을 줄 수 없기 때문이지요.

자신에 대해 사랑과 연민이 없는 사람들의 얼굴은 매우 심각하고 슬픈 표정이 드러나 보입니다. 그러나 아름다운 부처의 표정을 지닌 사람들은 틀림없이 자신에 대한 사랑과 연민이 가득합니다. 이런 부처의 얼굴, 웃는 얼굴, 행복한 얼굴을 가질 때, 모든 사람은 더욱 아름다워집니다. 비밀은 바로 자신에 대한 사랑과 연민입니다.

자신에 대한 사랑과 연민은, 당신이 완벽하거나, 건강하거나, 성공했을 때만 갖는 것이 아닙니다. 사랑과 연민은, 당신이 실수를 범했거나, 잘못되었거나, 고통받을 때도 갖는 것입니다. 그런 때야말로 당신은 더 많은 사랑과 연민이 필요하지요. 그러면 당신은 더 많이 미소 짓게 됩니다. 만약 당신이 그렇게 한다면, 만약 당신이 '부처의 마음' 경지에 이르게 된다면, 당신은 실수를 범하거나 고통받을 때도 더 웃고, 더 행복하고, 더 아름다운 상태를 유지할 수 있습니다. 한 번 더 말하지만, 이것은 매우 중요합니다. 당신이 실수를 범했을 때, 자신에 대한 사랑과 연민을 갖는다면, 당신은 부처의 마음을 갖게 되고, 당신의 얼굴은 더 빛나고 더 미소 짓게 되는 것입니다.

이것은 하나의 역설인데, 이 역설은, 부처의 마음은 실수를 범하거나 문제가 있을 때보다, 아무런 문제가 없고 모든 것이 잘 돌아갈 때 더 적게 웃는다는 것입니다. 부처의 역설이란, 진정으로 부처의 경지에 도달한 사람은 문제가 있을 때보다 모든 상황이 좋을 때 덜 웃고 덜 행복한 표정이 된다는 의미입니다. 이것이 부처의 역설이며, 높은 의식의 역설입니다. 문제가 많을수록 더 많이 웃고, 문제가 없을수록 더 적게 웃는 것이지요.

이 가르침을 기억하고, 당신의 삶에 적용하세요. 이 멋진 가르침은, 당신이 문제가 있을 때 타인에게 사랑을 주는 능력을 더 키워줄 것입니다. 보통 사람들은, 오직 기분이 좋을 때만 다른 사람들에게 사랑과 행복을 줄 수 있습니다. 진정한 부처는, 문제가 있거나 기분이 좋지 않을 때, 더 많은 웃음과 더 많은 사랑을 줄 수 있습니다. 이것이 진정한 사랑과 연민입니다. 기억하세요. 그리고 당신부터 시작해보세요. 그러면 별처럼 빛나게 될 것입니다.

사랑은 우리 DNA에 쓰여 있습니다

A.H.67년 12월 - 2012년 일본 오키나와

우리는 아무리 사랑해도 절대 충분하지 않습니다. 지구 상에 아무리 사랑이 많아도 절대 충분하지 않습니다. 우리 의식 속의 사랑이 아무리 커도 절대 충분하지 않습니다. 결코 충분하지 않지요. 비록 여러분이 상상 가능한 가장 미친 사랑을 떠올리더라도, 그것은 여전히 충분하지 않습니다. 충분한 사랑을 갖는 것은 불가능합니다. 설령 여러분 몸의 모든 세포들이 사랑으로 가득 찬다 해도, 여전히 충분치 않습니다.

어떤 수준의 사랑이면 충분할까요? 무한입니다. 우리 는 결코 무한에 도달할 수 없지만, 무한과 조화할 수는 있습니다. 우리가 무한한 사랑과의 조화 속에 진동하며 사랑 그 자체가 될 때, 비로소 우리는 충분한 사랑에 가까워집니다.

여러분의 세포 하나하나로부터 발산하는 무한한 사랑을 엘로힘에게 보내도록 해보세요. 자신의 내면에서 이 문장을 느껴보세요. "엘로힘, 사랑합니다." 여러분의 두뇌만으로 그렇게 하는 것이 아니라, 여러분 몸의 모든 세포들도 동시에 "엘로힘, 사랑합니다"라고 말하는 것을 상상하세요. 여러분이 우리 창조자들에 대한 이 무한한 사랑을 느낄 때,

눈물을 참기가 매우 힘들지요. 이 눈물은, 사랑의 눈물이기 때문에, 엘로힘께 바치는 최고의 선물입니다.

여러분의 두뇌가 이 느낌을 놓치지 않게 하세요. 여러분의 두뇌는 모든 세포를 통해 이렇게 사랑을 보내는 데 집중하는 상태를 지속해야 합니다. 침묵이 길어지면, 두뇌는 자연적으로 미래와 과거, 온갖 것에 대해 생각하기 시작하지요. 계속 집중해서 여러분 몸의 모든 세포를 통해 사랑을 보내세요. 그 어떤 것에 대해서도 생각하지 마세요. 여러분의 두뇌가 과거에 대해, 미래에 대해, 한 시간 후에 무엇을 할지에 대해, 여러분 인생의 문제들에 대해, 점심에 뭘 먹을지에 대해, 생각하게 두지 마세요. 단지 여러분의 모든 세포 하나하나로 사랑을 보내세요.

사실, 이것은 사랑을 보내는 것 이상으로, 사랑이 되고 있는 것입니다. 우리 DNA의 거의 대부분은 사랑이 인코딩되어 있습니다. 우리 DNA 코드의 대다수가 사랑입니다. 그렇기 때문에, 우리가 사랑이 될 때, 우리는 기분이 좋아집니다. 왜냐하면 우리의 모든 세포들 속에 있는 DNA 분자들이 설계된 대로 작동하고 있기 때문이지요. 사랑은 우리 DNA에 쓰여 있습니다. 사랑은 생명입니다. 사랑이 없으면, 생명도 없습니다.

만약 여러분이 진정으로 이런 사랑을 보내는 데 집중한

다면, 진정으로 존재하며 사랑을 보낸다면, 여러분은 또 다른 단계에 도달하게 될 것입니다. 즉, 사랑을 보낼 뿐만 아니라, 하늘로부터 사랑을 받는 단계에 도달하게 되지요. 왜냐하면 엘로힘도 바로 지금 똑같은 사랑의 파동을 여러분에게 보내고 있기 때문입니다. 여러분에게 비처럼 내리고 있는 엘로힘의 사랑을 느끼세요.

사랑 명상

A.H.67년 11월 – 2012년 일본 오키나와

단지, 사랑을 보내세요. 사랑은 인생에서 가장 중요한 것이니까요. 우선 여러분의 몸에 대한 사랑을 느끼세요. 여러분의 발, 발가락, 다리, 성기, 배, 가슴, 손, 손가락, 팔, 어깨, 목, 얼굴, 두뇌에 대한 사랑을 느끼세요. 여러분 몸의 이 모든 부위들에 사랑을 보내세요. 여러분을 이루고 있는 이 모든 세포들에게 사랑을 보내세요. 여러분의 세포들에게 깊은 사랑을 보낼 때, 그것들은 수십억 개의 작은 별들처럼 빛나기 시작합니다.

이제 주위의 모든 사람에게 사랑을 보내세요. 사랑과 연민을 보내세요. 그리고 여러분이 이곳에 있다는 것을 알지 못하는 외부의 다른 사람들에게 사랑을 보내세요. 그들은 여러분의 사랑을 느낄 것입니다. 그런 다음, 매우 멀리 떨어진 사람들에게도 사랑을 보내세요. 지구 전체에 사랑을 보내세요. 여러분을 좋아하지 않는 사람들에게도 사랑을 보내세요. 여러분을 미워하는 사람들에게도 사랑을 보내세요. 모든 사람들에게, 또한 사람뿐만 아니라 지구상의 모든 생명들에게도 사랑을 보내세요. 모든 개미들, 모든 새들, 바닷속에 살고 있는 모든 것들, 모든 물고기들, 살아있는 모든 것들에게 사랑을 보내세요.

우리의 사랑이 살아있는 모든 것들을 밝게 비추고 있습니다. 지구상의 생명들뿐 아니라, 무한한 우주안의 생명들도 비춥니다. 엘로힘을 포함하여, 무한히 많은 행성들의 생명들도 비춥니다. 그리고 여러분 손 안에 있는 무한소의 세계 속, 무한히 많고 무한히 작은 행성들도 비춥니다. 여러분이 사랑을 보내는 동안, 무한 우주 속에서 바로 지금 얼마나 많은 사람들이 여러분에게 사랑을 보내고 있을지 느껴보세요. 그들은 여러분을 모르지만, 여러분에게 사랑을 보내고 있습니다. 무한소와 무한대에서, 그리고 지구 위에서, 얼마나 많은 존재들이 바로 지금 여러분이 하는 것과 똑같이 하고 있을지 상상해보세요. 그들도 여러분처럼 모든 곳에 사랑을 보내고 있습니다. 무한한 수의 존재들이 모든 곳에 사랑을 보내고 있습니다.

이것은 우주의 의식일 수 있습니다. 영원하고 무한한 사랑의 흐름입니다. 이것을 안에서 밖으로, 그리고 밖에서 안으로 느끼세요.

지구는 사랑의 행성이 되어야만 합니다

A.H.68년 5월 - 2014년 대만

지구는 사랑의 행성이 되어야만 합니다. 그것은 라엘리안의 가장 중요한 사명입니다. 엘로힘의 생명창조에 대한 정보도 흥미롭지만, 가장 중요한 것은 사랑을 가져오고, "우리는 혼자가 아니다"라는 사실에 사람들의 마음을 열게 하고, 우주에 존재하는 무한한 수의 문명에 사랑을 표현하는 것입니다. 사랑하고, 그리고 더 많이 사랑해도 절대 지나치지 않습니다. 여러분이 너무 많은 사랑을 갖고 있다고 생각하더라도, 그것은 충분하지 않지요. 지나치게 많은 사랑이란 없습니다.

사랑은 섹스가 아닙니다. 섹스는 좋지만, 그것이 사랑은 아닙니다. 여러분은 사랑 없이도 누군가와 섹스를 할 수 있습니다. 많은 사람들이, 많은 남자들이 여성을 강간합니다. 그것은 폭력이며, 사랑이 아니지요. 그렇게 사랑 없이도 섹스를 할 수 있는 것입니다. 섹스는 사랑이 아닙니다.

엄마들은 아기를 사랑하지만, 소들도 자기 새끼를 사랑합니다. 닭도 자기 새끼를 사랑하고, 개도 자기 새끼를 사랑하지요. 그것은 사랑이 아닙니다. 여러분이 아기를 갖게 되면, 여러분의 몸은 아기를 돌보고 관심을 쏟도록 떼미는 호르몬을 생산합니다. 여성의 아름다운 젖가슴을 본 남자가 강간하고 싶은 충동을 느끼는데, 그것은 테스토스테론이라는 호르몬과 관련되어 있습니다. 호르몬에서 오는 어떤 사랑도, 그것은 사랑이 아닙니다.

사랑이란 호르몬이 전혀 관여하지 않는 것입니다. 나는 여러분을 사랑합니다. 나는 여러분을 모두 사랑합니다. 엘로힘은 여러분을 사랑합니다. 여기에는 아무 호르몬도 관여하지 않습니다. 내가 여러분을 볼 때, 여러분은 내 몸 안에서 어떤 호르몬도 이끌어내지 않지만, 나의 의식이 여러분을 사랑합니다. 사랑이 호르몬에서 나올 때, 그것은 흥미롭지 않습니다. 사랑이 초의식에서 나올 때, 그것이야말로 사랑입니다.

사랑을 표현하고 사랑을 만들기 위해서는, 친절하세요. 현대 세계의 많은 남성들은 친절이 어리석다고 생각하는데, 그것이 인류의 문제입니다. 어떤 정부도, 어떤 권력자도 순수한 친절에서 우러나는 일을 전혀 행하지 않습니다. 아무런 성적 감정 없이, 아무런 금전적 이해관계 없이, 아무런 생각 없이, 다른 사람들을 바라보고, 친절하세요.

내가 한 남자를 바라봅니다. 나는 그를 모르지만, 나는 사랑을 느끼고, 그를 포용하고 싶습니다. 이것이 바로 사랑이고, 친절입니다. 친절하세요. 서로에게 친절하고, 서로 미소 지으세요. 다른 사람이 먼저 미소 짓기를 기다리지 마세요. 우리는 종종 이런 실수를 하는데, 다른 사람이 미소 짓지 않으면 나도 미소 짓지 않는 것이지요. 먼저 하세요. 미국 서부 영화처럼, 먼저 미소를 쏘세요. 사랑의 카우보이가 되세요. 먼저 미소 지으세요. 그러면 여러분은 지구를 바꾸게 됩니다. 먼저 미소 지으세요. 그것은 아무런 비용도 들지 않습니다! 여러분은 한 푼도 잃지 않습니다. 미소를 주세요.

만약 여러분이 "당신은 왜 나에게 미소 짓나요?"라는 질문을 받는다면, 그들을 보며 행복을 느낀다고 말하세요. 친절을 베푸세요. 어디에서든 여러분의 두뇌를 항상 사랑의 오토파일럿에 두세요. "내가 다른 사람을 행복하게 만들기 위해 무엇을 할 수 있을까?" 대부분의 사람들은 온종일 어떻게 하면 더 많은 돈을 벌 수 있을지 궁리하고 있습니다! 어떻게 하면 더 많은 권력을 얻을 수 있을까? 어떻게 하면 더 많은 여자친구를 가질 수 있을까? 우리는 끔찍한 행성에 살고 있습니다.

누군가를 행복하게 만들기 위해 무엇을 할 수 있을지 질문하면서 여러분의 하루를 시작하세요. 여러분의 여자친구나, 자녀들이나, 여러분이 아는 사람이 아닌, 여러분이 모르는 누군가를 행복하게 만드는 것입니다. 행복의 억만장자로 거리에 나가세요. 그리고 미소를 지으며, 다른 사람들을 도와주며, 여러분의 부를 나누어주세요.

나는 노인들의 가방을 들어주고, 모르는 사람들에게 "안녕하세요"라고 인사하기를 좋아합니다. 매일, 나는 해변을 따라 걸으며, 슬프게 축 처진 표정을 짓고 있는 사람들을 보면, 큰 소리로 "안녕하세요!"라고 인사합니다. 그러면 그 사람은, "왜 그가 나에게 인사를 하지?"라고 궁금해하지요. 다음 날에도 같은 일이 일어납니다. 그가 해변을 걷고, 나도 걷고, 나는 "안녕하세요!"라고 인사합니다. 일주일 후에도, 나는 여전히 "안녕하세요!"라고 인사하는데, 이제 그도 미소 지으며 목례를 보냅니다. 일주일, 일주일이 걸렸네요! 성공했습니다!

사랑의 카우보이가 되어, 여러분의 미소를 먼저 쏘세요. 사랑은 정말 좋은 감정입니다. 여러분은 그것을 언제든 할 수 있고, 아무것도 잃지 않습니다. 사랑을 주세요. 그들을 보고 미소를 지으면, 그들은 온종일 그것에 대해 생각할 것입니다. 그들은 자기 친구들에게도 그것을 말하며, 여러분이 왜 자기에게 미소 지었는지 그 이유를 찾으려고 애쓸 것입니다. 그것은 질병처럼 전염성이 있습니다. 여러분은 단지 아름다운 미소만으로, 친절만으로, 다른 사람들의 삶을 변화시킵니다. 공원의 벤치에 앉아 울고 있는 사람을 보면, 그 옆에 가 앉아서 물어보세요. "도와드릴까요?" "제가 당신을 위해 해드릴 것이 있을까요?"

세상을 변화시키세요. 여러분은 친절과 연민으로써 인류 전체를 변화시킬 수 있습니다. 여러분이 보는 다른 모든 사람은 누구나 어떤 고통을 지니고 있습니다. 그리고 여러분은 그 고통을 덜어줄 수 있습니다. 그것은 매우 쉽습니다.

여러분이 그것에 대해 알고 있으면서, 그것을 행하지 않는다면, 너무 이기적입니다. 그것은 마치, 여러분이 손에 음식을 들고, 많은 양의 음식을 손에 들고, 여러분의 위는 음식으로 가득한데도, 굶주린 사람들 사이를 지나가며 그 음식을 나누어주지 않는 것과 같습니다. 그것이 바로 여러분이 미소 짓지 않을 때 일어나는 일입니다. 왜냐하면 미소는 행복의 음식이기 때문이지요. 여러분은 행복으로 가득 차 있습니다. 그것을 주세요, 주세요, 주세요! 더 주세요. 아무리 주어도 지나치지 않습니다.

여러분의 미소를 주세요. 희망을 주세요. 여러분이 더 많이 줄수록, 여러분은 더 부유해집니다. 그것은 돈과 반대입니다. 돈은 더 줄수록, 더 가난해지니까요.

아무런 보답도 기대하지 말고, 뭔가를 주려고 노력하세요. 나중에 사랑을 나누기를 기대하며 아름다운 여성에게 아름다운 꽃을 주는 것에 대해 말하는 것이 아닙니다. 그것은 사랑이 아닙니다. 그렇습니다. 여러분은 아름다운 꽃을 사거나 혹은 찾아서, 거리에 나가 어느 할머니에게 줄 수 있습니다. 물론, 그 할머니는 여러분이 자기와 섹스하고 싶어서 그러는 것이 아님을 알겠지요. 나는 그렇게 해보고 싶습니다. 그러면 그 할머니는 행복할 것입니다. 여러분은 세상을 바꾸고, 세상을 치유하고, 미래를 준비할 수 있습니다.

6

초의식

"길들지 않고, 야생적이며, 웃는"

의식의 단계들

A.H.68년 5월 - 2014년 대만

사람의 두뇌에는 여러 단계의 의식이 있습니다. 기초적이며 낮은 단계의 의식은 심장박동과 같은 모든 자동 기능들을 담당합니다. 당신은 심장박동에 대해 생각하지도 않고, 심장에게 뛰어달라고 요구하지도 않지만, 그것은 자동으로 작동합니다. 호흡이나 소화도 마찬가지입니다. 여러 종류의 음식을 먹으면, 각각의 음식은 소화를 위해 특별한 효소와 특별한 산을 필요로 합니다. 당신은 그런 것에 대해 생각하지 않아도, 두뇌의 낮은 부분에서 오토파일럿으로 자동으로 수행됩니다.

다음 단계는 기본적 의식입니다. 이것은 기능상 조금 더 높습니다. 당신이 감각을 사용할 때, 즉 보거나 만지거나 냄새 맡으려고 할 때, 당신은 보거나 만지거나 냄새 맡고 싶은 것에 당신의 주의를 돌릴 수 있습니다. 만약 당신이 어떤 것을 보고 싶지 않다면, 당신은 눈을 감습니다. 그것은 당신의 결정입니다. 이는 매우 기본적인 것으로서, 모든 인간은 기초적이며 기본적 의식인 두뇌의 이 부분을 사용합니다. 이것은 모든 사람으로 하여금, 비록 악당이더라도, 살아갈 수 있게 해줍니다.

그다음으로, 진정한 의식이 있습니다. 진정한 의식은 더 높습니다. 이것은 당신의 행복을 책임지고 있습니다. 이 의식에 관여하는 것은 낮은 단계와 동일한 것으로서, 당신이 보는 것, 당신이 냄새 맡는 것, 당신이 만지는 것 등입니다. 하지만 동일한 음식, 동일한 자극이기는 하지만, 그냥 쳐다보는 대신 불현듯 명상이 될 수 있습니다. 거기에는 "와우!"라고 경이로움을 느끼는 부분이 있기 때문입니다.

이것이 진정한 의식으로서, 행복하겠다는 결정을 내리는 두뇌의 부분입니다. 왜냐하면 행복은 결정이기 때문이지요. 매일 아침 일어날 때, 당신은 행복할 것인지 아닌지 선택합니다. 행복을 바깥으로부터 기대하지 마세요. "나는 행복을 선택했어"라고 말하는 의식의 그 부분을 사용해야만 합니다. 그리고 부처와 같은 상태를 유지하기 위한 명상 도구들을 사용하면, 당신은 온종일 행복할 수 있습니다.

어려운 것은 부처가 되는 것이 아닙니다. 부처가 되기는 매우 쉽습니다. 그러나 부처에 머물기는 어렵습니다. 그렇기 때문에 수련이 중요합니다. 당신이 수련하면 정상에 오르게 되는데, 그것이 바로 초의식이라고 부르는 것입니다. 초의식은 의식보다 위에 있습니다. 아무도 두뇌의 그 부분에 대해 이야기하지 않지만, 그것은 엘로힘의 가르침입니다. 모든 사람이 의식에 대해 말하고, 과학자들은 의식이 어느 곳에 있는지 그 위치를 찾으려고 애쓰고 있지요. 오직 라엘리안들만이 초의식에 대해 알고 있습니다.

초의식은 부처가 된 상태입니다. 지금 존재하는 것이지요. 행복은 미래의 것도 아니고, 과거의 것도 아니고, 다른 어딘가에 있는 것도 아닙니다. 바로 여기 있습니다. 당신이 아프리카에 있든, 미국에 있든, 일본에 있든, 다른 행성에 있든, 엘로힘의 행성에 있든, 무한 우주의 어느 곳에 있든, 행복은 당신이 있는 여기 있습니다. 당신은 바로 지금 엘로힘의 행성에 있을 수 있으나 매우 슬프고 우울할 수도 있지요. 당신이 우울하다면, 엘로힘 행성을 포함하여 어느 곳에 가더라도 여전히 우울할 것입니다. 왜냐하면 그것은 내부로부터 오기 때문입니다.

바로 여기, 바로 당신의 의자 위, 의자의 옆쪽도 아니고, 방의 다른 곳도 아니고, 당신이 있는 바로 여기, 이곳이 우주에서 최고의 장소입니다. 그리고 바로 지금은 영원의 시간 속에서 최고의 순간입니다. 당신이 그것을 느낄 때, 당신은 부처입니다. 그리고 목표는, 목표로 하지 않으면서, 항상 그 상태를 유지하는 것입니다. 이것이 목표이지만, 목표가 되어서는 안 됩니다. 왜냐하면 만약 그것이 목표라면, 당신은 그것을 가질 수 없기 때문입니다.

이것은 당신이 행복하기를 원할 때와 같습니다. 당신이 행복해지기를 원하는 한, 당신은 행복하지 않음을 의미합니다. "원합니다"를 제거하면, '행복'이 남게 됩니다. 지금이 완벽한 때입니다. 당신은 미래도 아니고 과거도 아닌, 바로 지금, 바로 여기보다 행복해질 더 나은 기회를 결코 가질 수 없습니다.

하지만 당신은 과거이자 미래입니다. 당신을 이루는 물질과 에너지는 언제나 존재해왔으며, 영원히 존재할 것입니다. 그렇게 당신은 영원히 '존재'합니다. 그러므로 당신이 초의식을 사용하여 깊은 명상 상태로 들어가면, 더 이상 어제도 존재하지 않으며, 내일도 존재하지 않습니다. '지금'이라는 것은 모든 과거와 모든 미래를 포함하며, 당신은 무한한 시간과 하나입니다.

이는 엘로힘의 상징에 그려져 있는 것처럼, 공간에서도 동일합니다. 행복하기 위한 다른 장소는 없습니다. 당신이 진정으로 여기에 존재할 때, 당신은 모든 곳에 있게 됩니다. 우리는 여기에 있지만 태양계 안에 있으며, 이 행성 위에 있습니다. 우리는 은하계 안에 있으며, 무한 우주 안에 있습니다. '여기'는 모든 곳에 있으며, '지금'은 언제나 있는 것이지요.

우리는 착각에 의해 공간과 시간으로부터 분리되어 있다고 느낍니다. 명상을 통해, 당신은 언제나 존재하게 되고, 무한의 모든 곳에 존재하게 됩니다. 당신의 손 안에는 수많은 은하들이 있고, 명상 세미나를 하고 있는 무한한 수의 행성들이 있으며, 무한한 수의 엘로힘이 있습니다. 바로 지금 당신의 손 안에는 강의를 하고 있는 무한한 수의 작은 마이트레야들이 있지요. 그것을 느껴보세요! 우리는 모든 곳에 존재하며, 아무 데도 존재하지 않습니다. 우리는 언제나 존재하며, 어느 때에도 존재하지 않습니다.

당신이 이것을 깨달을 때, 당신은 부처입니다. 시간도 없고, 공간도 없고, 오직 사랑만 있습니다. 당신은 무한소로부터 오는 사랑과, 무한대로부터 오는 사랑을 느낍니다. 모든 것과 항상 하나 되는 이 아름다운 느낌, 이것을 느끼세요.

초의식은 언제나 웃습니다

A.H.68년 8월 - 2013년 크로아티아 스베티마르틴

웃음은 의식을 위한 가장 강력한 기폭제입니다. 특히 웃음은 가장 중요한 것, 즉 의식 위에 성장하는 초의식의 기폭제입니다. 의식은 히로시마, 전쟁, 폭력, 절망을 가져왔습니다. 사람들이 다른 사람들을 죽일 때, 그들은 의식이 있지만, 초의식을 사용하지는 않습니다. 조국을 지키거나 다른 나라를 공격하기 위해 핵무기를 만드는 사람은 의식적입니다. 그들은 위험을 의식하고, 적들을 의식하며, 적이라는 개념을 이해하고 있습니다. 의식은 초의식의 가장 큰 적입니다.

반면에, 초의식은 웃음에 관한 것입니다. 초의식은 아무 이유 없이 웃으며, 아무 이유 없이 행복합니다. 초의식은 아무 이유 없이 미소 짓고, 존재하는 것만으로 아무 이유 없이 행복합니다.

이미 여러분이 알고 있듯이, 만약 여러분이 어떤 이유로 행복하다면, 그 이유가 사라질 때, 여러분의 행복도 사라질 것입니다. 만약 여러분이 부자여서 행복하다면, 돈을 잃을 때, 행복도 잃게 됩니다. 만약 여러분이 섹시한 여자친구가 있어 행복하다면, 그녀가 다른 사람을 찾아 여러분을 떠

날 때, 더 이상 행복하지 않게 되지요. 여러분이 외부의 어떤 것 때문에 행복하다면, 진정으로 행복한 것이 아닙니다.

여러분의 의식은 주변의 모든 것들을 가능한 한 많이 인식하고, 생각을 구성하기 위해 그것들을 이용합니다. 생각은 행복의 가장 큰 적입니다. 생각이란 여러분으로 하여금 이렇게 말하게 만드는 것입니다. "이웃집이 우리 집보다 더 큰데, 내가 더 좋은 집을 사려면 돈을 더 많이 벌어야겠어." '소유'는 행복을 만들지 않지요. "아름다운 여자친구, 남자친구가 필요해. 보안이 필요해…" 이런 것들은 생각입니다. 생각할 때, 우리는 필연적으로 과거에 있습니다. 생각은 과거 없이는 존재할 수 없습니다. 과거는 후회입니다. 여러분이 가졌던 어떤 것에 대해, 혹은 여러분이 가졌다고 생각했던 어떤 것에 대해, 후회하는 것이지요. 그리고 과거란 현재에 대한 인식을 거른 채, 우리를 두려운 미래로 아주 빠르게 사출하는 도약판과도 같습니다.

미래는 불안입니다. "나에게 무슨 일이 일어날까? 내가 가진 것을 잃게 될까?" '내가 가진 것'이란 무엇인가요? 여러분이 가진 모든 것은 과거입니다. 바로 지금 여러분이 가진 모든 것, 즉 여러분의 소지품들, 심지어 옷조차도 과거입니다. 여러분은 그것들을 샀고, 그것은 과거의 일입니다. 많은 여성들이 옷을 매우 자주 바꾸고 싶어 하는데, 옷들은 빨리 유행이 지나기 때문이지요. 그것은 과거입니다. 여성분들, 미안하지만, 여러분의 패션은 벌써 낡았답니다. 이것이 정확히 패션의 본질인데, 여러분이 더 많이 소비하도록, 가능한 한 빨리 현재를 과거로 바꾸는 것입니다. 그것은 행복이 아닙니다.

과거는 자동적으로 여러분을 미래로, 필연적으로 무서운 미래로 사출합니다. 미래를 생각할 때, 우리는 걱정될 수밖에 없습니다. 왜냐하면, 심지어 가장 아름다운 라엘리안 여성들조차도 나이를 먹기 때문입니다. 여러분은 추해질 것입니다. 여러분도 그걸 알고, 그것에 대해 생각하지요. 그래서 여러분은 젊음을 유지하기 위해 화장품을 삽니다. 젊음은 과거입니다, 불안한 미래에 대해 생각할 때, 젊음은 과거에 집착하고 싶어 합니다.

그럼, 이제 무엇이 남았나요? 과거에 대한 후회 없이, 미래에 대한 불안 없이, 무엇이 여러분을 행복하게 만들 수 있을까요? 그것은 바로 '지금', 그리고 '여기'입니다. 바로 지금, 특별하고 마법 같은 이 순간에 있는 여러분 자신을 바라보세요. 더 이상 과거를 보지 마세요. 이것이 바로 행복 아카데미 기간 동안, 그것이 합법적이라면 어디서든지, 우리가 옷을 벗고, 패션을 벗어버리는 이유입니다. 여러분의 호흡은 지금입니다. 여러분의 심장박동도 지금입니다. 지금, 숨을 쉬며 공기가 콧구멍으로 들어가는 것을 느껴보세요. 이것은 과거의 후회도 미래의 두려움도 빼앗을 수 없는 절대적인 행복입니다. 하지만 여러분은 이 순간에 있을 필요가 있습니다. 여러분은 완전히 '지금'에 있어야만 합니다.

여러분 안에서 웃고 있는 초의식에 귀를 기울여보세요. 이 순간이 초의식입니다. 초의식은 존재의 상태입니다. 여러분이 초의식 상태에 있을 때, 여러분은 존재합니다. 반면에, 모든 물질적 소유물을 갖는 것, 과거, 미래, 그것들은 모두 의식의 일부입니다. 그렇다면, 왜 우리는 의식 수준을 높이는 데 대해 말할까요? 그것은 단순히, 우리가 더 이상 의식 상태에 있지 않고 초의식 상태에 있기 위해서입니다.

의식은 적입니다. 의식은 위험합니다. 왜냐하면 의식은 과거이고, 의식은 두려움이고, 의식은 미래이기 때문입니다. 그것은 소유, 그리고 나쁜 모든 것들에 대한 것입니다. 반면에, 초의식은 존재에 대한 것입니다. 여러분이 낮은 수준에서 더 의식적일수록, 즉 여러분을 바로 가까이에서 둘러싸고 있는 것들에 대해 더 의식할수록, 여러분은 소유할 필요에 대해, 과거에 대해, 과거의 일부에 지나지 않는 모든 것들에 대해, 미래에 대해, 더 많이 의식하게 됩니다. 미래 역시 과거의 부산물이지요. 과거가 없다면, 미래도 있을 수 없습니다.

만약 여러분이 과거에 대해 생각하지 않는다면, 일어날 수도 일어나지 않을 수도 있는 미래를 만들기 위해 '소유'의 함정에 빠지는 것을 피할 수 있습니다. 여러분이 걱정하는 시간의 90%는 미래에 대한 걱정입니다. 그럼에도, 그 걱정거리가 결코 일어나지 않았다는 것을 여러분이 알게 되는 것은, 불행하게도 일이 지난 후일뿐입니다. 이것은 여러분도 잘 알고 있지요. 여러분은 상사와의 회의를 앞두고 자주 걱정합니다. 회의에서 잘하지 못할까 봐 잠도 못 이루고 걱정하지요. 그렇지만 다음날 여러분은 기분 좋은 상태로 상사와 회의를 갖습니다. 여러분은 아무 이유도 없이, 회의 전에 괜한 걱정을 했던 것입니다.

만약 여러분이 더 높은 상태, 즉 초의식의 상태에 도달한다면, 여러분은 존재의 상태에 있게 됩니다. '존재'하는 사람은 전혀 과거에 있지 않고, 전혀 미래에도 있지 않습니다. 우리 라엘리안 철학이 얼마나 복잡한지요! 이 얼마나 어렵고 복잡한지요!

초의식에 도달하기 위해서는, 우리는 웃어야만 합니다. 그리고 이것이 바로 행복 아카데미를 여는 이유입니다. 여러분 자신을 훈련하세요! 스승들의 가르침에 귀 기울이세요! 아무 이유 없이 웃도록 여러분 자신을 훈련하세요! 나는 여러분의 내면에서 아무 이유 없이 그저 웃음이 터져 나오는 것을 여러분이 느끼길 바랍니다. 내가 여러분에게 부탁해서도 아니고, 내가 말한 것 때문도 아닙니다. 나는 의식을 건너뛰거나 단락시키는 초의식과 여러분의 몸 사이에 연결고리를 만들어, 웃음에 생기를 불어넣고 있기 때문입니다.

더 나아가, 숨을 들이마시고, 숨을 내쉬면서 웃어보세요! 이것은 정말 멋집니다! 바로 이 순간입니다! 지금 당장이지요. 만약 여러분이 이 웃음을 무한으로 증가시킨다면, 삶은 정확히 그와 동일한 방향으로 나아가게 될 것입니다. 그리고 여러분이 소유하고 싶거나 소유한 것들은 여러분의 행복과 무관하게 될 것입니다. 그 대신, 이 영원한 웃음으로부터 행복이 나올 것입니다.

분명히 말하지만, 초의식은 멈춤 없이 웃습니다. 때때로 우리는 그것을 느낄 수 있고, 우리 또한 웃기 시작하지요. 초의식은 항상 웃습니다. 들어보세요. 초의식의 웃음소리를 여러분의 머릿속에서 들어보세요! 아이들은 초의식을 갖고 있습니다. 그렇기 때문에, 아이들은 아무런 이유 없이 많이 웃습니다. 왜냐하면, 아이들은 그저 웃고 싶기 때문입니다. 아이들은 그저 자기 안에서 행복이 증가하는 것을 느끼기 때문입니다.

초의식 명상

A.H.68년 8월 – 2013년 크로아티아 스베티마르틴

우리 행성은 그 어느 때보다 더 명상이 필요합니다. 중요한 것은 우리가 의식적으로 되는 일이 아닙니다. 왜냐하면 미친 사람이나 범죄자도 의식이 있기 때문이지요. 그러므로 우리는 초의식 상태로 있는 것이 중요합니다. 초의식 상태는 '소유'가 아닌 '존재'의 상태로 있는 것이며, 우리 모두에게 집단적으로 적용되어야 합니다. 각 개인이 그럴 필요가 있는 것처럼, 사회 전체도 점차 덜 의식적으로 되고 더욱 초의식적으로 될 필요가 있는 것입니다.

프랑스인은 프랑스인임에 매우 행복해하고, 프랑스인임을 의식하는데, 이것이 문제를 만듭니다. 미국인들은 미국인임을 매우 의식하며, 이것이 문제를 만들지요. 만약 모두가 자신의 국적을 의식하기를 멈추고, 초의식적으로 되기 시작한다면, 그러면 단지 '존재'하게 됩니다.

무한히 많은 은하들이 있는 우주에는, 인간은 아니지만 의식적인 외계 문명인들이 있습니다. 현재 인류의 의식 수준은 인간이면서도 수준 이하인데, 어떻게 보면, 인간이 아니면서 의식적인 편이 더 낫습니다. 무한히 많은 은하들을 포함하는 우주에는 초의식 상태에 도달한 문명인들이 아주

많으며, 그들은 마치 흑사병을 피하듯이 지구를 피합니다. 우리는 의식이라는 흑사병의 독기에 빠져 있습니다. 우리로 하여금 백인, 흑인, 인간, 프랑스인, 또는 스위스인이라고 생각하게 만드는 이 일상적 의식 말입니다.

우리는 초의식입니다. 이제 잠시 명상을 해보겠는데, 이 명상의 힘은 무한히 강력합니다. 잊지 마세요. 메시지에서 알 수 있듯이, 여러분은 인류의 일부입니다. 나는 여러분이 인류의 의식이라고 말한 적이 있지요. 그게 아닙니다. 실제로, 라엘리안은 인류의 의식이 아니라, 인류의 초의식입니다. 의식이란 땅바닥 수준이거나, 심지어 좀 더 낮은 수준, 비 온 뒤 올라오는 지렁이 수준에 지나지 않습니다.

라엘리안은 초의식입니다. 여러분은 인간들에게 더 이상 인간이 되지 말라고 가르치고 알려주기 위해 그들과 있는 것입니다. 아돌프 히틀러는 인간이었습니다. 오바마도 인간이고, 스탈린도 인간이었습니다. 아틸라도 인간이었지요. 제발, 더 이상 인간이 되지 말고, 초의식이 되세요. 인간이 인간으로서 해온 일은 그다지 훌륭하지 않았습니다. 그러므로 인간보다 더 나은 존재가 됩시다. 초인간이 됩시다. 인간이 된다는 것은 육상경기 기록만큼도 인상적이지 않습니다.

우리는 초의식 상태로 존재함으로써, 한 개의 코 대신 몸통에 8개의 다리와 12개의 눈이 달렸지만, 사랑으로 가득 찬,

우주에서 온 존재를 보았을 때 "저게 무슨 괴물이야! 먼저 총을 쏘자!"라고 소리치지 않을 수 있게 됩니다. 먼저 총부터 쏘는 것은 인간이 되는 것이며, 그것은 인류의 역사에서, 모든 나라 사람들에서, 모든 대륙에서, 항상 그래왔던 인간적 반응입니다. 그래서 인간이 된다는 것은 끔찍합니다! 누가 나에게 "당신은 인간이 아니야"라고 말하며 나를 모욕하려고 할 때, 나는 이렇게 대답합니다. "나는 정말 그렇기를 바랍니다." 나는 정말로 내가 인간이 아니기를 바랍니다. 왜냐하면, 인간이 된다는 것은 지금까지 훌륭한 일이 아니었기 때문이지요. 우리는 매년 수백만 명이 굶어 죽는 작은 행성에 살고 있습니다. 인간이 된다는 의미가 그런 건가요? 나는 더 이상 인간이 되고 싶지 않습니다. 제발, 내가 하는 것처럼, 더 이상 인간이 되는 대신 초의식 상태로 존재하기 위해 노력하세요. 은하 의식을 지닌 무한이 되면, 갑자기 우리는 모든 것에 사랑과 친밀감을 느끼며, 모든 것과 하나가 됩니다.

나는 이제 여러분 자신에게 작용하는 명상으로 여러분을 안내하겠습니다. 이 명상이 여러분을 초의식 수준으로 상승시키는 동안, 인류 전체가 여러분이 무엇을 하고 있는지 알든 모르든, 인류 전체를 또한 그 수준으로 상승시킬 것입니다. 이 명상을 하면서 여러분이 방사하는 진동은 다른 사람들, 이 호텔에서 여러분 주위에 있는 라엘리안이 아닌 사람들, 근처 도시에 있는 사람들, 온 행성에 살고 있는 사람들에게 영향을 줍니다. 그들에게 영향을 주는 어떤 일이 일어나서, 그들을 초의식으로 상승시킬 것입니다. 그들은 그것을 깨닫지 못하겠지만, 그들의 의식 수준은 높아질 것입니다.

눈을 감고, 심호흡을 하세요. 한 번, 두 번, 세 번, 이제 자신에게 집중하세요. 자기 자신의 모습, 자신의 얼굴을 떠올리세요. 웃고 있는 자신을 시각화하세요. 미소 지으며, 아름답고, 빛나고, 조화롭고, 행복하고, 사랑으로 가득 차 있고, 어린아이처럼 웃는 자신을 봅니다. 그리고 자신에게 더 많은 행복, 더 많은 사랑, 더 많은 친절과 연민을 보냅니다. 왜냐하면, 여러분은 완벽하지는 않지만 자신을 있는 그대로 사랑하니까요. 여러분은 결점들을 지닌 자신을 사랑하며, 그런 결점을 절대로 없애지 않을 것입니다. 왜냐하면, 여러분은 인간이자 초인간으로서 자질들과 결점들로 이루어져 있기 때문입니다. 한 그루의 나무처럼, 한 포기의 식물처럼, 여러분은 이 존재 전부를 사랑합니다. 그가 저질렀던 실수들과 그가 행했던 선한 일들을 품고 있는 그 전부를 사랑합니다. 미소 지으며, 아름다움을 향하여, 선함을 향하여, 사랑을 향하여 눈을 돌리세요.

이제, 여러분의 정신적 지도자 또는 여러분이 세상에서 가장 사랑하는 사람을 떠올리세요. 그리고 마음속으로 그 사람을 보세요. 그는 미소 지으며, 행복하고, 조화롭고, 평온하고, 사랑으로 가득 차 있습니다. 그리고 그 또는 그녀에게 더욱 많은 사랑과 에너지, 행복, 연민을 보내세요. 그 사람은 불완전하지만, 그가 지닌 사랑의 능력은 굉장하니까요. 여러분의 모든 힘을 다해 사랑을 보내세요. 여러분이 가장 사랑하는 사람에게 보내는 이 사랑, 이 연민, 이 친절이 여러분의 모든 세포에서, 모든 뉴런에서, 여러분의 전신에서, 여러분의 전 마음에서 방사됩니다.

이제, 이미지를 바꾸어 봅니다. 여러분이 알고는 있지만 특별히 좋아하지 않는 사람, 그냥 만난 적이 있는 누군가를 떠올려보세요. 그는 여러분이 머무는 호텔에서 일하는 사람일 수도 있고, 식당에서 여러분에게 시중들거나 혹은 계산대에 앉아 있는 사람일 수도 있고, 거리에서 만난 사람일 수도 있겠지요. 여러분과 아무런 관계가 없는 사람, 특별한 애정이 없는 사람, 심지어 전혀 소통이 없는 사람, 그렇지만 여러분이 알고 있고, 본 적이 있는 사람을 떠올려보세요. 그 사람에게 사랑을 보내고, 그의 얼굴을 떠올리세요. 누구든 좋습니다. 그 사람에게 미소 지으며, 사랑을, 연민을, 에너지를, 친절을 보내세요. 특히 친절과 자비심을 보내세요.

이번 단계는 더욱 어려운데, 여러분이 알지 못하거나 사랑하지 않는 사람, 특히 좋아하지 않는 사람에 대해서입니다. 그럼 이제 이미지를 바꾸겠습니다. 훨씬 더 어렵지만, 훨씬 더 강력합니다. 여러분이 전혀 좋아하지 않는 사람, 여러분을 끔찍한 시간 속으로 던져 넣은 사람, 여러분의 인생에서 최악의 일을 겪게 만든 누군가를 떠올려보세요. 미소 지으며, 그 사람을 떠올리세요. 그리고 그에게 사랑을, 가능한 최대의 사랑을 보내세요. 그에게 에너지를, 연민을 보내세요. 왜냐하면 그는 기본적으로 인간이며, 초인간이 될 수도 있고 선해질 수도 있기 때문입니다. 사랑을 보내세요. 왜냐하면 사랑만이 악을 선으로 변화시킬 수 있으니까요. 그에게 친절, 연민, 에너지를 보내세요. 특히 그에게 친절을 보내세요. 그를 시각화하고, 그에게 사랑을 보내세요. 여러분에게서 나오는 이 사랑을 떠올려보세요. 그것은 여러분에게서 발산되어, 여러분에게 그토록 큰 고통을 주었거나 여러분이 혐오했던 그 얼굴을 향해 갑니다. 사랑을 보내세요. 바로 그것입니다.

이제 아주 천천히 여러분 주위를 다시 의식하면서, 눈을 뜨세요. 모든 것과 모든 사람에게 방사되고 있는 이 사랑의 느낌을 유지하세요. 여러분은 이 명상을 식물들, 동물들, 별들, 그리고 존재하는 모든 것들을 대상으로 더 오래 할 수도 있습니다.

여러분 주위의 모든 살아있는 것들에게 사랑, 친절, 연민을 보내는 것, 그것만이 인류를 인간 아닌 존재로 변화시킬 수 있는 유일한 길입니다. 인류가 인간일 때, 인류가 어떤 일을 저지르는지 우리는 보았습니다. 우리는 인류가 초의식에 이르도록 도움으로써, 인류를 초인간으로 만들 수 있기를 바랍니다.

이 명상은 오래된 메시지와 같습니다. "네 원수를 사랑하라." 여러분은 어떻게 그럴 수 있을까요? 그들을 시각화하고, 그들에게 사랑을 보내면 됩니다. 어려운 일입니다. 그렇지 않나요? 상당히 어렵지만, 또한 아주 간단합니다. 여러분이 그렇게 할 때, 만약 여러분이 그것을 해낼 수 있다면 - 내가 아는 사람 중에, 이 문제로 고군분투하는 사람이 몇 있지요 - 여러분이 그것을 해낼 수 있게 되면, 모든 것들이, 모든 장벽이 무너집니다. 여러분을 개인적으로 무력하게 했던 장벽들, 그 장벽들은 무너집니다. 평화와 평온이 여러분에게 밀려들고, 세계로 스며듭니다. 왜냐하면, 그것만이 인류를 구하는 유일한 길이기 때문입니다.

초의식 개발을 통해 우리를 초인간으로 만드는 것은 이 무조건적인 사랑입니다. 이 명상을 자주 하고, 이것을 위해 충분한 시간을 내세요. 여러분이 할 수 있는 한, 자주 이 명상을 하세요. 아침에 일어날 때, 잠자리에 들 때, 오전에, 그리고 언제든 이 명상을 하세요. 언제나 이 사랑을, 이 연민을, 그리고 이 친절을 방사하세요.

우리가 사랑하는 사람에게 친절하고, 연민을 갖고, 사랑으로 가득 차기는 쉽습니다. 모두가 그렇게 하지요. 심지어 히틀러도 그의 파트너를 무척 사랑했습니다. 그러나 그것으로는 충분하지 않습니다. 우리가 알지 못하는 사람들을 사랑하는 것만으로도 이미 조금 더 낫습니다. 그러나 여러분이 미워하는 사람들을 사랑하는 것, 여러분이 미워하는 사람들에게 사랑을 보내는 것, 그것이야말로 바로 국경과 군대, 장벽, 정치인, 그리고 나머지 모든 것들을 없애고, 지구에 항구적인 평화를 가져올 수 있는 유일한 길입니다.

엘로힘은 우리에게 말씀하십니다. 만약 우리가 우리끼리 평화를 이루지 못한다면, 그들은 우리에게 올 수 없으며 우주에 있는 무한히 많은 문명과 우리를 연결해줄 수 없노라고. 왜냐하면, 그것은 다른 문명들에게 더 나쁜 일인데, 우리가 인간일 것이기 때문입니다. 만약 우리가 인간이라면, 다른 문명들에게는 끔찍한 일일 것입니다. 왜냐하면, 벌써 다른 행성들을 식민지로 만드는 것에 대해 말하고 있는 사람들처럼, 우리는 인간 우선주의가 될 것이기 때문입니다. 식민지화는 인간이 되는 것입니다. 식민지화라는 개념은 우리가 초인간이 될 때, 초의식 상태에 있을 때, 최우선적으로 '존재'의 상태가 될 때, 그리고 살아있는 모든 것에 사랑을 보낼 때, 특히 우리에게 불쾌하게 보이고, 적으로, 괴물로 보일 수 있는 존재들에 사랑을 보낼 때, 사라집니다. 사랑을 보냅시다.

나는 초의식을 사용하고 있는가?

A.H.70년 6월 - 2016년 일본 오키나와

여러분의 초의식은 행복의 수호자입니다. 여러분은 아침에 일어나는 순간부터 항상 선택할 수 있는 힘을 갖고 있습니다. "초의식을 사용할 것인가, 아니면 의식을 사용할 것인가?" 여러분은 끊임없이 자신에게 물어봐야 합니다. 여러분이 이 질문을 멈추는 즉시, 생각하는 두뇌가 가동됩니다. 그때는 이 질문을 기억하세요. "나의 다음 생각은 뭘까?"

불교와 기독교 사이에는 차이점이 있습니다. 기독교에는 신이 있고, 사람은 '하등 존재'입니다. 오직 신만이 위대하지요. 불교에서는 다릅니다. 부처는 신이 아닙니다. 그는 깨달음을 얻고 초의식을 사용한 최초의 사람입니다. 여기 있는 모든 사람이 부처가 될 수 있습니다. 매 순간, 여러분은 평범한 인간이 될지 부처가 될지 선택할 수 있는 것이지요.

"나는 나의 초의식을 사용하고 있는가? 아니면, 나는

생각하는 기계, 즉 로봇인가?" 여러분은 먹고, 섹스하고, 잠자며, 또 행복과는 거리가 먼 산만한 사랑 혹은 거짓 사랑을 하며, 평생 생각하는 기계로 지낼 수 있습니다. 만약 여러분이 생각하는 기계라면, 영원한 삶을 원하지 않을 것입니다.

여러분이 우울하거나 행복하지 않다면, 엘로힘은 여러분에게 영원한 생명을 주지 않습니다. 그들은 사디스트가 아니니까요. 행복을 먼저 찾아야 합니다. 이는 엘로힘이 우리를 얼마나 사랑하는지 보여줍니다. 여러분이 행복하지 않다면, 여러분은 먼지로, 무한으로 돌아갈 것입니다. 만약 여러분이 지구에서 우울했고, 그 상태로 엘로힘의 행성에서 깨어난다면, 여러분은 영원히 우울할 것입니다. 그러므로 행복은 영원한 삶에 도달하기 전의 필수조건입니다.

매순간 자신에게 이 질문을 던지세요. "나는 생각하는 두뇌를 사용하고 있는가, 아니면 초의식을 사용하고 있는가?" 아침에 잠에서 깰 때는 그것이 쉽지요. 그 후 지하철 안에서, 지각할까 봐 초조해지고, 생각이 많아질 때, 다시 자신에게 물어보세요. "나는 초의식을 사용하고 있는가, 아니면 생각하는 두뇌를 사용하고 있는가?"

초의식을 사용할 때, 여러분의 표정은 더 편안해집니다. 그렇게 하는 것은 여러분이 속도를 줄이는 데 도움이 됩니다. 나는 지금 두뇌의 어느 부분을 사용하고 있을까요?

만약 외부의 사건에 즉각적으로 반응한다면, 그것은 생각하는 두뇌입니다. 만약 반응하지 않고 평화로운 조화를 유지한다면, 여러분은 초의식을 사용하고 있는 것입니다.

오늘 나는 무엇을 난생처음 해볼까?

A.H.67년 11월 - 2012년 일본 오키나와

매일 그날 하루를 빛내려면 단지 몇 마디 말이면 됩니다. 그러면 당신은 아침에 일어날 때, 아름다운 하루를 보내기 위한 모든 것을 당신 안에 갖게 됩니다. 그리고 또한 잠자리에 들기 전에는, 좋은 기분을 느끼기 위한 모든 것을 당신 안에 가질 수 있게 되지요. 당신이 그렇게 하는 데 도움이 되는 두 가지 방법이 있습니다.

첫 번째는, 단순히 아침에 눈을 떴다는 것에 대해 감사하는 것입니다. 왜냐하면 어느 날 당신은 아침에 일어나지 못할 수도 있기 때문입니다. 만약 당신이 엘로힘의 행성에서 깨어난다면 멋진 일이겠지만, 당신이 어디에서도 깨어나지 않는다면 그만큼 좋지는 않겠지요. 우리가 죽고, 엘로힘의 행성에서 재생되지 않는다면, 우리는 깨어나지 못하는 것입니다. 우리는 무기물에서 왔으므로 다시 무기물로 돌아가고, 우리의 의식은 영원히 사라집니다. 이것은 언제든 일어날 수 있지요. 그러므로 당신은 아침에 눈을 뜨면, 맨 처음 이렇게 말해야 합니다. "와, 나는 아직 살아있다! 또 다른 아름다운 하루를 지내게 해 주셔서 감사합니다." 아침에 눈을 뜬다는 것, 그냥 그것만으로도 얼마나 큰 선물인가요! 돈도, 애인도, 권력도 필요 없습니다. 단지 아침에 눈을 떴다는 것이 놀라울 따름이지요!

　두 번째는, 만약 당신이 늙고 싶지 않다면, 당신의 인생에서 오늘 처음으로 행한 것이 무엇이 있었는지 매일 스스로에게 물어보는 것입니다. 사람이 나이 들고 늙게 되면, 인생에서 처음으로 하는 행위를 더 이상 하지 않게 되는 경향이 생깁니다. 물론 몸은 나이가 들고, 우리는 그것에 대해 아무것도 할 수 없지만, 두뇌는 우리가 필요한 행동을 한다면 결코 나이 들지 않습니다. 당신이 아이였을 때, 당신은 매일 많은 것들을 처음으로 했습니다. 그러나 점차 나이가 들수록, 그런 것을 점점 덜 하게 되지요. 정신적으로 늙게 되면, 사람들은 아무것도 처음으로 해보지 않은 채 몇 달, 몇 년을 보냅니다. 노인들은 언제나 같은 일을, 같은 방법으로, 같은 시간에, 같은 자세로 합니다. 그러면 당신의 두뇌는 쪼그라들고, 상실하게 됩니다. 식물처럼 되는 것이지요.

　그러므로 당신은 매일 아침 일어날 때, 스스로에게 이

렇게 물어보세요. "오늘은 무엇을 난생처음으로 해볼까?" 무엇이든, 20개가 아니라, 딱 하나를 찾기는 쉽습니다. 해보세요. 그리고 하루를 마치고 잠자리에 들기 전에, 당신이 난생처음으로 했던 그 일을 떠올려보세요. 내일은 또 다른 것을 할 수 있겠지요. 그러므로 나는 당신에게 묻습니다. 생각해보세요. "당신이 오늘 생애 처음으로 할 것은 무엇인가요?" 그것은 어떤 것이든 좋습니다. 당신이 가본 적 없는 장소에 가는 것일 수도 있고, 이제까지 한 번도 대화해보지 않았던 누군가에게 말을 거는 것일 수도 있겠지요. 무엇이든 좋지만, 돈을 주고 사는 것은 안됩니다. 당신이 돈으로 살 수 있는 어떤 것이라면, 그것은 가치가 없습니다. 그것은 당신이 돈으로 살 수 있는 무엇이어서는 안되며, 또한 당신이 권력으로 할 수 있는 어떤 것도 안됩니다. 그것은 당신이 행하는 어떤 것, 당신이 이제까지 인생에서 전혀 해보지 않았던 어떤 것이어야 합니다.

당신은 오늘 무엇을 해보겠습니까? 찾아보세요. 당신이 나이가 들수록, 그것을 찾는 데 점점 더 시간이 걸립니다. 이 질문을 젊은이들에게 한다면, 그들은 "나는 이것을 하고 싶다, 나는 저것을 하고 싶다"라고 즉시 대답합니다. 늙은 사람들은 그것에 대해 한참 생각하겠지요. 자, 당신은 젊나요? 아니면, 늙었나요?

대답할 준비가 되었나요? 당신은 오늘 무엇을 하겠습니까? 즉각적이며, 열광적이고, 아름답고, 새로운 어떤 것이겠지요. 대답을 찾는 데 시간이 더 걸릴수록, 당신은 더 늙었다는 의미입니다. 당신이 이것을 매일 스스로 물어보면, 무언가를 찾아내는 데 걸리는 시간은 점점 짧아집니다. 처음에는 어렵지만, 연습할수록 시간은 점점 더 짧아질 것입니다. 그것은 매우 단순할 수도 있습니다. 예를 들면, 달팽이를 찾아내어 20분간 쳐다보는 것이지요. 혹은 숲속에 가서 야생화를 꺾어, 꽃꽂이를 해볼 수도 있겠지요. 가능한 한 단순해야 합니다. 자신을 훈련하세요. 이것을 매일 실천함으로써, 매우 빠른 대답을 얻을 수 있도록 자신을 훈련하세요.

　　나는 모든 일을 언제나 새로운 방식으로 하도록 내 두뇌를 훈련합니다. 같은 것을 반복하는 것은 지루하고, 당신의 두뇌를 위축시킵니다. 나는 '엘로힘' 곡을 연주할 때마다, "무엇을 바꿀 수 있을까?"라고 생각합니다. 화석이 되지 마세요. 모든 것을 바꾸세요. 즐기고, 모든 것을 바꾸고, 항상 새로워지세요. 당신 주위의 모든 사람을 놀라게 하고, 같은 상태에 머물지 마세요. 매일 새로운 당신! 새로운 당신을 축하합니다!

무한을 느끼는 초의식

A.H.68년 7월 – 2014년 일본 오키나와

구름을 바라보세요. 우리는 구름 속에 있었고, 언젠가 구름 속으로 되돌아갈 것입니다. 우리의 몸은 80%의 물로 구성되어 있습니다. 우리는 모두 죽을 것인데, 우리가 죽으면, 이 물은 증발해서 공중으로 가고, 구름 속으로 갈 것입니다. 그러므로 여러분이 구름을 바라볼 때는, 이 물이 사람들의 몸에서 나와 하나의 구름으로 모이는 데 얼마나 오랜 시간이 걸렸을지 궁금해하세요. 누군가가 죽은 후 3년, 혹은 7년 정도 걸릴지도 모릅니다. 여러분의 몸에서 나온 입자들이 구름까지 위로 올라가고, 그리고는 비가 되어 떨어져 강을 형성하고, 그리고 그 물을 여러분이 마십니다. 그러면 동일한 물의 입자들이 다시 여러분의 몸으로 돌아오는 것이지요. 이것이 바로 물의 놀라운 순환입니다.

우리의 몸, 두뇌, 의식을 구성하는 입자들은 몇 번이나 다른 사람의 몸, 또는 동물이나 식물의 일부였을까요? 무한한 삶의 순환 속에서, 그것은 무한한 횟수였습니다. 우리는 모든 것이었고, 모든 곳에 있었으며, 그리고 영원히 모든 것이 될 것입니다. 그렇기 때문에 우리는 하늘, 별, 흙, 식물, 우리 주위의 다른 사람들과 하나입니다.

우리 사이의 어떠한 분리도 착각입니다. 나는 다른 사람들처럼 숨을 내쉬고, 여러분도 다른 사람들처럼 숨을 들이마십니다. 그리고 내가 호흡할 때마다 내 몸의 일부는 여러분의 몸 안으로 들어가고, 그 반대도 마찬가지입니다. 그렇게 우리는 하나입니다. 이 일체감은 추상적인 것이 아니라, 물질적인 것입니다. 왜냐하면 여러분의 몸과 내 몸을 만드는 물질은 동일하기 때문이지요. 여러분의 몸과 이 푸른 식물이나 꽃의 몸을 이루는 물질은 동일합니다.

오늘날 유전학을 연구하는 과학자들은 원숭이와 나비의 DNA 사이에 거의 차이가 없음을 발견하고 있습니다. 다른 말로 하자면, 생명의 기본적이고 근본적인 벽돌은 살아있는 모든 것에서 동일하다는 것이지요. 우리는 서로 다르지 않습니다. 살아 있는 모든 것에는, 우리와 같은 수준이든지 다른 수준이든지, 의식이 있습니다. 이것이 바로 엘로힘의 상징이 그토록 중요한 이유입니다. 아시다시피 엘로힘은, 우리가 거대한 존재의 몸 안에 있고, 우리 손가락 안에는 수많은 은하들과 매우 작은 행성들이 있으며, 거기에도 사람들이 살고 있다고 우리에게 가르쳐줍니다.

생명과 의식의 원리는 모든 곳에서 동일합니다. 모든 작은 식물에도 의식이 있습니다. 통나무집을 만드는 데 사용되는 이 거대한 나무에도 의식이 있습니다. 여러분의 피를 빨기 위해 달려드는 모든 작은 모기들에도 의식이 있습니다. 그것들도 우리처럼 성적 느낌, 쾌감 등 모든 감정을 갖고 있으며, 우리와 똑같습니다. 유일한 차이점은, 그것들은 무한을 모른다는 것입니다. 무한을 느끼는 것은 인간만의 특권이지요. 그리고 무한을 느끼기 위해서는, 우리는 의식을 사용하지 않고 초의식을 사용합니다.

어리석은 사람들은 생각만 하고, 의식을 사용하지 않습니다. 의식 수준을 높인 사람들은 갑자기 의식을 사용하지만, 의식을 사용할 때는 매우 나쁠 수 있습니다. 아돌프 히틀러 같은 모든 살인자들, 폭력적인 사람들도 의식을 사용했습니다. 그러므로 의식으로는 충분하지 않습니다. 벌레도 자기의 의식을 사용합니다. 의식으로는 충분하지 않지요.

우리 인간은 초의식을 갖고 있으며, 이 초의식이 무한을 느끼고 사랑에 도달할 수 있는 유일한 방법입니다. 다시 말해서, 만약 우리가 단지 두뇌, 생각하는 두뇌라면, 벌레와 다를 바 없습니다. 의식만 갖고 있다면, 우리는 그저 벌레에 불과합니다. 벌레임을 자랑스러워하고, 독수리임을 자랑스러워하고, 개구리임을 자랑스러워하고, 프랑스인임을 자랑스러워하고, 중국인임을 자랑스러워하고, 일본인임을 자랑스러워하지요. 이것이 바로 더러운 민족주의이고, 전쟁을 일으킵니다. "나는 나야! 너는 너야! 넌 나보다 못해!"

많은 나라의 언어들에서, 자기 나라 이름의 의미가 "진정한 사람들의 나라"인데, 이는 마치 다른 나라들에는 진정한 사람들이 없다고 말하는 것과 같습니다. 심지어 종교들, 특히 유대교에는 이런 말도 있습니다. "우리는 인간이지만, 비유대인은 동물과 같으며, 그들은 인간이 아니다." 이런 것은 증오, 전쟁을 만들어내며, 결코 사랑을 만들지 못합니다. 우리가 초의식에 도달하면, 우리는 더 이상 일본인도 프랑스인도 아니며, 또한 더 이상 인간도 아닙니다. 우리는 '존재'이며, 우리는 하나입니다.

　　우리는 곤충보다 더 나은 것이 없습니다. 이번 주에 나는 집 안에서 작은 곤충을 구해주었습니다. 그 불쌍한 동물은 실내에서 죽어가고 있었는데, 나는 그것을 만지고, 집어서, 바깥에 옮겨놓고, 물을 조금 주니, 그것은 물을 마셨습니다. 나는 그 곤충이 행복해하는 것을 느꼈고, 나는 그것과 하나가 되었습니다. 다른 인간들과, 지구상의 모든 생명체들과, 그리고 다른 행성들의 모든 생명체들과도, 이 하나됨을 느껴보세요.

　　아직 초의식에 도달하지 못한 많은 인간들은, 우주에서 온 사람들을 '외계인'이라 부릅니다. 여러분도 영화 '에일리언'을 봤겠지만, 그들은 괴물로 묘사되어 있지요. 이것은 초의식이 아닙니다. 이것은 백인이 흑인을 증오하는 것과 같으며, 일종의 인종차별입니다. 여러분은 누구와 함께 시간을 보낼지 선택해야 합니다. 거미의 모습을 하고 있지만 초의식에 도달하여 사랑으로 가득 찬, 다른 행성에서 온 존재와, 아돌프 히틀러의 얼굴을 하고 증오로 가득 찬 인간 사이에서 말이지요. 나는 아돌프 히틀러보다, 사랑으로 가득 찬 거미와 함께 시간을 보내고 싶습니다.

이것은 우주의 어디에서나 마찬가지입니다. 여러분은 초의식에 도달했을 때만, 사랑을 갖게 됩니다. 여러분은 모두 두뇌 안에 초의식을 지니고 있습니다. 그러므로 실천해야 합니다. 생각을 멈추고, 기본적인 의식에 만족하지 말고, 명상을 통해 초의식에 도달하고, 그리고 사랑을 느끼세요.

부처는 에고 없는 초의식입니다

A.H.70년 10월 - 2015년 일본 오키나와

여러분이 초의식에 이르게 될 때, 에고는 완전히 사라집니다. 그리고 여러분은 엘로힘과 연결되어 있음을 느낍니다. 만약 여러분이 생각하는 두뇌를 사용하면, 더 이상 연결되지 않지요. 여러분이 생각하고 있을 때, 여러분은 무한한 우주로부터 자신을 단절시킵니다. 그러나 여러분이 느낄 때,

여러분은 자신을 초월하여 존재하게 됩니다. 왜냐하면 그 작은 여러분은 여러분이 아니기 때문입니다. 여러분은 훨씬 그 이상입니다.

'나'는 문제를 만들고, 투쟁, 이원성, 전쟁을 만들어냅니다. '나'란 '너'에 대항하는 것이지요. 하지만 초의식과 함께한다면, '너'와 '나' 사이에는 아무 경계도 없습니다. 엘로힘은 여러분의 일부이며, 여러분은 엘로힘의 일부입니다. 에고를 갖는 한, 여러분은 하나됨을 느낄 수 없습니다. 그렇기 때문에, 존재하기 위해서는, 여러분은 '나'임을 멈춰야 합니다. 여러분이 "나는 나다"라고 생각할 때, 그것은 "'나'는 너와 연결되어 있지 않다"라는 의미를 내포합니다. 만약 내가 '나'이지 않은 상태로 여러분을 바라보면, 우리는 하나입니다. 거기에는 어떠한 판단도, 어떠한 비교도 없습니다. 그것이 바로 여러분이 나의 눈에서 느끼는 것입니다.

에고를 완전히 없애세요. 그러한 수준에 도달하는 데 오랜 세월 동안 수행이 필요하다고 생각하지 마세요. 그것은 크게 잘못된 생각입니다. 여러분은 그것을 지금 당장 할 수 있습니다. 여러분 한 사람 한 사람 모두 할 수 있습니다. 초의식에는, 레벨이 없습니다. 가장 약한 초의식일지라도 레벨 5 가이드와 같은 레벨입니다. 레벨은 무브먼트의 조직을 위한 것일 뿐입니다. 부처가 된다는 것은 에고가 없는 초의식의 존재가 되는 것입니다. 여러분은 지금 즉시 그렇게 할 수 있습니다. 어려운 일은 그 상태를 계속 유지하는 것이지요. 누구나 적어도 1초 동안은 부처가 될 수 있습니다. 여러분은 '부처 됨'의 레벨을 향상시킬 수 없습니다. 초의식은 오직 100퍼센트이며, 반이 될 수 없으니까요.

초의식 상태에서, 여러분은 갑자기 더 이상 자신이 존재하지 않음을 느낍니다. 그것은 두둥실 떠 있다는 환상을 여러분에게 줄 수 있습니다. 공중부양에 대한 신화는 여기에서 유래된 것입니다. 여러분은 영원히 그 상태에 있고 싶지만, 그렇게 할 수 없습니다. 왜냐하면 여러분이 초의식 상태를 떠나기로 선택하기 때문이지요.

부처는 바로 그가 행했던 방법을 최초로 설명한 사람이었습니다. 그는 스승이었지만, 어리석은 사람들이 그를 신으로 만들었습니다. 부처가 된다는 것은 에고가 없는 초의식의 존재가 되는 것입니다. 여러분은 부처가 되어야만 합니다. 여러분이 아무 말을 하지 않더라도, 사람들은 여러분에게서 뭔가 다르다는 것을 느껴야만 합니다. 메시지가 되세요. 말하고, 말하고, 또 말하는 것보다 훨씬 더 낫습니다. 그러면 사람들은 여러분의 내면에 있는 엘로힘의 빛을 느끼게 됩니다.

40년 후에 우리가 어디에 있을지 상상해보세요. 상상해보세요. 어디에 있을까요? 여러분은 어떻게 될까요? 여러분은 지구에 살아 있을까요? 여전히 인류가 존재할까요? 그것은 여러분이 무엇을 하느냐에 달려 있으며, 더 나아가, 여러분이 무엇이 되느냐에 달려 있습니다. 여러분이 엘로힘을 사랑한다면, 존재하세요.

당신의 몸은 초의식을 위한 장난감입니다

A.H.72년 6월 – 2018년 일본 오키나와

당신은 무엇입니까? 오른발이나 왼발, 성기 또는 두뇌인가요? 두뇌의 어느 부분이 당신인가요? 오직 초의식만이 당신입니다. 그리고 이 '당신'은 대부분의 시간 잠자고 있습니다. 당신은 이곳에 있지만, 잠자고 있습니다. 왜냐하면 당신이 생각하고 있을 때는 존재하고 있지 않기 때문입니다. "나는 생각한다. 고로 나는 존재한다"라는 이 어리석은 문장을 부숴버릴 때가 되었습니다. 대신에 "나는 생각하지 않는다. 고로 나는 존재한다"라고 말해야 합니다.

당신이 생각할 때, 당신은 존재하지 않습니다. 당신이 생각하지 않을 때, 비로소 초의식이 깨어나기 시작합니다. 그 나머지 시간에는, 초의식은 잠자고 있습니다. 초의식은 절대 생각하지 않습니다. 초의식은 기억도 없고, 아무것도 없습니다. 미래도 없으며, 과거도 없지요. 초의식은 지금입니다. 만약 당신이 지금 초의식 상태에 있다고 느낀다면, 당신은 무한 속에 있는 것입니다. 하지만 당신이 생각하기 시작하는 즉시 그것은 멈추고, 초의식은 다시 잠에 돌아갑니다. 초의식을 사용하지 않을 때, 당신은 몽유병자입니다. 그러나 당신이 초의식을 사용할 때, 당신은 깨어납니다.

당신의 초의식을 어떻게 사용할까요? '지금'에 대해 생각하는 것이 아니라, '지금'을 느낌으로써 그렇게 할 수 있습니다. 만약 당신이 '지금'에 대해 생각한다면, 당신은 생각하고 있는 것입니다. '지금'을 느끼세요. 그것을 느껴보세요. 오직 초의식만이 '지금'을 느낄 수 있습니다.

생각하는 두뇌는 느낄 수 없지만, 몸은 느낄 수 있습니다. 당신의 몸은 나를 터치할 수 있습니다. 내 손이나 내 엉덩이를 만질 수 있습니다. 당신의 몸은 장난감입니다. 가지고 놀 수 있는 장난감이지만, 당신의 몸이 주인공이라고 생각하는 즉시 초의식은 잠에 빠져버립니다. 하지만 초의식이 몸을 이끌 때, 당신의 몸은 장난감이 되도록 창조된 본연의 모습으로 됩니다. 당신의 초의식은 영원하고, 무한합니다. 그러나 몸이라는 이 장난감은 어느 날 태어났고, 언젠가 죽을 것입니다. 당신이 살아있을 때, 그것을 사용하세요! 그것은 그림도 그릴 수 있고, 춤도 출 수 있고, 음악도 만들 수 있고, 사랑도 나눌 수 있는 장난감입니다. 그것은 섹스 토이이자, 요리하고, 먹고, 모든 것을 위한 장난감입니다. 그것은 하나의 장난감입니다! 당신은 혀가 아니라 두뇌로 음식을 맛봅니다. 당신은 눈이 아니라 두뇌로 나를 봅니다. 당신은 이 자그마한 귀가 아니라 두뇌로 내 목소리를 들을 수 있습니다. 초의식이 이끄는 당신의 두뇌는 당신 몸의 모든 부분을 장난감으로 사용합니다. 그러므로 당신의 삶에서 매일 그것을 즐기세요. 엘로힘이 우리에게 주신 이 아름다운 장난감을 즐기세요.

지금을 느끼는 초의식

A.H.70년 6월 – 2016년 일본 오키나와

생각하는 두뇌는 '여기'와 '지금'을 느낄 수 없으며, 오직 초의식 두뇌만이 그것을 느낄 수 있습니다. 초의식은 뉴런의 작은 묶음입니다. 그 수는 아주 적고, 아마 100개도 안 될 것입니다. 이 뉴런들 중에서 '여기'를 느낄 수 있는 유일한 뉴런이 있는데, 나는 이것을 '알파 뉴런'이라고 부르겠습니다. 그 묶음의 리더이지요. 이 뉴런은 '여기'를 느낍니다. 우리는 아직 뉴런의 어떤 부분이 그것을 느끼는지 모릅니다.

행복은 여기, 지금 있지만, '여기'란 존재하지 않으며, '지금'도 존재하지 않습니다. '여기'는 공간의 무한으로 가는 문이고, '지금'은 시간의 무한으로 가는 문입니다. 이것이 바로 엘로힘의 상징이 그토록 중요한 이유입니다. 그리고 이 상징에 기초한 명상이 중요한 이유입니다. 왜냐하면 이 명상은 당신을 아무 곳에도, 결코 데려가지 않으면서, 또한 언제나, 영원히 존재하게 해주기 때문입니다.

있지 않으면서 영원히 있고, 아무 데도 없으면서 모든 곳에 있는 것, 그것이 무한입니다. 무한은 전부이면서 '무'이며, '무'이면서 모든 것입니다. 만약 당신이 그것을 느낀다면, 당신은 존재하지 않는 '지금'과 존재하지 않는 '여기'를 진정으로 느끼는 것입니다.

나의 다음 생각은 무엇일까?

A.H.69년 5월 - 2015년 대만

당신의 생각하는 기계를 멈추도록 돕는 비결을 하나 알려주겠습니다. 생각이 시작되고, 부정적인 생각의 사슬을 멈출 수 없을 때, "나의 다음 생각은 무엇일까?"라고 자신에게 물어보세요. 그렇게 하면, 당신의 두뇌는 자기 관찰 상태에 있게 되면서, 자동으로 정지합니다. 다른 말로 표현하자면, 당신은 두뇌의 가장 중요한 부분, 즉 의식이 아니라 초의식을 깨우게 되는 것입니다.

의식은 독입니다. 왜냐하면 의식은 생각하니까요. 의식을 사용할 때, 당신은 자신에게 독을 주입하는 것입니다. 당신은 지구에서 일어나는 전쟁을 의식하고, 남자친구가 당신을 떠나는 것을 의식하고, 주위에서 일어나는 모든 것을 의식하고, 그리고 거기에 반응합니다. 당신의 두뇌는 생각하고 있으며, 이것이 의식입니다. 이것은 당신의 삶에서 가장 나쁜 독입니다. 그렇다면 좋은 것은 무엇일까요? 초의식입니다.

의식은 끊임없는 생각이며, 생각은 결코 '지금'이 아닙니다. 생각은 결코 '지금'이 아니지요. 당신이 생각할 때, 당신은 절대로 '지금'을 생각할 수 없습니다. 당신이 생각할 때, 그것은 항상 낡은 것이며, 항상 과거와 연결되어 있습니다. 당신이 미래에 대해 생각할 때조차도 그것은 과거에 바탕을 두고 있고, 따라서 당신이 갖고 있는 모든 생각은 낡은 것입니다. 당신은 결코 새로운 생각을 가질 수가 없습니다.

당신이 사용하는 언어가 무엇이든 간에, 생각할 때, 그것은 당신의 교육에서 옵니다. 당신이 어린 소년이나 소녀였을 때 그것을 배웠지요. 당신이 생각할 때, 당신이 사용하는 단어들은 '지금'에서 온 것이 아니라, 학교에서 당신의 두뇌 속에 주입된 것입니다. 당신이 가진 모든 개념, 모든 아이디어는 과거에 연결돼 있고, 그것은 항상 낡은 것입니다. 생각은 결코, 절대로 지금이 아닙니다. 당신이 생각할 때, 당신의 두뇌는 갑자기 낡아 버립니다. 당신이 행복에 대해 생각하더라도, 그것은 낡은 것입니다. 비록 당신이 엘로힘에 대해 생각한다고 해도, 생각할 때, 당신은 '지금'에 있지 않습니다.

'지금'에 존재하기 위해서는 두뇌의 매우 작은 부분인 당신의 초의식을 사용해야 합니다. 초의식은 결코 생각하지 않습니다. 초의식은 느낍니다. 초의식은 느낌이지요. 그렇기 때문에, 당신이 "나의 다음 생각은 무엇일까?"라고 말할 때, 초의식은 의식하는 두뇌에게, "지금 나에게 어떤 종류의 낡은 것을 가져오려고 하니?"라고 말하는 것입니다. 그러면 생각하는 두뇌는 마치 갑자기 얼어붙은 것처럼, 자동으로 멈춥니다.

그러나 이 질문으로 인한 침묵은 오래 지속되지 않습니다. 몇 분 후 당신은 그것이 효과가 있음에 놀라며, 또 생각하기 시작합니다. 그렇게 하면서, 생각으로 돌아가는 것이지요. 초의식이 통제하는 상태를 유지하기 위해서는 훈련이 필요합니다. 통제함이 없이 통제해야 하는데, 왜냐하면, 만약 통제가 있다면, 생각하고 있기 때문입니다. 이런 상태를 명상이라고 부릅니다.

만약 당신이 명상하기를 원한다면, 명상을 할 수 없습니다. 명상에는 "원한다"라는 것이 없으니까요. 명상에는 멈춤과 느낌이 있으며, 생각은 없고, 떠오르는 것도 없고, 정적만 있습니다. 그리고 과거도 없고, 미래도 없으며, '지금' 뿐입니다. 만약 당신이 행복에 대해 생각한다면, 행복을 잃어버립니다. 그냥 느끼세요. 행복이 자라서 연꽃처럼 개화하게 두세요.

연꽃은 불교인들이 애용하는 아름다운 이미지인데, 그것은 뻘 속에 뿌리를 내리고 있지요. 뻘이란 생각이라는 똥구더기의 비유입니다. 당신이 초의식을 사용하면, 연꽃은 수면 위로 솟아올라 개화합니다. 세상에서 가장 아름다운 꽃 중의 하나인 연꽃은 물 아래, 똥과 뻘 속에 뿌리를 두고 있는 것입니다. 초의식과 명상도 생각이라는 똥 속 깊이 그 뿌리를 두고 있는데, 당신은 불현듯 거기서 탈출하여, 당신의 머리 꼭대기에서 개화합니다. 초의식 뉴런들이 마치 연꽃처럼 정수리 부위에 있고, 생각하는 두뇌를 포함한 다른 모든 부위가 뻘과 어둠처럼 그 아래 있다는 사실을 알아채면 재미있습니다.

우리가 명상 상태에 있을 때, 왜 그렇게 기분이 좋을까요? 왜냐하면 우리는 '지금'에 존재하기 때문입니다. 이것이 '지금'에 존재하기 위한 유일한 방법입니다.

초의식은 길들지 않습니다

A.H.72년 6월 - 2018년 일본 오키나와

우리는 결코 완벽했던 적이 없습니다. 우리는 절대로 완벽해지지 않을 것입니다. 완벽함에 대한 환상을 없애는 것은 매우 중요합니다. 아무도 완벽하지 않습니다. 그렇지만 사람들은 여러분이 어린 시절부터 완벽해야 한다고 가르치지요. 완벽한 시험, 완벽한 시민, 모든 것에 완벽해지는 것! 그것은 거짓말이고 환상입니다. 아무것도 완벽하지 않습니다. 나는 완벽하지 않습니다. 야훼도 완벽하지 않습니다. 무한도 완벽하지 않습니다. 아무것도 완벽하지 않지만, 그런 불완전함 때문에 아름다운 것입니다. 완벽해지려고 애쓰는 것을 지켜보는 것은 유쾌하지 않습니다.

오키나와에서, 여러분은 열대의 숲과 우림과 정글을 경

험하는 특권을 누릴 수 있습니다. 이 숲은 절대적으로 아름다우며, 또한 절대적으로 완벽하지 않습니다. 모든 것이 서로 얽힌 채 모든 곳에서 자랍니다. 그것이 자연의 질서이며, 노자가 오래전에 말했던 것입니다. 자연의 질서는 절대로 완벽하지 않지만, 그것이 질서이지요. 베르사이유 궁전 정원 같은 곳에는 정반대입니다. 거기에는 나무들이 완벽하게 정렬되어 있고, 잔디밭은 완벽하게 직선이며, 오직 한 종류의 잔디만이 허용됩니다. 정말로 추합니다! 그것은 자연의 질서가 아닙니다. 그것은 인간의 무질서입니다.

밤하늘을 쳐다보세요. 사각형으로 완벽하게 정렬한 별들이 보이나요? 만약에 모든 별이 사각형 대형으로 배열되어 있다면, 하늘이 얼마나 추할지 상상해 보세요. 끔찍할 것입니다. 우리는 제멋대로 흩어져 있는 별들을 바라보기를 좋아합니다. 그것이 자연의 질서이지요. 무한소에 대해서도 마찬가지입니다. 우리 몸 안의 원자들, 소립자들, 분자들에는 아무런 질서가 없습니다. 완전한 무질서, 혼돈입니다! 그렇지만 몸은 완벽하게 작동합니다.

자연은 끊임없이 스스로 균형을 잡습니다. 오래전에 메시지에서 말한 것처럼, 모든 균형은 서로를 균형 잡아주는 불균형의 연속입니다. 예를 들면, 걸을 때, 여러분은 끊임없이 균형에서 벗어납니다. 춤을 출 때도 마찬가지입니다. 그러나 여러분은 넘어지지 않으려고 끊임없이 불균형을 바로 잡으며, 자신의 균형을 잡습니다. 아름다운 춤은 절대로 완벽하지 않습니다. 그것은 혼돈이지만, 아름답게 조직화된 혼돈입니다.

음악도 마찬가지입니다. 완벽하게 조직화된 음악은 군대 음악인데, 그것은 음악의 본질에 반하는 것입니다. 모차르트나 베토벤이 작곡한 것과 같은 음악 작품들은 전혀 사각형이 아니며, 끊임없이 변동하고 있습니다. 무엇이든 사각형 상자 안에 집어넣는 것은 예술에 반하는 것입니다. 예술은 자유이지요. 군대 음악을 들을 때, 여러분은 로봇이 되고 있다는 느낌 외에는 아무것도 느낄 수 없습니다. 그것이 군대 음악의 목적인데, 군인들을 로봇으로 만들기 위한 것입니다. 여러분은 모차르트, 비발디, 베토벤의 작품에 맞춰 군대 행진을 할 수는 없습니다. 그 대신 여러분은 춤출 수 있지만, 그 춤은 명령에 따라 움직이는 것이 아니라, 여러분의 감정에서 우러나올 것입니다.

자연의 질서는 완전히 혼돈입니다. 초의식도 마찬가지입니다. 그렇기 때문에, 존재하기 위해서는 초의식에 도달하고, 초의식을 일깨우기 위해서는 생각하는 두뇌를 침묵시켜야 합니다. 생각하는 두뇌는 경찰이나 군대와 같습니다. 생각하는 두뇌는 기억하고, 명령을 내리지요. "무엇이 먼저지?" "무엇이 중요하지?" "앞으로 우리가 무엇을 하지?" 이런 것은 완전히 인위적인 것입니다.

초의식은 '지금'에 존재합니다. 여러분은 과거를 연속적인 사건들로 쪼갤 수 있지만, '지금'을 연속적인 사건들로 쪼갤 수는 없습니다. '지금'은 무한이며, 초의식도 무한입니다. 초의식은 무질서이자 혼돈입니다. 과거는 인위적인 질서이며, 미래도 인위적인 질서입니다. '지금'은 완전한 혼돈이며, 질서가 없지만, 여러분은 모든 것을 느끼고 또한 무를 느낄 수 있습니다. '지금'은 자연의 질서입니다. 여러분은 새이며, 꽃이며, 바다이며, 별이며, 동시에 모든 것입니다. 이것은 완전한 무질서이지만, 자연의 질서입니다.

초의식은 자유라는 점을 기억하는 것이 매우 중요합니다. 초의식은 자유이며, 새장 안에 가둘 수 없습니다. 초의식은 야생이며, 길들지 않지요. 우리 라엘리안들은 길들지 말아야 합니다. 우리는 야생적이어야 합니다. 아무도 우리를 새장 안에 가둘 수 없는 것과 마찬가지로, 우리는 초의식을 새장 안에 넣어서는 안 됩니다.

여러분이 마음을 열고 초의식을 들어 올릴 때, 생각하는 두뇌의 감옥을 깨뜨릴 수 있습니다. 생각하는 두뇌는 감옥이며, 여러분은 그 안에 있습니다. 거기에는 창살들이 있지만, 여러분에게는 보이지도 않습니다. 여러분은 생각합니다. "이게 바로 나야" "나는 중국인이야" "나는 일본인이야" "나는 프랑스인이야" 이런 생각이 감옥입니다. 여러분은 중국인이 되거나 프랑스인이 되기를 선택하지 않았습니다. 여러분은 태어나기를 선택하지도 않았습니다. 아무도 태어나기를 선택하지 않았지요. 이 모든 것들로부터 여러분 자신을 해방해야만 합니다. 여러분은 아시아인이나 흑인 또는 백인이 되기를 선택했나요? 이 모든 감옥들로부터 여러분 자신을 해방하세요.

여러분은 존재입니다. 끝!

나는 존재입니다! 흑인? 아니요! 백인? 아니요! 라엘리안? 인간? 아니요! 나는 존재입니다! 이것이 가장 중요합니다. 이것이 여러분의 초의식이 갇힌 감옥을 깨뜨리기 위한 제1보입니다.

우주로부터 오는 사람들을 상상해보세요. 생명이 존재하는 무한히 많은 행성 중에는, 많은 지적 생명체들이 인간이 아닙니다. 무한히 많은 수의 그런 존재들이 인간은 아니지만, 그들 역시 초의식을 갖고 있습니다. 그들은 우주에서 살아있는 모든 것에 사랑을 느낍니다. 우리가 그들을 맞이할 때, 우리는 인간이고 그들은 아니라는 이유로, 우리가 증오심에 가득 차야 할까요? 아닙니다! 우리는 그들과 하나 됨을 느껴야 합니다. 왜냐하면, 우리는 무한한 우주에서 모든 형태의 초의식과 하나이기 때문이지요. "나는 인간이다" 라는 생각조차 하지 마세요. "나는 존재다"라고 느끼고 말하세요. "나는 존재다." 이것이 바로 우주에서 의식을 가진 모든 형태의 생명체들이 하는 말입니다.

초의식은 달팽이와 같습니다

A.H.70년 6월 – 2016년 일본 오키나와

오직 지금만이 진짜입니다. 과거는 진짜가 아닙니다. 미래는 결코 존재하지 않을 수도 있지만, 지금은 현실입니다. 지금뿐입니다. 우리는 무한한 지금을 가질 수 있지만, 여러분이 행복을 원한다면 그것에 대해 생각하지 마세요. 지금뿐입니다. 한 번에 하나의 지금이 있을 뿐이지요. 만약 여러분이 지금 '지금'의 궁극적 수준에 도달한다면, 여러분은 과거에 이만큼 행복했던 적이 결코 없었을 것이며, 미래에도 결코 더 이상 행복하지는 않을 것입니다. 반복하자면, 여러분은 지금, 그 어느 때보다 더 행복할 수 있다는 말입니다. 이것이 바로 부처가 말한, 인스턴트(즉석) 부처입니다.

사람들은, 오랜 세월 동안 공부하고 명상하면 점차 완전한 행복의 단계에 도달할 수 있으리라고 생각하며, 수도

원에 갑니다. 이것은 완전히 어리석은 행동입니다. 티베트에 있는 수도원이든 다른 어느 곳의 수도원이든, 갈 필요가 없으며, 공부할 필요도 없습니다. 공부란 생각하고 지식을 축적하는 것입니다. 지식은 결코 여러분을 행복하게 만들 수 없습니다. 행복은 여러분이 공부나 발전을 통해 서서히 획득하는 어떤 것이 아닙니다. 행복에 발전이란 없습니다. 지금, 여러분은 부처와 동등하게 될 수 있고, 야훼와 동등하게 될 수 있으며, 마이트레야와 동등하게 될 수 있습니다. 여러분 중에서 가장 수줍고 겸손한 사람이라 할지라도 그렇게 될 수 있습니다. 왜냐하면, 행복에는 발전이란 것이 없기 때문이지요. 행복은 초의식에 있습니다.

우리 두뇌에는 뱀의 두뇌와 같은 파충류의 두뇌가 있는데, 그것은 가장 낮은 단계의 두뇌입니다. 이 두뇌 부위는 여러분이 사자를 볼 때 도망가게 합니다. 이것은 좋은 기능이지만, 매우 원시적인 두뇌입니다. 이것은 우리가 생존하는 데 도움을 줍니다. 이것은 의식조차 없으며, 반사작용이 시작되는 곳입니다. 다음으로, 여러분이 가진 의식은 생각하는 두뇌에서 나옵니다. 이곳에는 과거에 대한 의식, 주위의 모든 것에 대한 의식, 미래에 대한 의식이 있습니다. 이 두뇌 부위는 여러분을 결코 행복하게 만들어주지 않을 것입니다. 왜냐하면, 그것은 생각하고 있기 때문이지요. 의식은 거대한 쓰레기통과 같습니다. 매일 여러분은 그 속에 더 많은 것을 넣고, 두뇌는 지식을 기억하고 축적합니다. 매일 더 많은 쓰레기가 쌓입니다. 생각하는 두뇌, 즉 의식이 가장 좋아하는 취미는 동일한 기억을 계속해서 반복적으로 처리하는 것입니다.

아이들은 초의식 상태에 있습니다. 여러분이 어렸을 때, 아름다운 곤충을 발견하면 한 시간 동안이나 갖고 놀곤 했지요. 어른들은 곤충을 봐도 가던 길을 가버립니다. 그것은 생각의 결과입니다. 내가 어렸을 때 가장 좋아했던 동물은 달팽이였는데, 그것은 아주 느리게 움직였습니다. 나는 달팽이 열 마리를 한 줄로 늘어놓고 경주를 시켰으며, 어느 것이 가장 빠른지 혼자 내기했습니다. 그것은 이미 일종의 명상이었지요. 나는 달팽이들이 결승선에 도착하기를 기다리며 세 시간을 보내기도 했습니다. 여러분도 틀림없이 벌레나 어떤 종류의 동물을 갖고 그런 경험을 했을 것입니다. 그러나 여러분이 오늘 그렇게 한다면, 여러분의 가족은 여러분에게 정신적 문제가 있다고 생각하고 의사에게 데려갈 것입니다. 그렇게 하세요. 그런 관조의 상태로 돌아가세요.

초의식은 뉴런들의 아주 작은 그룹에 불과하지만, 그것이 진정한 여러분입니다. 그것은 달팽이와 세 시간 놀고 있었던 두뇌 부위입니다. 그 부위는 여전히 살아 있지만, 우리는 그것을 사용하지 않습니다. 그 대신 쓰레기통 두뇌를 사용하기 때문에, 사람들은 행복하지 않습니다. 그래서 사람들은 술을 마시고, 약을 먹고, 담배를 피우고, 기분이 얼마나 나쁜지를 잊기 위해 인터넷을 검색합니다. 사람들은 기분전환 거리를 찾는 것이지요.

사회는 사람들을 진정한 행복에서 멀어지게 하고, 생각하는 두뇌로 데려가는 데 아주 능숙합니다. 모든 정치인은 여러분이 생각하기를 원하고, 여러분의 부모님도 여러분이 생각하기를 원하며, 그들은 여러분이 미래를 두려워하기를 원합니다. "일해야 해!" "공부해야지!" "그렇지 않으면 넌 실업자가 될 거야!" 미국의 거리는 많은 학위들을 지닌 실업자들로 가득합니다. 그리고 성공하더라도, 높은 대학 학위를 지닌 사람들의 자살율은 교육을 받지 못한 사람들보다 열 배나 더 높습니다. 그렇기 때문에 예수는 "마음이 단순한 사람은 행복하다"라고 말했습니다.

이 작은 뉴런 그룹인 초의식에 대해서 내가 여러분에게 줄 수 있는 최고의 이미지는, 그것이 달팽이와 같다는 것입니다. 그리고 초의식은 결코 생각하는 두뇌의 영향을 받지 않습니다. 하지만 여러분은 그 둘을 함께 사용할 수는 없습니다. 만약 여러분이 생각하는 두뇌를 사용하면, 달팽이는 자신의 껍질로 되돌아 가버립니다. 그러면 여러분은 행복할 수 없지요. 여러분은 기쁨을 가질 수도 있는데, 이것은 행복에게 가장 위험한 것입니다. 만약 여러분이 행복하다면, 기쁨은 아름답습니다. 그러나 만약 여러분이 행복하지 않고 기쁨만 있다면, 여러분은 결코 행복해질 수 없을 것입니다. 여러분이 기쁨을 많이 경험하면 할수록, 행복에 도달할 가능성은 더욱 낮아집니다.

행복과 기쁨의 차이는 무엇일까요? 기쁨은 외부에서 옵니다. 돈을 갖는 것은 기쁨입니다. 아름다운 여인이나 잘생긴 남자와 함께 있고, 새로운 파트너를 갖는 것은 기쁨입니다. 그들은 내일 떠날 수도 있으며, 그러면 여러분은 울 것입니다. 이것은 행복이 아닙니다. 사람들은 행복하다고 말할지 모르지만, 사실 행복한 것이 아니지요. 그들은 기쁜 것입니다.

만약 여러분이 행복하다면, 기쁨이 나쁘지는 않습니다. 여러분은 행복과 기쁨을 동시에 가질 수 있습니다. 왜 행복만 가져야 하나요? 행복과 기쁨 둘 다 가질 수 있습니다. 그러나 행복이 우선입니다. 행복은 내면에서 오는 것이며, 여러분에게 주어진 어떤 것, 즉 외부에서 오는 것이 아닙니다. 행복은 여러분 외부의 어떤 것에도 연관되어 있지 않습니다. 돈에도, 직업적인 성공에도, 학위에도, 성적 파트너에도 연관되지 않지요. 행복은 지금, 바로 지금을 느끼는 것입니다. 이것이 완전한 행복입니다.

여러분에게 아무것도 주어지지 않고, 아무것도 받지 않아도 됩니다. 여러분은 무일푼으로 거리에, 땅바닥에 앉아 있을 수도 있습니다. 파트너도 없고, 돈도 없고, 먹을 것도 없지만, 여러분은 행복을 느낄 수 있습니다. 또는 여러분은 많은 돈을 가졌지만, 행복하지 않기 때문에 스스로 목숨을 끊을 수도 있습니다. 여러분은 20명의 여자친구를 가질 수도 있습니다. 많은 사람이 20명의 여자친구를 가지고 있으면서도 자살합니다. 하지만 만약 여러분이 '지금'을 느낀다면, 아무것도 필요 없고, '지금'을 즐길 수 있습니다.

행복은 안정된 상태입니다. 행복은 영구적으로 안정된 "와우!"의 상태, 즉 "내면의 와우!"입니다. 그것은 결코 여러분을 뛰어오르게 하지 않습니다. 그것은 여러분이 아무것도 필요하지 않다는 것을 느끼게 해줍니다. '지금'은 아름답습니다. 이것이 행복이며, 아무런 이유도 없습니다. 여러분은, 누군가가 눈앞에서 넘어졌다거나, 누군가가 무대에서 웃겼다거나, 방금 농담을 들었기 때문이 아니라, 아무런 이유도 없이 웃을 수 있습니다. 나에게 자주 있는 일인데, 아침에 일어나면 그냥 살아 있다는 느낌만으로, 나는 웃음을 멈출 수가 없습니다. 그냥 존재하는 것… 지금. 이것이 진정한 행복입니다.

스트레스는 매우 위험합니다. 과학자들은 긍정적인 스

트레스도 부정적인 스트레스만큼 두뇌에 많은 손상을 준다는 사실을 입증했습니다. 가장 분명한 예는, 많은 사람이 아주 기쁜 경험을 할 때, 심장마비로 사망한다는 것이지요. 왜냐하면 그것은 스트레스이기 때문입니다. 심장마비가 가장 많이 발생하는 장소 중 하나는 카지노입니다. 돈을 잃은 사람이 아니라 돈을 딴 사람들입니다! 그들은 슬롯머신에서 갑자기 백만 달러를 땁니다! 그리고는 죽습니다. 그들은 부자로 죽습니다.

행복은 건강에 가장 좋은 것입니다. 여러분의 몸 안에서 모든 것이 평화롭게 흐르고, 심장박동은 편안해지고, 신진대사는 느려지고, 호흡이 느려지면서, 정신적 오르가즘의 놀라운 감각이 찾아옵니다. 여러분은 평온하고 행복합니다. 더 이상 시간 감각이 없습니다. 여러분이 정말로 '지금'을 느끼면, 얼마나 오래 그런 상태에 있었는지 모르게 됩니다. 여러분이 정말로 '지금'에 존재할 때, 더 이상 시간 감각은 없습니다. 행복은 여기, 바로 여기, 바로 지금 있습니다.

7

무한

"우리는 다중성 안에서 하나이거나,

하나 안에서 다중적이다"

무한, 엘로힘의 가장 소중한 선물

A.H.68년 12월 - 2013년 일본 오키나와

엘로힘은 우리에게 시작과 끝이 있는 메시지를 주었습니다. 그리고 그들은 우리에게, 그들을 환영하기 위한 대사관을 지어달라고 요청했습니다. 우리는 모두 이 사명을 소중히 여기며, 그들이 대사관에 도착할 날을 즐겨 상상합니다. 그날도 시작과 끝이 있겠지요. 우리는 그날을 축하할 것입니다. 그것은 인류역사상 가장 아름다운 날이 될 것입니다. 그리고는 다음 날의 낮과 밤이 찾아옵니다. 그런 다음, 무엇일까요?

메시지에서 가장 귀중한 엘로힘의 선물은 무한의 철학

입니다. 모든 것은 시작과 끝이 있지만, 무한은 그렇지 않습니다. 우리가 명상을 통해 의식 수준을 높여 초의식에 도달하고, 우리 한 사람 한 사람이 모두 무한과의 조화 속에서 부처가 되면, 거기에는 시작과 끝이 없습니다. 이것이 엘로힘의 가장 아름다운 선물입니다.

만약 우리가 삶의 기반을 엘로힘을 맞이하는 데 둔다면, 그들이 도착하고 난 뒤에는 목표가 없어지게 되어 침체될 것입니다. 그것은 엘로힘이 원하는 것이 아니지요. 그들은 우리가 지금도 행복하고, 그들을 맞이할 때도 행복하고, 그 후에도 행복하며, 삶의 매일매일 행복하기를 바라고 있습니다. 우리는 엘로힘을 기다리며 행복하고, 그들을 맞이해서 행복하지만, 그런 다음 더 이상 목표가 없어서 침체되어서는 안됩니다. 그 때문에, 엘로힘은 우리에게 과학적 창조에 대한 설명과 함께 그들의 귀환을 위한 대사관 건설이란 목표를 주었을 뿐만 아니라, 그 무엇보다도, 가장 아름다운 선물인 무한의 철학도 가르쳐준 것입니다.

존재함. 그냥 존재함. '느낌'이라는 단어 없이, 느낌. '존재'라는 단어 없이, 존재함. 이것이 명상의 가장 깊은 상태입니다. 그곳에서 우리는 무한과 영원과 하나됨을 느낍니다. 그곳에서 우리는 우리 내부와 외부의 모든 것이 무한하고 영원하며, 다른 모든 것은 환상일 뿐임을 느낍니다. 그러면 우리는 의식의 가능한 최고 수준에 이를 수 있는데, 그것은 '의식'이라는 단어가 없는 의식입니다. 왜냐하면 단어는 실체에 비하여 너무나 제한적이기 때문입니다. 만약 우리가 이 수준에 도달한다면, 우리가 엘로힘을 맞이할 대사관을 지은 후에도, 우리의 행복은 지금과 동일할 것입니다. 지금이나, 엘로힘이 올 때나, 그 이후에나, 동일하지요. 그것은 끝이 없습니다. 여러분이 무한과의 조화에 도달하면, 여러분의 행복은 무한합니다. 그것은 멈추지 않으며, 끝이 없습니다. 이것이 바로 엘로힘의 가장 아름다운 선물입니다.

엘로힘은 누구인가요? 그들은 우리의 창조자들입니다. 그러나 이것은 작은 부분입니다. 무엇보다도, 그들은 무한 의식을 지닌 무한의 메신저들입니다. 그렇기 때문에 우리는 자신이 라엘리안임을 좋아하고 즐깁니다. 우리가 단지 UFO 애호가이거나 과학 애호가이기 때문은 아니지요. UFO와 과학은 매우 흥미로운 주제이긴 하지만, 그것이 우리를 행복하게 만들지는 않으니까요. 반면에, 엘로힘이 우리에게 가르쳐준 명상, 무한을 느끼는 명상은 최상입니다. 여러분 삶의 매 순간, 죽음의 매 순간, 무한을 느끼세요. 태어남, 삶, 죽음을 포함하여, 무한의 순환 속에 존재하는 모든 것과 하나됨을 느끼세요. 우리는 이러한 무한한 순환의 일부입니다. 여러분이 삶의 매 순간에서 이것을 느낀다면, 행복은 영원할 것입니다.

여러분이 오르막과 내리막, 희망과 절망이라는 보통사람들의 지옥에서 탈출할 때, 무한과의 조화에 도달할 때, 여러분은 높은 경지에 머물 수 있습니다. 여러분은 어떤 소망을 가질 수도 있겠지만, 그것이 여러분을 더 행복하게 만들지는 못할 것입니다. 여러분은 살면서 많은 경험을 하겠지만, 어떤 것도 여러분을 들었다 놓았다 할 수 없을 것입니다. 그들의 철학 수준과 동일한 수준으로 우리를 이끌어 준 것, 이것이 바로 엘로힘의 가장 아름다운 선물입니다. 엘로힘의 행복은, 그들의 메시지 덕분에 우리가 행복한 것을 보는 것입니다. 그것은 대사관을 건설하는 것보다 그들을 더 기쁘게 합니다. 만약 우리가 모두 대사관을 짓기 위해 열심히 노력하지만 행복하지 않다면, 그들은 실망할 것입니다.

현대문명에 의해 계속 반복되는 희망과 절망의 부단한 흐름 속에서, 우리는 "이것은 내일 되겠지"라며 넘어가고, "저것은 내일 되겠지"라며 넘어가는 데 익숙해져 있습니다. 우리는 이러한 절망의 순환에 익숙한 것이지요. 무한과 연결되지 않은 모든 느낌이나 생각은 시작과 끝을 가지고 있습니다. 시작과 끝을 갖는 것은 자동적으로 희망과 절망으로 이어집니다. 그러나 무한과 연결된 모든 생각과 느낌에는 시작과 끝이 없습니다. 그러므로 시작과 끝을 갖지 않는 모든 생각과 느낌은 희망과 절망을 갖지 않습니다. 이것이 바로 여러분이 붓다가 되는 방법입니다.

미래에 대한 책도, 과거를 축적하는
카메라도 없이, '지금, 여기'를 즐기세요

A.H.68년 12월 - 2013년 일본 오키나와

우리는 지구 주위를 여행하고 있습니다. 우리가 여행을 하고 있다고 느끼면 기분이 좋지요. 우리는 움직이지 않는 여행자들입니다. 하지만 당신이 "나는 움직이지 않아"라고 말할지라도, 우리는 움직이고 있습니다. 아이들이 "엄마, 나에게 캔디를 주지 않으면 숨 쉬지 않을 거야"라고 말하지만 호흡을 멈출 수 없듯이, 당신은 움직임을 멈출 수 없습니다. 이처럼 우리는 여행하고 있고, 우리는 우주여행자들입니다.

우리가 우주선에 탑승해 있다고 생각하면 좋은 기분이 듭니다. 모든 사람이 우주선을 타고 우주여행하는 꿈을 꾸지요. 어떤 사람들은 곧 할 것인데, 몇몇은 '버진' 우주선을 타고 지구 주위를 돌기 위해 이미 거액의 요금을 지불했습니다. 하지만 당신은 그런 돈을 지불할 필요가 없습니다. 그것은 멍청한 일입니다. 왜 돈을 내지요? 우리는 이미 지구를 여행하고 있잖아요. 약간 더 높은 곳에서 그렇게 한들, 아무런 차이도 없습니다. 그런 돈을 아프리카나 다른 여러 나라에 먹을 것이 없는 불쌍한 아이들을 돕는 데 쓰는 편이 더 낫습니다.

당신은 지금 우주선 '지구'호를 타고 여행하고 있습니다. 우리는 우주선에 타고 있는 것입니다. 1년 전 우리는 함께 탑승하여, 그때부터 태양 주위를 한 바퀴 빙 돌았습니다. 놀랍지 않나요? 우리는 함께, 같은 우주선을 타고, 태양 주위를 여행했습니다. 우리는 함께 태양 주위를 여행하고, 또한 시간을 여행하고 있습니다. 왜냐하면 여행에 1년 걸렸기 때문이지요. 이처럼 우리는 공간과 시간을 함께 여행하고 있습니다.

여행하는 동안, 우리는 무엇을 해야 할까요? 세계에서 가장 아름다운 도시들 중 하나인 이탈리아 베니스에서의 일이 기억나는군요. 나는 아름다운 보트를 타고, 도시의 수로들을 탐방하고 있었습니다. 좌우에 아름다운 성들이 있는 어느 작은 수로를 지나고 있을 때였습니다. 내 바로 옆에 어떤 관광객들이 있었는데, 그들은 여행 안내서를 읽고 있었지요. 나는 그들을 보며, 아마 베니스의 성들에 관해 공부하고 있을 거라고 생각했습니다. 그런데, 아니었습니다. 그것은 파리에 관한 책자였습니다. 내가 그들에게 그 이유를 물어보니, 그들의 다음 행선지가 파리라는 것이었습니다. 그들은 유럽 일주 여행을 하고 있었는데, 일주일에 한 나라씩, 매일 아주 바쁜 관광을 하고 있었습니다. 아름다운 성들에 둘러싸인 관광객이 내일에 대한 책을 읽고 있었던 거지요. 그들은 '지금, 여기'를 즐기지 않고, 미래에 대해 생각하고 있었습니다. 끔찍한 일입니다. 때때로 그들은 안내서 읽기를 멈추고, 사진을 찍곤 했습니다. 사진을 왜 찍을까요? 왜냐하면 그들은 추억을 남기고 싶기 때문이지요. 그들은 추억, 기념품, 기타 과거에 관한 것을 간직하고 싶어 합니다. 과거를 기억하기 위한 사진, 그리고 미래에 일어날 것을 알기 위한 책, 그들은 현재를 살고 있지 않았습니다. 나는 그들을 도우려고 시도했습니다. "사진 찍기를 그만두고, 주위를 보세요. 내일에 대한 것을 읽지 말고, 지금을 즐기세요." 그러나 그들은 아무것도 보지 않았습니다. 그들처럼 되지 마세요.

또 한 번은, 메시지에 대한 대중강연회를 갖기 위해 호주에 갔을 때의 일로서, 우리는 헬리콥터를 타고 대산호초 위를 둘러보는 투어를 했습니다. 아름다운 광경이었습니다. 6명의 라엘리안 그룹이 헬리콥터에 타고 있었는데, 조종사가 우리를 보며 "아무도 카메라를 갖고 있지 않나요?"라고 물었습니다. 내가 이렇게 대답했지요. "그래요. 우리는 카메라를 원치 않아요. 우리는 아름다움과 두뇌 사이에 뭔가를 놓고 싶지 않거든요." 당신이 카메라를 사용할 때, 당신은 아름다움으로부터 자신을 분리해 버립니다. 그는 카메라가 없는 여행자를 한 번도 본 적이 없었기에 매우 놀랐습니다. 나는 그에게 가르침을 주기 위해, 이렇게 말했습니다. "나는 모든 것을 보고 싶고, 모든 것을 느끼고 싶어요. 내 카메라는 나의 내면에 있습니다."

'지금'을 느끼는 것이 중요합니다. 이것을 기억하고, '지금, 여기'를 즐기세요. 미래에 대한 책도 없이, 과거를 축적하기 위한 카메라도 없이, 여기 그리고 지금. 당신의 눈이 카메라이고, 당신의 상상이 미래에 대한 책입니다.

이번 주에 내가 좋아하는 시인 칼릴 지브란이 쓴 아름다운 문장 하나를 읽었습니다. 그는 '예언자'라는 제목의 아름다운 책을 썼는데, 당신도 읽어볼 수 있을 것입니다. 그리고 그는 '예언자의 정원'이라는 책도 썼습니다. 그는 이런 아름다운 말을 했습니다. "걱정을 만드는 것은 미래에 대해 생각하기 때문이 아니라, 미래를 콘트롤하려고 애쓰기 때문이다." 미래를 콘트롤하기를 원할 때, 당신은 걱정하게 됩니다. 하지만 그냥 미래에 대해 생각하는 것은 아름답습니다. 그러므로 미래를 콘트롤하려고 애쓰지 마세요. 나이가 들면, 어떤 사람들은 죽음에 대한 끔찍한 걱정을 갖습니다. 죽음을 두려워하고, 죽음을 콘트롤하려고 애쓰며, 그들은 끔찍한 삶을 살고 있지요. 미래를 콘트롤하려고 애쓰지 마세요. '지금, 여기'를 환영하세요. 삶을 환영하세요. 그리고 똑같은 미소로, 죽음을 환영하세요. 죽음도 인생의 일부이니까요.

당신은 태어나면 언젠가 죽는다는 것을 알고 있습니다. 당신이 작은 소년, 소녀였을 때, 당신은 언젠가 죽을 것이라고 알고 있었지만, 걱정하지는 않았습니다. "나는 죽을거야"

라는 생각을 하지 않았던 것이지요. 그런데 왜 나이가 들면 죽음을 더 생각하는 걸까요? 당신이 아이였을 때, 당신은 매 순간, 여행의 매 미터, 가는 길의 매 걸음을 즐겼습니다. 당신은 전 생애 동안 그와 똑같이 해야 합니다. 매 걸음을 즐기세요. 그것이 마지막 걸음일지도 모르니까요.

당신은 계단을 올라갈 때, 맨 꼭대기에 있는 계단을 생각하나요? 아니면, 지금 딛고 올라가는 계단을 생각하나요? 만약 꼭대기의 계단을 생각하면, 당신은 넘어지고 맙니다. 당신은 한 번에 하나씩, 바로 지금 딛고 있는 계단에 집중해야 합니다. 한 번에 하루씩, 한 번에 한 순간씩, 이것이 바로 붓다의 가르침입니다. 여기, 그리고 지금이지요. 공간을 콘트롤하지 말고, 시간을 콘트롤하지 말고, 그냥 즐기세요.

우리는 무한입니다

A.H.68년 5월 - 2014년 대만

여러분은 중국산(産)도 아니고, 지구산도 아니고, 은하산도 아니라, 무한산입니다. 우리들 각자는 모두 무한입니다. 여러분이 자신을 중국인, 일본인, 프랑스인이라고 느낄 때마다, 여러분이 자신을 남자, 여자, 동성애자, 이성애자라고 느낄 때마다, 무한과 단절됩니다. 우리는 무한입니다.

만약 여러분이 자신을 남자 혹은 여자라고 느끼고, 또 67세가 되었다거나 너무 젊다거나 너무 늙었다거나 너무 뚱뚱하다거나 너무 못생겼다고 느낀다면, 여러분은 기분이 좋지 않습니다. 하지만 여러분이 "나는 무한이다"라고 말할 때, 즉시 기분이 좋아집니다. 슬프거나 우울할 때, 무한을 느끼세요. 이것은 농담도 거짓말도 아니라, 바로 여러분의 본질입니다. 여러분의 모든 부분이 그렇지요. 여러분의 머리카락은 무한의 한 조각이며, 아름답습니다. 이 손을 이루고 있는 물질은 항상 존재해왔고, 영원히 존재할 것입니다.

여러분 한 사람 한 사람의 몸은 무한과 영원으로 이루어져 있습니다. 그것이 바로 우리가 하나인 이유입니다. 여러분의 몸을 이루는 무한은 나의 무한과 같습니다. 한국인의 몸에도, 일본인의 몸에도, 중국인의 몸에도 무한이 있습니다. 그것은 엘로힘의 몸에 있는 무한과 동일한 무한입니다. 그들도 우리와 같습니다. 엘로힘은 오래전에 지구에 와서 생명을 창조했습니다. 그들은 지구에 왔고, 지구에 머물렀고, 지구에서 살았습니다. 따라서 엘로힘을 이루고 있던 분자들 중 일부는 여전히 지구에 남아 있습니다. 그들은 심지어 몇몇 여성들과 사랑을 나누고 아기를 낳기도 했습니다. 우리는 동일한 무한을 공유하고 있습니다. 그들은 자신들의 몸에 있던 원자와 분자들을 남겼는데, 그것이 지금 여러분 안에 있습니다. 느껴보세요. 그들이 우리를 그들의 모습대로 창조했다는 것뿐만 아니라, 여러분 안에 엘로힘의 일부가 있다는 것도 느껴보세요. 좋은 느낌 아닌가요?

우리는 하나입니다. 이 무한을 느껴보세요. 우리는 하나이고 무한입니다. 여러분은 무한과 하나입니다. 왜냐하면 여러분은 모든 것과 모든 사람의 일부를 여러분 내부에 갖고 있으니까요. 그것은 놀라운 일입니다. 오늘 이 방에 있는 사람들의 일부뿐만 아니라, 과거에 살았던 사람들의 일부도 갖고 있습니다. 그것들은 당신 내부에, 작은 부분으로, 작은 원자들로 존재합니다. 여러분의 몸을 이루는 원자들과 분자들 또한 언젠가 미래에 태어날 사람들의 일부가 될 것입니다. 이 영원함을 느껴보세요.

우리는 결코 죽지 않습니다. 죽음은 환상입니다. 왜냐하면 모든 것은 환상이기 때문이지요. 탄생도 환상이고, 죽음도 환상입니다. 진실은, 우리는 영원하다는 것입니다. 그리고 우리의 기억을 새로 복제된 몸으로 옮길 수 있는 엘로힘의 기술을 이용하면, 우리는 정말로 영원합니다.

행복에 도달하기 위한 가장 좋은 방법 중 하나는, 끊임없이 무한을 느끼고, 하나됨을 느끼는 것입니다. 두 개념은 매우 다르지만, 또한 매우 유사합니다. 하나됨은 단지 하나이고, 무한은 다중적이므로, 그 둘은 정반대처럼 보이기도 하지요. 우리는 다중성 안에서 하나이거나, 하나 안에서 다중적입니다.

우리는 하나이며, 우리가 모르는 사람들과도 하나입니다. 우리는 한 번도 만난 적 없는 사람들, 아프리카의 매우 가난한 마을에 살고 있는 사람들, 다른 행성들에 살고 있는 사람들과도 하나입니다. 우리는 하나입니다. 그러나 다른 행성의 사람들은 지금 지구를 방문하지 않습니다. 왜냐하면 지구는 '비행금지구역'이기 때문이지요. 너무 위험합니다. 무한 속에는 많은 문명이 있습니다. 우주에는 무한한 수의 문명들이 있지만, 그들은 우리가 위험하기 때문에 지구를 피합니다. 우리는 하늘에서 뭔가 날아오거나 알지 못하는 일이 발생하면, 미사일을 쏠 생각만 합니다. UFO, 즉 미확인 비행물체가 나타나면, 바보 같은 군대는 미사일 버튼을 누르고 맹렬하게 달려들 것입니다.

우주에 있는 모든 존재들이 지구에 대해 알고 있습니다. 지구는 '위험구역'이라고 불립니다. 엘로힘이 우리를 보호한다지만, 실제로는 우리로부터 다른 문명을 보호하는 것입니다. 엘로힘은 그들에게, 제발 지금 지구를 방문하지 말고 조금만 기다려 달라고 부탁합니다. 외계 행성들 사이에는 일종의 통신수단이 있는데, 거기서 엘로힘은 우리가 아직 준비되지 않았다고 설명합니다.

우리는 SETI 프로그램을 통해, 우주 어느 곳이든 생명체가 있는지 묻는 많은 메시지를 내보냅니다. 그러나 외계의 모든 존재들은 모습을 감추고 있습니다. 왜냐하면, 만약 인간들이 그들의 위치를 알면 미사일을 쏠 것이라는 사실을 그들은 알고 있기 때문이지요. 그것이 우주의 모든 문명이 지구를 두려워하는 이유입니다.

우주에는 무한한 수의 인종이 있습니다. 많은 경우, 그들은 인간 형태가 아니며, 그 모습의 종류는 무한합니다. 몇몇은 거미, 바닷가재, 물고기와 비슷하고, 그 밖에 우리가 상상할 수 있는 모든 모습이지만, 그들은 평화롭고 사랑으로 가득 차 있습니다. 우리 인간은 피부색의 아주 작은 차이 때문에 싸우고 있는데, 거미처럼 생긴 외계인들이 온다고 상상해보세요. 이 거미 문명인들은 매우 평화롭고 비폭력적으로서, '간디' 거미일 것입니다. 하지만 이 외계인들은 우리를 방문하지 않을 것입니다. 왜냐하면 우주의 이 지역에서 지구는 '비행금지구역'이기 때문이지요. 라엘리안으로서 우리의 임무는 인류로 하여금 우주에서 오는 존재들, 인간 형태의 존재들뿐만 아니라 모든 형태의 문명인들을 사랑으로 맞이할 수 있도록 준비시키는 것입니다.

미국 NASA는 우주 탐사를 계획합니다. 그것은 과학을 위해서일까요? 발견을 위해서일까요? 불행하게도, 그것은 광물, 금, 귀금속 등 값나가는 것들을 채취하기 위해서입니다. 그것이 바로 그들이 다른 행성으로 로켓을 보내고 싶어하는 유일한 이유입니다. 그들은 재물, 재물을 찾고 싶어하지요!

만약 다른 존재들이 이미 그 행성에 살고 있다면 어떨까요? 인간 식민주의자들이 어떻게 할 것 같습니까? 그들이 아메리카 대륙에 도착했을 때처럼, 총을 쏘아 죽이거나 노예로 만들겠지요. 아메리카 대륙에는 아름다운 원주민들이 자연과 조화를 이루며 평화롭게 살고 있었는데, 유럽인들이 와서 그들 중 1억 명을 죽였습니다!

현재 미국 NASA는 우주 식민지 프로젝트를 진행하고 있습니다. 우주에 있는 다른 문명들은 우리가 서로 싸우고, 흑인들과 황색인들을 모두 죽이면서, 우주 식민지를 계획하는 것을 지켜보고 있습니다. 물론 우주 식민지 같은 일은 절대 일어나지 않을 것입니다. 우리가 식민지를 건설할 목적으로 우주탐사선을 보내려고 할 때마다, 그 우주선은 폭발할 것이기 때문입니다. 예언자로서 나는 단언합니다. 그들은 미치지 않았으며, 우주탐사선이 오게 두지 않을 것입니다. 마치 아주 똑똑했던 일본 사람들과 같습니다. 일본은 아시아에서 백인 정착민들을 절대로 허용하지 않은 유일한 나라였지요. 그들이 옳았습니다. 중국인들은 누구든 받아들였고, 영국인들도 환영했지만, 나중에 그 영국인들은 많은 사람을 죽이고, 모든 것을 훔쳐 갔으며, 중국인들에게 아편을 팔았습니다. 이것은 우주 탐사에서도 정확히 똑같을 것입니다.

인류는 서서히 변화할 것입니다. 간디처럼 평화롭고 비폭력적으로 되고, 식민주의 사상이나 폭력도 잊게 될 것입니다. 그렇게 되었을 때 비로소 우리는 우주탐사선을 내보낼 수 있을 것이며, 그것은 마치 과거 중국의 탐사대와 같을 것입니다. 크리스토퍼 콜럼버스와 모든 백인 탐험가들은 총을 갖고 항해했습니다. 그런데 마젤란과 최초의 유럽 탐험가들보다 훨씬 이전에, 중국인들이 지구 전체를 탐험했습니다. 그들은 다른 사람들을 공격하기 위한 무기와 군대를 갖고 항해하지 않았습니다. 대신, 그들의 배는 선물들로 가득 차 있었습니다. 그들은 많은 나라를 방문했고, 왕들과 만났으며, 모든 사람과 친구가 되기 위한 선물을 가져갔습니다. 그런 방식이어야 합니다. 우리가 우주선을 보낼 때는, 이런 중국인의 마음을 가져야 합니다. 선물을 가득 준비하는 것이지요. 우리가 다른 행성에 내릴 때는, 지구인의 선물을 가져가야 합니다. 그래야만 우리는 모든 곳에서 환영받을 것입니다. 그러나 우리가 총을 갖고 가는 한, 아무도 우리를 받아들이고 싶지 않을 것입니다.

라엘리안의 임무가 미래를 준비하는 것이라는 까닭은 바로 이것입니다. 물론 우리의 사명은 엘로힘이 지구에 생명을 창조했다는 사실을 알리는 것이지만, 그것은 과거의 일이고 별로 흥미롭지 않습니다. 현재가 흥미롭지요. 가장 흥미로운 점은, 친절과 연민으로 인류에게 평화와 사랑을 가져오려는 가장 중요한 임무를 통해, 우리가 미래를 변화시킬 수 있다는 것입니다.

미륵은 '연민'의 부처라고 합니다. 이것이 나의 가르침의 '정수'입니다. 과거의 부처는 다른 사람들에게 연민을 가지라고 가르쳤습니다. 당시에는 그것이 중요했지요. 그러나 나는 미래불로서, 친절과 사랑으로 '다른 행성'의 다른 사람들에게 연민을 가지라고 가르칩니다.

비의 명상

A.H.66년 4월 - 2012년 일본 오키나와

이 아름다운 날, 많은 비가 내리고 있네요. 우리는 종종 화창한 날에만 "아름다운 날이야"라고 말하는 실수를 범합니다. 그것은 잘못인데, 왜냐하면 비가 올 때도 역시 아름답기 때문이지요. 태양은 아름답습니다. 하지만 비도 마찬가지로 아름답습니다. 태양만으로는, 지구상에 생명이 존재할 수 없습니다. 비는 생명입니다.

여러분이 비를 바라볼 때, 그것을 명상으로 보세요. 나는 비를 바라볼 때, 비를 보지 않고 구름을 봅니다. 내가 구름을 바라볼 때, 구름을 보지 않고 바다를 봅니다. 왜냐하면 바다가 증발해서 구름이 되기 때문이지요. 내가 바다를 바라볼 때, 바다를 보지 않고 강을 봅니다. 왜냐하면 강물이 바다를 이루기 때문입니다. 내가 강을 볼 때, 나는 비를 봅니다. 우리는 이러한 순환 속에 있습니다. 우리 신체의 90% 이상이 물로 만들어져 있습니다. 여러분이 물 한잔을 마실 때, 여러분은 비, 구름, 바다, 모든 것을 마시는 것입니다.

그리고 여러분이 마시고, 여러분 몸의 90%가 되는 이 물은 다른 사람들에 의해 여러 번, 무한히 여러 번 마셔졌던 것입니다. 여러분이 마신 물은 이전에 무한히 많은 사람들이 마셨던 물인 것이지요. 여러분이 물을 마시고 소변을 보면, 그것은 강으로 흘러가서, 바다로 가고, 구름이 되고, 비가 되어, 여러분이 다시 그것을 마십니다. 아마 오늘 여러분은 지난해 내가 소변보았던 그 물을 마셨을지도 모릅니다.

여러분이 지금 마신 물의 일부 분자들은, 이전에 다른 많은 사람들이 마셨던 것입니다. 여러분이 한 잔의 물을 마실 때, 그 물은 과거 붓다, 예수, 모세, 기타 모든 예언자들이 마셨던 물의 분자들을 담고 있습니다. 이것은 생명의 무한한 순환입니다. 모든 것이 우리 몸을 거쳐가고, 우리 몸을 통과합니다. 우리의 몸을 구성하는 물질은 영원합니다. 무기물과 에너지는 언제나 존재해왔습니다. 물도 언제나 존재해왔습니다. 그러므로 우리에게 유일한 것은, 우리의 의식입니다. 이것만이 진정한 우리입니다. 거쳐가는 물이 아니고, 우리 몸을 구성하는 무기물질도 아니라, 우리의 의식이 우리인 것입니다. 우리는 '비의 명상'과 같은 아름다운 명상을 통해, 매일 우리의 의식을 가꾸어야 합니다.

그러므로 비를 여러분 외부의 어떤 것으로 보지 마세요. 비는 여러분의 일부이고, 여러분은 비의 일부이니까요. 지구를 여러분과 분리된 어떤 것으로 보지 마세요. 무한한 순환 속에서, 여러분은 지구의 일부이고, 지구는 여러분의 일부이니까요. 나는 여러분이 이러한 하나됨의 느낌으로 모든 것을 보길 원합니다. 비와 지구뿐 아니라, 다른 사람들, 동물들, 식물들, 특히 다른 사람들을 이 하나됨의 느낌으로 보세요. 다시 한번 느껴보세요. 여러분 몸속의 어떤 세포들은 내 몸에서 나온 것이고, 내 몸의 어떤 세포들은 여러분의 몸에서 온 것입니다.

우리는 하나입니다. 그렇기 때문에 우리는 사랑해야만 합니다. 다른 사람들에게 아주 많은 사랑을 주세요. 왜냐하면 그들 안에는 우리의 일부가 있고, 우리 안에는 그들의 일부가 있기 때문입니다. 이것을 느끼고, 이것을 생활화하세요. 이것은 명상이라 불리기보다는, 사랑입니다. 여러분이 다른 누군가를 포용할 때, 여러분은 자신의 일부를 포용하는 것입니다. 여러분이 다른 사람을 미워할 때, 여러분은 자신의 일부를 미워하는 것입니다. 그렇기 때문에 사랑이 유일하게 중요합니다. 나는 여러분을 사랑합니다. 그리고, 우리는 엘로힘의 일부이고, 엘로힘은 우리의 일부라는 것도 기억하세요.

생각할 때, 여러분은 자신을 우주에서 분리합니다

A.H.66년 4월 - 2012년 일본 오키나와

여러분이 인생에서 무엇을 하든지, 여러분은 혼자가 아닙니다. 우주의 에너지는 여러분을 통해 자신을 표현하고 있으니까요. 여러분이 행복할 때, 여러분만 행복한 것이 아니라, 우주가 여러분에게 행복을 가져다주고 여러분을 지원하는 것입니다. 왜냐하면 여러분이 우주이기 때문입니다.

여러분의 몸은 인생 최고의 장난감입니다. 여러분의 몸은 무한과의 연결장치입니다. 손을 보며, 무한을 보세요. 그것은 여러분의 몸이 아닙니다. 그것은 무한입니다. 여러분의 심장박동은 무한의 소리입니다. 우리는 무한과 하나이지만, 그것을 느껴야만 합니다. 우리가 그것을 느끼지 못한다면, 하나가 아닙니다.

생각은 여러분을 무한에서 분리하는 최고의 도구입니다. 많은 사람들은 책을 많이 읽는 것이 자신을 무한과 연결되게 해준다고 생각합니다. 누구도 무한을 이해할 수 없으며, 야훼조차도 그렇습니다. 우주의 어떤 의식도 무한을 이해할 수 없습니다. 하지만 여러분은 무한을 느낄 수 있습니다. 그리고 무한을 느끼기 위해서 최고의 대학을 나올 필요는 없습니다. 그냥 느끼세요. 여러분이 무한을 이해하려고 노력할 때, 여러분은 무한과 자신 사이에 칸막이를 두게 됩니다. 여러분은 둘 사이의 소통을 차단하는 것이지요.

두뇌는 가장 강력하고 또 가장 위험한 도구입니다. 우리가 생각하기 위해 두뇌를 사용한다면, 좋지 않습니다. 하지만 느끼기 위해 사용한다면, 그것은 강력합니다. 오르가즘과 마찬가지입니다. 여러분은 오르가즘을 느낄 수 있을 뿐이지요. 여러분이 생각할 때, 여러분은 자신을 우주에서 분리합니다. 그것은 인생의 모든 것에 대해서도 마찬가지입니다. 아무도 그것을 이해할 수 없지만, 여러분은 그것을 느낄 수 있습니다.

여러분은 사랑을 느낄 수 있습니다. 이 방은 사랑으로 가득합니다. 나는 누구보다도 더 사랑을 느낍니다. 여러분이 만드는 사랑의 에너지는 거대합니다. 이 방에는 약간의 어두운 에너지도 있는데, 나는 그것을 느낄 수 있습니다. 그들은 생각하기 위해 노력합니다. 그들은 블랙홀과 같지요. 그럼으로써, 그들은 자기 주위의 모든 것과 연결을 끊고, 분리됩니다. 병원에 있는 미친 사람들은 매우 지적이지만, 더 이상 우주와의 연결을 느끼지 못하기 때문에 미쳤습니다. 너무 많이 생각할 때, 여러분은 정신적 위험에 놓이게 됩니다.

세계는 지적인 사람들 때문에 병들어 있습니다. 정부들은 지적인 사람들로 구성되어 있고, 그들이 세계의 문제들을 만들고 있습니다. 우리는 지적인 사람들을 두려워해야 합니다. 체르노빌, 후쿠시마는 매우 지적인 사람들이 만들었습니다. 하지만 그들은 완전히 어리석지요. 왜냐하면 그들은 진실과 분리되어 있기 때문입니다.

안과 밖의 무한

A.H.68년 12월 - 2013년 일본 오키나와

일요일 오전 11시 텔레파시 교신 때에, 여러분은 엘로힘과 모든 라엘리안, 모든 인간에게 사랑을 보내지요. 하지만 여기에는 더 많은 의미가 내포되어 있습니다. 여러분은 마이트레야에게 사랑을 보내고, 그리고 마이트레야를 통해 엘로힘에게 사랑을 보냅니다. 하지만 여기에도 더 많은 의미가 내포되어 있습니다. 즉 엘로힘에게 사랑을 보냄으로써, 여러분은 무한에게 사랑을 보내는 것입니다.

무한은 여러분 안에도 있습니다. 엘로힘이 우주의 어딘가에 있다고만 생각해서는 결코 안 됩니다. 그들은 여러분 안에도 있습니다. 여러분은 자신의 내부에 무한한 수의 엘로힘을 지니고 있습니다. 왜냐하면 여러분 몸의 모든 곳에는 무한소의 세계가 있고, 무한히 작은 엘로힘이 살고 있는 무한한 수의 행성들이 있기 때문입니다. 무한소의 엘로힘도 생명을 창조하며, 사랑의 에너지를 퍼뜨리고 있지요. 사랑은 무한대와 무한소에서, 무한의 모든 수준에 존재합니다. 그러므로 사랑을 외부에서만 느끼는 실수를 범하지 말고, 내부에서도 마찬가지로 느끼세요. 일요일 텔레파시 교신은 우리 외부와 내부를 잇는 사랑의 콘택트입니다.

여러분은 엘로힘을 찾기 위해 세계를 여행하겠습니까? 여러분은 엘로힘을 찾기 위해 우주를 여행할 준비가 되었습니까? 여러분은 엘로힘을 찾기 위해 무한 주위를 탐색하겠습니까? 그런데, 무한 주위를 탐색할 수 있을까요? 우리는 지구 주위를 여행할 수 있습니다. 은하계 주위도 여행할 수 있습니다. 그러나 무한 주위를 여행할 수는 없습니다. 왜냐하면 무한은 크기를 갖지 않으니까요. 우리는 단지 측정 가능한 어떤 것의 주위만 여행할 수 있을 뿐입니다. 무한은 모든 곳에 있습니다. 우리는 무한이며, 무한한 사랑입니다.

별을 느껴보세요. 하늘은 별들로 가득 차 있지만, 여러분은 별들을 볼 수 없습니다. 지금은 낮이기 때문이지요. 별들은 존재하지만, 우리는 그것들을 볼 수 없습니다. 우리 내부에도 마찬가지로, 은하들이 있고, 별들이 있고, 엘로힘이 있지만, 우리는 그들을 볼 수 없습니다. 그렇지만 그들은 존재합니다. 이 무한을 느끼세요. 우리 내부와 외부의 무한과 하나됨을 느끼세요.

무한한 행복을 느끼려면, 무한을 느끼세요

A.H.68년 1월 - 2014년 일본 오키나와

엘로힘의 메시지는 우리에게 엘로힘과 연결된 느낌을 주지만, 그뿐만은 아니지요. 가장 중요한 것은 무한과의 연결을 느끼고, 우리가 무한의 일부임을 느끼는 것입니다. 우리 내부의 무한을 느끼세요. 우리는 무한으로 이루어져 있으며, 그것은 스스로를 의식할 수 있는 무한입니다.

이는 우리에게 더 많은 사랑을 가져다줍니다. 왜냐하면 이 가르침에 의해, 우리는 다른 사람의 눈에서도 무한을 보기 때문입니다. 나는 여러분의 눈을 볼 때, 여러분을 일본인, 한국인, 혹은 인간으로 보지 않고, 무한으로 봅니다. 여러분도 내 눈을 볼 때, 마찬가지로 무한을 느끼길 바랍니다. 나는 엘로힘의 메신저이지만, 그 보다도, 무한의 메신저입니다. 왜냐하면 이것이 메시지에 감춰져 있는 궁극적인 진실이기 때문입니다.

무한을 느끼세요. 무한을 느낄 때, 여러분은 무한히 행복합니다. 만약 여러분이 무한을 느끼지 않는다면, 여러분은 그저 행복할 수는 있겠지만, 무한하게는 아닙니다. 여러분이 무한을 느낄 때만, 무한한 행복을 느낄 수 있습니다.

이것은 연결된 느낌이 주는 특권입니다. 여러분과 나, 모든 사람은 연결되어 있습니다. 우리는 엘로힘과 연결되어 있고, 무한과 연결되어 있고, 우리 자신과 연결되어 있습니다.

우리는 많은 사람들이, 슬프고, 절망하고, 우울증에 빠져, 행복해지기 위해 약을 복용하는 것을 봅니다. 어떠한 약도 여러분을 행복하게 만들 수 없습니다. 그들은 왜 슬플까요? 일본은 세계에서 자살하는 사람이 가장 많은 나라입니다. 매시간 한 명씩 자살하지요. 바로 지금도 누군가가 자살하고 있습니다. 그들은 연결됨을 느끼지 못하기 때문에 그렇습니다. 우리 자신의 삶을 되돌아본다면, 우리가 다른 사람들과의 연결을 느끼지 못했을 때 우울해졌고, 나 자신을 포함하여, 누구나 자살하고 싶은 마음이 들었지요. 내가 10대였을 때의 일이 기억나는데, 나는 세상이 싫어서 자살하고 싶었습니다. 왜냐하면 세상과 단절된 느낌이 들었기 때문입니다.

사람들은 물질적인 것들을 추구하면서, 이 단절된 느낌을 잊으려고 노력합니다. 새 자동차 같은 것들을 사면서 말이지요. 그들은 새 자동차나 새 집이 자신을 행복하게 해줄 것이라고 믿지만, 절대 그렇게 되진 않습니다. 몇 달 동안은 기쁘겠지만, 그것이 그들을 행복하게 만들지는 못 합니다. 또 어떤 사람들은 섹스로 이 단절감을 잊고 싶어 합니다.

섹스는 좋은 것이고, 기쁨을 주지만, 여러분에게 연결된 느낌을 주지는 않습니다. 여러분은 육체적으로 몇 분 동안 연결되겠지만, 그런 연결은 중요하지 않습니다. 마음의 연결이 중요한데, 오직 엘로힘의 메시지만 그것을 가져다줄 수 있습니다. 오직 우리가 무한과 연결됨을 느낄 때만, 내면의 행복이 찾아옵니다. 이것은 물건들과의 연결도 아니고, 섹스와의 연결도 아니라, 여러분 자신과의 연결이며, 모든 사람과의 연결입니다.

타인의 행복을 느끼는 것은 여러분을 행복하게 해줍니다. 사랑을 주고, 한 사람을 행복하게 해주는 것은 여러분이 연결되었다고 느끼도록 만들어 줍니다. 그렇기 때문에, 무한과 연결된 느낌은 사랑을 가져오는 것이지요. 내가 무한의 일부임을 인식하고, 또한 다른 사람들을 무한의 작은 조각들로 바라보게 되면, 서로 분리되어 있다는 것은 착각임을 깨닫게 됩니다. 이것이 매우 중요합니다. 여러분은 나이고, 나는 여러분입니다. 분리가 착각임을 깨닫게 되면, 우리는 모든 사람, 그리고 우주의 모든 것과 연결되어 있음을 느낄 수 있습니다.

여러분은 지금 나를 느낍니다. 여러분은 나의 사랑을 느낍니다. 여기 있는 이 큰 나무도 나의 사랑을 느끼고, 나도 역시 나무의 사랑을 느낍니다. 바다, 하늘, 그리고 모든 것이 마찬가지입니다. 이것이 바로, 연결된 느낌이 더 많은 사랑을 가져다주는 이유입니다. 무한과 연결되어 있음을 느끼게 해준 데 대해, 엘로힘께 감사하세요.

신들, 신, 그리고 무한

A.H.69년 3월 - 2015년 일본 오키나와

태초에, 인류가 매우 원시적이었을 때, 그들은 곳곳에 많은 신들을 섬겼습니다. 그들이 이해할 수 없었던 모든 것에는 신이 있었지요. 일본에서는 여전히 천둥, 번개에 신의 이름을 사용하고 있습니다. 과거에, 사람들은 정말로 그것이 신이라고 믿었습니다. 인간이 이해할 수 없었던 모든 것은 신의 한 종류였습니다. 달, 태양도 신이었는데, 이집트인들은 태양신 라(Ra)라고 불렀습니다. 우리는 이제 태양이 신이 아님을 압니다. 바다의 신도 있었고, 산의 신도 있었습니다. 사람들은 공포 속에 살며, 모든 것을 두려워했습니다. 신들은 모든 곳에 있었습니다.

물론 신들은 존재하지 않았지만, 그들은 산기슭에 과일과 음식들을 차려 놓고 기도함으로써 보호받기를 기원했습니다. 왜냐하면 그들은 두려웠기 때문이지요. 그런 다음 시

대가 바뀌고, 많은 새로운 신들을 가진 새로운 종교들이 출현했습니다. 그 신들은 산이나 바다를 상징하는 신이 아니라, 갑자기 그리스의 신들과 같은, 그냥 신이었습니다. 여성 신들도 많았습니다. 아시아에서도 마찬가지로, 모든 곳에서 많은 신들을 모셨습니다.

인류가 발전하면서 기술이 발달함에 따라, 신들도 발전했습니다. 곧 어떤 사람들이 하나의 유일신, 일신교라는 개념을 창안해냈습니다. 일신교는 다신교보다 더 지성적인 것은 아닌데, 사실은 그 반대로, 더 멍청한 것입니다. "모든 것을 무에서 창조한 오직 하나의 신이 있다." 그 신은 모든 것을 창조하는 데 아무것도 사용하지 않았다는군요. 아무도 그렇게 할 수는 없지요. 기독교인들 말로는, 그 신은 결코 태어나지도 않았고 결코 죽지도 않는다는데, 더욱 멍청한 이야기로, 그 신이 아기를 낳았다는군요. 신의 아들이랍니다. 그야말로 가장 멍청한 이야기입니다. 그렇게 인간의 신은 수천 년 동안 천천히 진화해왔습니다. 존재하지 않는 많은 신들에서 역시 존재하지 않는 유일신으로 바뀌었지요.

우리는 엘로힘이 신이 아니라는 점을 명확하게 반복해서 말해야 합니다. 왜냐하면 사람들은 라엘리안들이 엘로힘을 신의 일종으로 숭배하고 있다고 믿기 때문입니다. 그러므로 우리는 매우 분명하게 그 점을 반복해 말해야 합니다.

엘로힘은 신이 아닙니다. 신은 없습니다. 엘로힘은 우리와 같은 인간입니다. 오래전, 엘로힘 또한 신들을 믿었습니다. 그러다가 유일신을 믿었고, 마침내 그들은 정신성의 최고 경지인 무한에 도달했습니다.

어떤 사람들은 무한을 신과 동일시하지만, 무한은 신이 아닙니다. 신은 존재하지 않습니다. 시간적 및 공간적 무한에서, 어떠한 것도 공간 안에 한정되지 않으므로, 무한에는 중심이 없습니다. 무한에는 중심이 있을 수 없는 것이지요. 어떤 사람들은 무한을 신이라고 하며, 신이 무한의 중심이라고 말합니다. 무한은 중심을 가질 수 없습니다. 중심을 갖기 위해서는, 예를 들어, 원이 필요한데, 무한의 상징이 새겨진 이 메달처럼, 한가운데가 중심이 될 것입니다. 그러나 이 메달은 무한이 아니지요. 나는 무한을 착용할 수 없습니다. 무한은 어느 방향이든 결코 끝이 없습니다. 내가 손가락으로 가리킬 때, 무한의 한 방향을 선택할 수 있지만, 내 손가락에서 나오는 선은 결코 끝이 없습니다. 거기에는 끝이 없지요. 그렇기 때문에 이를 무한이라고 부르는데, 결코 끝이 없다는 뜻입니다.

엘로힘은 많은 발전을 이룬 끝에, 마침내 무한의 이해에 도달했습니다. 그들 덕분에, 우리, 원시적인 인간들도, 그들과 똑같은 종교, 무신론적 종교를 가질 수 있게 되었습니다. 이 종교의 본질은 무한이며, 우리가 어디서 왔는지, 우리가 무엇인지, 우리가 누구인지에 대한 해답의 바탕입니다. 우리는 현재 엘로힘의 과학 수준과 대등할 수 없습니다. 그것은 불가능합니다. 지식 수준 또한 그렇지만, 우리가 무한을 느낄 때에는, 엘로힘과 대등하게 됩니다. 이것은 그들이 우리에게 준 가장 아름다운 선물입니다. 많은 신들에서 유일신으로, 그리고 지금은 무한으로 발전해왔습니다. 이제 더 이상의 발전은 없을 것입니다. 다음 단계는 없습니다. 왜 그럴까요? 왜냐하면 무한이기 때문이지요. 무한에는 다음 단계가 없습니다.

모래시계의 모양은 아름답습니다. 시계가 발명되기 전, 시간을 측정하기 위한 유일한 방법은 모래시계였습니다. 하루를 측정하기 위한 커다란 것들이 있었고, 하루의 10분의 1을 측정하기 위한 작은 것들도 있었고, 물을 끓이는 데 걸리는 시간을 재기 위한 더 작은 것들도 있었습니다. 그때는 휴대폰이 없었기 때문에, 그것이 시간을 측정하는 유일한 방법이었지요.

우리는 시공 속의 모래시계입니다. 처음에는 위쪽에 모래가 꽉 차 있고, 아래쪽은 비어 있습니다. 시간이 우리를 통해 흘러가는데, 우리는 모래시계의 중앙에 있습니다. 여러분은 모래시계의 가장 좁은 부분에 있고, 시간은 거기를 통과하고 있는 것이지요. 위쪽에는 무한한 양의 모래가 있고, 그것이 우리를 통해 흘러 나갑니다. 시간과 공간 속에서, 우리는 이러한 모래시계입니다. 한 시간을 측정하는 모래시계가 아니라, '1세기를 측정하는 모래시계'라고 하는 편이 낫겠군요.

라엘리안 상징에는 두 개의 삼각형이 있습니다. 이 삼각형들은 모래시계의 두 부분과 같고, 우리는 그 중앙에 있습니다. 우리는 무한을 물질적 모래시계라고 느낄 수 있습니다. 우리는 모래시계의 가장 좁은 부분에 있으며, 무한대와 무한소를 의식합니다. 여러분이 무한에 대해 명상하고 싶을 때, 여러분 자신을 일종의 모래시계라고 상상해보세요. 한 시간이나 1세기를 측정하는 모래시계가 아니라, 무한을 측정하는 모래시계입니다. 여러분이 무한에 대해 명상할 때, 그렇게 느껴 보세요. 무한을 이해할 수는 없습니다. 아무도 할 수 없습니다. 하지만 여러분은 명상으로 무한을 느낄 수 있습니다.

지금, 무한으로 통하는 천국의 문

A.H.69년 5월 - 2015년 일본 오키나와

무한을 느끼는 가장 좋은 방법은 '지금'을 느끼는 것입니다. '지금'은 나눌 수 없습니다. 그것은 1초도 아니고, 천분의 1초도 아니니까요. 천분의 1초를 천 등분하면, 백만 분의 1초가 됩니다. 그리고 그것을 백만 등분하고, 다시 백만 등분할 수 있습니다. 1초를 백만 등분하는 것을 몇 번이나 할 수 있을까요? 무한 번입니다. 현기증이 날 지경이지요. 이것은 당신이 '지금'을 느끼는 데 도움을 줄 수 있습니다.

'지금'은 시간적으로 무한히 작은 것입니다. 그것은 너무 작아서 존재하지 않습니다. 우리는 '지금'에 대해 생각할 때, 이것을 '초'로 생각하지요. 하지만 1초는 너무 큽니다. 1초 안에, 당신은 매우 화가 났다가, 진정할 수 있습니다. 1초 안에, 당신은 무의식적이었다가, 갑자기 의식적으로 될 수도 있습니다. 당신이 진정으로 '지금'에 있을 때, 거기에는 아무런 변화도 없고, 무한과의 완전한 조화가 있을 뿐입니다. 왜냐하면 무한히 짧은 순간에 존재하는 '지금'이 당신으로 하여금 '지금'을 느끼게 만들고, 조화를 느끼게 해주기 때문입니다.

공간에 있어서도 마찬가지입니다. 당신의 몸은 작은 세포들로 이루어져 있고, 세포는 원자들로 구성되어 있으며, 원자는 소립자들로 구성되어 있고, 소립자 안에는 작은 행성들이 있어서 당신과 같은 존재들이 무한에 대해 명상하고 있습니다. 그들의 수는 얼마나 될까요? 무한 수입니다. 그들의 몸은 세포들과 작은 원자들로 이루어져 있고, 그 작은 원자 안에는 당신과 같은 작은 존재들이 있습니다. 그들은 몇 명이나 될까요? 무한 수입니다. 이것은 결코 끝이 없습니다. 무한대에서도 마찬가지입니다. 우리 행성은 거대한 존재 내부의 원자 안에 있고, 그 존재가 사는 행성은 또 다른 더욱 거대한 존재의 몸속 은하에 속해 있지요. 이것도 무한히 계속될 수 있습니다.

무한 속의 모든 곳에는 무한을 느끼고, 명상하며, '지금'을 느끼는 사람들이 있습니다. 거대한 존재가 '지금'에 대해 생각하거나 느낄 때, 그는 우리가 지금 느끼는 것과 똑같은 '지금'을 느끼고 있습니다. 엘로힘은 무한의 다른 레벨들과는 커뮤니케이션이 불가능하다고 말합니다. 하지만 거대한 존재의 무한히 짧은 '지금'은 우리의 '지금'과 똑같으며, 우리의 손 안에 있는 작은 존재들의 '지금' 또한 같습니다.

그렇기 때문에, '지금'은 무한과 행복으로 통하는 천국의 문입니다. 이것은 당신이 셀폰(cell phone:휴대폰)을 사용할 때와 같은데, 마치 당신의 모든 세포(cell)들이 전화하는 것처럼, 모든 것이 '지금'을 느낍니다.

'지금'에 있으면, 영원한 생명은 너무 짧습니다

AH72년 6월 - 2018년 일본 오키나와

컴퓨터가 점점 더 많은 일자리를 넘겨받고 있는데, 이는 바로 지금 전 세계에서 일어나고 있는 현상입니다. 이것은 아름답고 환상적이지만, 언론은 그렇게 보도하지 않지요. 그들은 모든 사람들이 이런 상황을 두려워하도록 만들려고 노력합니다.

신문은 부정적인 뉴스를 보도할 때만 잘 팔립니다. 당신이 뉴스를 확인해보면, 그것은 새 소식이 아니라 부정적인 사람들에 의해 선정된 소식입니다. 그들은 전쟁, 공해 등 두려움을 조장하는 주제를 선택함으로써, 사람들이 그들의 신문을 사게 합니다. 왜냐하면 사람들은 부정적인 것에 중독되어 있기 때문이지요. 라엘리안들조차도 부정적인 뉴스 보기를 선택할 수 있는데, 그들 역시 두려움으로 바라보고, 두려움을 키우고, 두려움을 받아들이도록 길들어졌기 때문입니다.

만약 당신의 하루를 부정적인 사람들에 의해 선정된 뉴스를 보거나 들으며 시작한다면, 그날 하루는 끔찍할 것입니다. 메시지의 가장 중요한 가르침 중 하나를 기억하세요. "행복은 결단이다." 행복이란 우리의 초의식이 선택하는 것입니다. 우리의 지성은 여기저기 둘러보며 부정적인 신문을 사고 싶어 합니다. 지성은 부정적인 뉴스에 익숙해져 있고, 사람을 더욱더 생각하게 만듭니다. 반면에 초의식은 그 대신 행복을 선택합니다.

아침 명상 후에 TV를 켜지 마세요. 똥은 똥을 좋아하는 사람들이 먹게 두세요. 행복을 선택하려면 온종일 긍정적인 것들을 선택해야 합니다. 점심시간에 부정적 뉴스를 보는 데 5분조차도 쓰지 마세요. 시험 삼아, 10년 전의 뉴스를 찾아보고, 오늘의 뉴스와 비교해보세요. 10년 전에도 똑같이, 뉴스는 사람들로 하여금 중국, 러시아, 북한, 베네수엘라, 이란을 두려워하게 만들려고 노력하고 있습니다. TV도, 라디오도, 인터넷도 없이 일주일 동안 캠핑을 떠나보세요. 그리고 돌아와 뉴스를 봐 보세요. 당신은 아무것도 놓치지 않았으며, 그들은 여전히 똑같은 것들에 대해 이야기하고 있을 것입니다. 그들이 10년 전, 20년 전, 30년 전에 이야기했던 것들과 똑같지요. 똑같은 똥입니다. 그들은 그것을 '뉴스'라고 부릅니다! 거기에 새로운 것은 전혀 없습니다!

나는 인터넷에서 1950년도 신문을 읽어 보았는데, "우리는 열심히 일해야 한다. 수많은 재정적 문제들이 있다. 경제 위기다…"라고 쓰여 있었습니다. '위기'는 의학용어로서, '짧고 강한 것'으로 정의됩니다. 위기의 반대는 '만성화되어 영원히 지속되는 것'입니다. 그러므로 경제 위기란 없지요. 그러나 정부는 "지금은 경제 위기다"라고 말함으로써, 자기들의 무능한 통치를 정당화하고, 사람들은 그것을 믿습니다. 만약 우리가 실제로 경제 위기를 겪었다면, 모두가 노숙자로 되어 있을 것입니다.

점점 더 많은 억만장자가 생겨납니다. 가난한 사람들은 더 가난해지는데, 부자들은 더욱더 부유해지고 있습니다. 그러나 부자들은 경제 위기가 있다고 당신이 믿기를 바랍니다. 어떤 사람들은 자식들을 먹여 살리기 위해 고군분투하고, 다른 사람들은 다음에는 어떤 색상의 롤스로이스를 살지 고민합니다. 돈은 부족하지 않습니다. 식량도 부족하지 않습니다. 우리가 매일 수백만 톤의 식량을 버리고 있는 반면에, 일부 아프리카 사람들은 먹을 것이 없습니다. 이것은 단지 어떻게 조직하느냐의 문제일 뿐이지요. 지구상에는 모든 사람이 먹을 수 있는 충분한 식량이 있으며, 심지어 현재의 인구수보다 두 배나 더 많더라도 충분합니다. 그러나 부자들은 높은 가격을 유지하기 위해, 먹을 수 있는 식량을 폐기합니다. 며칠 전 프랑스에서는 그런 이유로 토마토를 폐기했는데, 한편에서는 아프리카 어린이들이 굶어 죽고 있습니다. 어떤 신문도 그것에 대해 이야기하지 않습니다. 그들은 북한, 이란, 기타 바보 같은 문제들에 대해 이야기하지만, 당신에게 진실을 말하지는 않습니다.

그들은 우리에게 두려움을 주기 위해 환상을 심고 있습니다. 심지어 돈도 환상입니다. 모든 언론이 미국, 프랑스의 국가 부채에 대해 말하고 있는데, 이는 당신을 두렵게 만들기 위해서입니다. 이런 국가 부채는 은행에 대한 부채이고, 그 은행이란 필요하면 이자를 받기 위해 대량의 돈을 찍어내는 바로 그 은행이지요. 이것은 웃기는 이야기이지만, 당신은 그 덫에 갇혀 있습니다. 당신은 이런 환상 속에 살고 있습니다.

은행은 당신을 더욱 옭아매기 위해 천재적인 것을 고안했는데, 바로 신용카드입니다. 그들은 당신에게 돈을 빌려주고, 당신은 35년간 또는 더 오래 올가미에 매이게 됩니다. 이것은 당신을 노예로 만들기 위한 미친 시스템입니다. 사람들은 지구상에 더 이상 노예제도가 없다고 믿습니다. 하지만 만약 당신이 무엇이든 외상으로 산 적이 있다면, 당신은 노예입니다. 당신은 과거 흑인들처럼 쇠사슬에 묶여 있지는 않지만, 당신을 묶고 있는 사슬은 '신용카드'라고 불립니다. 이것이 일상의 현실입니다. 당신 자신을 노예제도에서 해방하세요, 신용의 덫에 빠지지 마세요. 모든 것이 환상입니다. 그리고 그로부터 탈출할 수 있도록, 엘로힘은 우리에게 아름다운 시스템을 알려주셨는데, 바로 천재정치와 낙원주의입니다.

오늘날 모든 매체들은 컴퓨터의 위험성에 대해, 컴퓨터가 인간을 어떻게 대체할 것인가에 대해 말하고 있습니다. "곧 우리 일자리의 90%가 사라지고, 노동자들은 컴퓨터로 대체될 것이며, 아마 99%의 사람들이 실업자로 될 것이다." 맞습니다! 그것은 일어나고 있고, 곧 100%의 사람들이 실업자가 될 것입니다. 엘로힘의 행성에서는 아무도 일하지 않으며, 모든 일은 컴퓨터와 로봇에 의해 행해집니다. 나는 엘로힘과 함께 식사했었는데, 로봇이 농사짓고, 로봇과 컴퓨터가 요리하고 있었습니다. 그리고 로봇이 음식을 식탁으로 가져오지요. 아무도 일할 필요가 없습니다. 엘로힘의 행성에는 과학자도 없고, 의사도 없으며, 모든 것이 컴퓨터로 행해집니다. 이미 지구에서도 일부 의사들은 컴퓨터를 사용하여 환자를 진단합니다. 몇 년 전에 나는 컴퓨터로 눈 수술을 받았습니다. 의사가 거기 있었던 것은 컴퓨터가 제대로 작동하는지 확인하기 위해서였습니다. 인간이 상상할 수 있는 모든 일은 컴퓨터에 의해 수행될 것입니다.

컴퓨터란 데이터의 집적입니다. 지난 40년 동안 나는 인간이 할 수 있는 모든 일은 컴퓨터가 더 잘할 수 있다고 말해왔습니다. 왜냐하면 컴퓨터는 데이터를 기반으로 하기 때문이지요. 데이터는 과거의 지식입니다. 우리는 모든 것을 기억하는 것이 너무나 어렵다는 것을 알게 되었고, 따라서 의사들도 세부 전공으로 나뉘었습니다. 어떤 의사도 모든 것을 기억할 수는 없습니다. 하지만 컴퓨터는 할 수 있습니다. 컴퓨터는 인류의 모든 지식을 아무런 문제 없이 처리할 수 있고, 새로운 데이터를 추론하고 생성할 수 있으며, 심지어 연구를 수행할 수도 있습니다. 그렇기 때문에 엘로힘의 행성에는 과학자가 없습니다. 그들이 우리를 창조했던 오래전에는 있었지만, 지금은 더 이상 없습니다.

"일이 없다면, 엘로힘은 무엇을 하나요?" 그들은 '지금'을 즐기지요. 그래서 그들의 종교는 '무한'입니다. 당신이 '지금'에 있을 때, 당신은 무한 속에 있는 것입니다. 과거는 한정되어 있고, 미래도 한정되어 있습니다. '지금'은 무한합니다. 오직 '지금'만이 무한합니다. 컴퓨터는 사람이 하는 모든 일을 할 수 있습니다. 그래서 엘로힘은 '지금'을 즐길 뿐입니다. 당신이 '지금'을 즐길 때는 결코 지루하지 않습니다. '지금'을 즐기기에는 영원한 삶도 부족합니다. 나는 영원한 삶도 너무 짧다고 말하겠습니다. 당신이 '지금'에 살면, 영원한 삶은 너무 짧습니다. '지금'에 대해 생각하지 마세요.

'지금'을 느끼세요! 당신이 '지금'에 있을 때, 시간은 존재하지 않습니다. 당신은 한 시간 동안 혹은 하루 종일 명상할 수 있습니다. 그러다 갑자기 졸음이 와 잠자리에 듭니다. 그러나 당신은 시간의 흐름을 깨닫지 못합니다. 이것이 우리에게 예비 된 아름다운 미래입니다.

사람들은 직업을 잃는 것을 너무나 두려워하고, 언론은 이렇게 말합니다. "우리는 그것을 멈춰야 한다. 컴퓨터가 인간을 대체할 것이다!", "조심하라! 컴퓨터가 당신을 통제할 것이다!" 맞습니다. 컴퓨터는 그렇게 할 것이고, 그것은 아름다울 것입니다.

세계 모든 주요 국가들의 모든 지도자가 컴퓨터라고 상상해보세요. 그것들은 즉시 모든 핵무기를 파괴할 것입니다. 그에 관한 아름다운 영화가 있는데, 컴퓨터들이 점차 모든 나라를 통제하게 되지만 그것들은 인류를 구하도록 프로그램되어 있다는 내용입니다. 그래서 러시아 컴퓨터, 미국 컴퓨터, 중국 컴퓨터들이 서로 대화하기 시작합니다. "어떻게 하면 인류를 구할 수 있을까? 그래, 모든 핵무기를 파괴하자." 그렇지요! 이렇게 당신이 '지금'에 살 때, 미래는 아름답습니다.

8

웃음

"오직 웃음만이 당신에게
세상을 바꿀 수 있는 힘을 줄 수 있다"

각성은 웃음 속에서 발생합니다

각성과 개화는 웃음 속에서 발생합니다. 그 반대로 말
하는 사람들은 모두 거짓 예언자들이고 거짓 부처들인데,
그런 사람들이 많습니다. 각성의 첫걸음은 웃음과 행복입니
다. 심각한 각성에 도달한다면 어리석은 일이겠지요. 그것
이 뭐가 좋겠습니까? 다행히도, 각성과 웃음은 서로 손잡고
옵니다. 각성하기 위해서는 행복할 필요가 있는 것입니다.

각성과 의식은 바위에 매달리면서 산을 오르는 것과는
정반대입니다. 바위에 매달려서는 아무 데도 도달할 수 없
을 것입니다. 반대로, 놓아주어야 합니다. 무한한 추락 속으

로 자신을 내버릴 때, 당신은 실제로 자신을 상승시키게 됩니다. 역설이지만, 이것이 바로 각성입니다.

당신이 누워서 명상할 때, 명상의 효과를 느끼는 것이 목표라면, 당신은 아무것도 느끼지 못할 것입니다. 각성과 함께 뭔가를 원한다면, 당신은 아무것도 얻지 못할 것입니다. 만약 아무것도 원하지 않는다면, 당신은 즉시 모든 것을 얻고, 부처가 될 것입니다. 부처는 당신 안에 있으니까요.

오늘의 웃음을 미루지 마세요

A.H.66년 10월 - 2011년 일본 오키나와에서 캐나다로 Skype 스피치

한마디의 진실한 말이 천 마디의 옳지 않은 말보다 더 가치가 있습니다. 한 장의 사진 역시 천 마디의 말보다 더 가치가 있습니다. 나는 웃음이 다른 모든 것보다 가치가 있다고 말하고 싶습니다. 만약 그것이 행복으로부터의 웃음, 존재로부터의 웃음, 무의 웃음, 즉 아무 이유 없는 웃음이라면 말이지요. 또한 그것은 라엘리안 행복 아카데미에 참석하는 것만큼이나 가치가 있습니다.

종종 사람들은 내게 와서 이렇게 묻습니다. "우리는 무

엇을 위해 사는가요? 엘로힘은 왜 우리를 창조했을까요?"
그러면 나의 대답은 항상 똑같습니다. "그들은 우리가 행복
하라고 창조했습니다."

무엇이 웃음보다 더 행복할 수 있을까요? 아무것도, 아무
도 없습니다. 그런 까닭에, 여러분이 세미나를 요약하고 싶다
면, 내가 원하는 바는 여러분이 커다란 웃음을 터뜨리며 세미
나를 마치는 것입니다. 여러분이 그렇게 하는 데 도움이 될
충분히 성장한 가이드들이 여러분 곁에 있습니다. 한 번의
큰 웃음에 모든 것이 들어 있습니다. 물론 그것은 기독교적인
행동 방식이 아닙니다. 하지만 우리는 부처의 얼굴에서 그것
을 명확히 볼 수 있지요. 우리가 고대 동양과 서양의 진정한
지혜에서 발견할 수 있는 것, 그것은 웃음입니다. 웃음이야말
로 인생의 기쁨입니다.

메시지에 쓰여 있는 나머지 내용들, 즉 우리가 어디서
왔는지, 우리는 어떻게 실험실에서 만들어졌는지를 아는 것
은 정말 흥미롭습니다. 명상의 가르침은 경이롭습니다. 우
리가 어떤 미래를 향해 나아가고 있는지 아는 것은 멋진
일입니다. 하지만 우리의 기원에 대한 모든 설명은 과거이
고, 죽은 것이지요. 지구상의 생명 창조를 고찰하는 것은 박물
관에 있는 것과 같습니다. 엘로힘은 그들의 행성에 몇 개의 박물
관을 운영하고 있는데, 그들은 과거 생명창조 당시 사용했던

시험관들 중 일부를 보관하고 있습니다. 그것은 박물관에 있고, 오래된 것이며, 과거입니다. 어쩌면 우리는 지구의 행복한 미래에 결코 도달할 수 없을지도 모릅니다. 몇 개의 후쿠시마, 지구 상에 핵폭탄을 발사할 몇 명의 바보들만 있어도 끝장이니까요. 그러면 미래가 가능할지 아무도 모를 것입니다. 반면에, 오늘 웃는 웃음, 여러분은 분명히 그것을 가지고 있습니다. 그러므로 웃음을 내일로 미루지 마세요. 웃음을 놓치지 마세요.

나의 눈물이 굶주린 아이들을 위한 음식이라면

A.H.66년 3월 - 2012년 일본 오키나와

항상 웃고, 즐기고, 농담해야 한다는 점을 명심하세요. 엘로힘은 지구상에 생명을 창조할 동안, 서로 많은 농담을 주고받았습니다. 그들은 결코 엄숙하지 않으며, 항상 웃고 있습니다. 그들의 창조물에도 농담이 들어 있는데, 가장 아름다운 농담들이 해변에 있습니다. 바로 게입니다. 게는 내가 가장 좋아하는 동물 중 하나입니다. 다른 모든 창조물이 똑바로 걷는 반면, 게들은 옆으로 걷지요. 이것은 하나의 농담입니다. 만약 우리가 모두 게처럼 옆으로 걷는다면 어떨지, 상상할 수 있겠습니까? 그러므로 항상 즐겁게 지내고,

절대 심각해지면 안 된다는 점을 기억하세요. 당신이 심각하면, 당신은 자신의 유전자 코드를 배신하는 것입니다. 심각함은 아주 멍청합니다.

당신이 작은 아기였을 때, 당신은 늘 웃었습니다. 모든 아기는 그냥 웃습니다. 아기들은 그저 자기 손가락을 보고서도 웃지요. 아기들은 나비, 벌, 무엇이든 보고 그냥 웃습니다. 그러나 아기들이 성인이 되고, 교육을 받으면, 매우 심각해집니다. 끔찍한 일입니다. 사람들은 나이를 먹을수록, 점점 더 심각해집니다. 그리고 어느 날, 심각한 표정으로 죽습니다. 끔찍한 일입니다. 점점 더 많이 웃어야 한다는 점을 명심하세요. 아기처럼, 만약 당신이 좋은 교육을 받았다면, 점점 더 많이 웃어야 합니다. 20세에는 10세 때보다 더 많이 웃어야 하고, 50세에는 20세 때보다 더 많이 웃어야 하고, 70세에는 50세 때보다 더 많이 웃어야 합니다. 그리고 당신이 죽는 날은, 당신이 가장 많이 웃는 날이 되어야 합니다.

그러면 당신은 엘로힘의 행성에서 깨어나 영원히 웃을 것입니다. 영원한 웃음, 그것이 최고입니다. 왜냐하면 심각한 채로 영원한 삶을 산다는 것은 매우 바보 같은 일이기 때문이지요. 엘로힘의 행성에서 깨어나면 이제 영원히 심각하게 살게 될 것이라고 상상한 적 있습니까? 그것은 완전히 바보 같은 생각입니다. 당신이 엘로힘의 행성에서 깨어나면, 이제 영원히 웃을 때입니다.

모든 부처들은 웃고 있었고, 모든 위대한 스승들도 웃고 있었습니다. 높은 정신적 삶은 심각함에 있지 않습니다. 높은 정신적 삶은 웃고, 즐기고, 노는 것입니다. 심각함이라는 이 위험한 전염병을 매우 조심하세요. TV에서 정치인들을 보면, 그들은 언제나 심각합니다. 교사들도 심각합니다. 전쟁, 후쿠시마, 이런 것들은 모두 심각한 사람들에 의해 만들어집니다. 그러나 우리가 웃을 때, 우리는 평화, 조화, 사랑을 만듭니다. 그러므로 바로 지금 웃으세요. 더욱더 많이 웃으세요. 이것이 바로 엘로힘이 당신을 사랑하는 방식입니다. 당신이 웃을 때이지요.

웃음은 엘로힘께 드리는 최고의 기도입니다. 어리석은 기독교인들은 심각하게 기도합니다. 만약 당신이 엘로힘이라면, 70억의 인간들이 당신을 바라보며 "저를 도와주세요. 저를 도와주세요"라고 말하는 것을 상상할 수 있겠습니까? 끔찍한 일이지요. 당신은 더 이상 그들을 쳐다보고 싶지 않을 것입니다. 만약 우리가 그렇게 한다면, 엘로힘은 지구 대신 다른 행성을 쳐다보고 싶을 것입니다. 그러나 만약 우리가 웃는다면, 우리에게 생명을 준 엘로힘께 사랑을 보낸다면, 그들은 행복을 느낄 것입니다. 모든 인간이 슬퍼하는 것을 보며, 어떤 종류의 신이 행복할 수 있을까요? 그렇다면 가학적 신일 것입니다. "나는 너희들이 괴롭고 고통받도록 창조했다." 대체 이것은 어떤 종류의 신인가요? 그게 아닙니다. 엘로힘은 우리가 즐기고, 웃고, 재미있게 놀도록 창조했습니다. 따라서, 우리는 그렇게 해야만 합니다.

무엇보다도, 웃음은 엘로힘을 행복하게 만듭니다. 그다음, 웃음이 당신의 기도가 될 때, 그것은 당신도 행복하게 만들고 또 당신 주위의 다른 사람들도 행복하게 만듭니다. 그러므로 엘로힘을 위해, 그리고 당신 자신과 다른 사람들을 위해 웃으세요. 우리의 삶을 영원한 웃음의 장으로 만듭시다. 이것은 우리의 인생에 상승과 하강이 없음을 의미하는 것은 아닙니다. 하지만 당신이 약간 침체되거나 우울할 때도 또한 웃으세요. 왜냐하면 웃음은 최고의 약이기 때문입니다. 당신이 아플 때, 갑자기 의사가 당신이 살 날이 6개월밖에 남지 않았다고 말하더라도, 그 6개월을 울면서 보내지 마세요. 그것은 어리석은 일입니다. 만약 내가 살 날이 6개월 남았다면, 나는 매일 웃을 것입니다. 그러면 삶은 아름답습니다. 만약 당신이 자동차 사고를 당해 한쪽 팔이 잘렸다면, 당신은 영원히 울거나, 혹은 "그래 좋아. 나에게는 한 팔이 남아 있어"라고 말할 수도 있습니다.

좋은 일에만 웃지 마세요. 대부분의 사람들은 좋은 일에 웃습니다. 그들은 새 여자친구가 생기면 웃습니다. 백만 달러 로또에 당첨되고 웃습니다. 그러나 돈을 잃었을 때, 그들은 웁니다. 여자친구를 잃었을 때, 그들은 웁니다. 뭔가 잘못되었을 때 웃으면, 당신은 다른 사람들보다 더 나은 사람이 됩니다. 당신의 여자친구 혹은 남자친구가 당신을 떠났다고요? 그것은 당신이 웃기에 좋은 때입니다. 당신이 돈을 모두 날렸다고요? 웃기에 완벽한 때입니다. 왜냐하면 당신이 운다고 해서 그 돈을 돌아오게 만들지 못할 뿐더러, 오히려 당신을 더욱 침울하게 만들어, 당신은 더 이상 돈을 벌 수 없게 되기 때문이지요. 그러므로 기억하세요. 뭔가 잘못되었을 때 웃는 것은 모든 일이 순조로울 때보다 더 중요합니다. 당신은 부처가 되길 원하나요? 되는 것이 아니라, 당신은 이미 부처입니다. 당신은 부처에 머물기를 원하나요? 그렇다면, 일이 잘못되었을 때, 웃으세요.

거대한 지진으로 인해 쓰나미와 후쿠시마 원전 사고가 발생했을 때, 우리는 제임스, 소피와 함께 타코에 있었는데, 지면이 극심하게 흔들려 서 있는 것조차 어려웠습니다. 하지만 우리는 무섭지 않았습니다. 전혀 안 무서웠고, 마구 웃었습니다. 우리는 미친 듯이 웃었지요. 그 지진이 있었을 때 사람들이 비명 지르며 신의 도움을 구하는 비디오를 봤는데, 그것은 바보 같은 행동입니다. 웃으세요! 우리는 분명 집이 무너질 거라 생각했지만, 그래도 우리는 웃었습니다. 그 얼마나 굉장한 경험이었던지! 환상적이었습니다. 이처럼, 모든 것이 당신을 웃게 만들 때, 비로소 당신의 인생은 아름답습니다. 기억하세요. 모든 일이 잘 풀릴 때 웃는 것은, 예, 좋습니다. 하지만 가장 중요한 점은, 일이 잘못되었을 때, 당신의 두뇌를 웃는 데 집중하는 것입니다. 당신은 잘못된 어떠한 일에도 웃을 수 있어야 합니다.

당신이 변화시켜야 하는 것들에 대해서도 그렇습니다. 예를 들면, 우리는 세계를 변화시켜야 하고, 세계를 더 나은 곳으로 만들어야 하고, 전쟁을 없애야 하고, 아프리카의 모든 굶주리는 아이들에게 식량을 제공해야 하지만, 만약 우리가 심각하다면, 우리는 그것을 해낼 수 없습니다. 웃음으로써, 우리는 그것을 해낼 수 있는 더 많은 에너지를 갖게 됩니다.

심각한 사람들은 이렇게 생각합니다. "왜 당신은 웃고 있습니까? 사람들은 먹을 것이 없어 죽어가고 있는데, 어떻게 웃을 수 있습니까?" 어리석은 사람들은, 기아로 사람들이 죽어가고 있을 때 우리가 울어야 한다고 믿습니다. 하지만 그것이 그들에게 음식을 주지 않습니다. 만약 내 눈물이 굶주리고 있는 아이들에게 음식이 된다면, 나는 매일 울겠습니다. 그러나 그렇지 않지요. 그러므로 나는 웃습니다. 나는 바로 이 순간에도, 아프리카에서는 10초마다 한 명의 어린이가 먹을 음식이 없어 죽고 있으며, 동시에 미군은 수십억 달러를 무기에 낭비하고 있음을 알고 있습니다. 그래서 나는 웃습니다. 왜냐하면 나는 에너지를 갖길 원하니까요. 세계를 변화시키기 위한, 웃음이라는 긍정적 에너지 말입니다. 당신이 심각하고 화내면, 에너지가 낭비됩니다. 그리고 당신은 모든 사람을 부정적으로 만들게 되고, 당신은 아무것도 변화시키지 못합니다. 오직 웃는 것만이 당신에게 세계를 변화시킬 좋은 에너지를 줍니다.

모든 부처들은 웃고 있었습니다. 그들처럼 되세요. 웃으면, 즉석 커피처럼, 즉석 부처가 될 수 있음을 기억하세요. 한 시간의 연설보다 한 번의 진실된 웃음 안에 훨씬 더 많은 지성이 들어 있습니다. 그러니까 웃으세요.

우리가 심각할 때마다, 엘로힘을 배신합니다

A.H.66년 3월 – 2012년 일본 오키나와

라엘리안이 되는 것은 심각해지는 것이 아닙니다. 엘로힘은 결코 심각한 인류를 창조하기 위해 지구에 오려고 의도하지 않았습니다. 여러분은 이렇게 말하는 엘로힘을 상상할 수 있겠습니까? "우리는 지구에 인간을 창조할 것이다. 그들은 항상 심각하고, 슬퍼하고, 우울할 것이다." 여러분은 귀여운 고양이, 개 등의 애완동물을 키우며 사랑합니다. 여러분은 애완동물이 매우 심각하길 원하나요? 우리가 키우는 강아지나 고양이가 놀고, 달리고, 장난치는 것을 보면 사랑스럽습니다. 그런 모습이 바로 우리가 사랑하는 것이지요. 우리는 왜 애완동물을 갖고 싶어 할까요? 그것들이 종일 놀고, 뛰어다니고, 행복해하는 모습을 보고 싶기 때문입니다. 만약 강아지나 고양이가 슬픔에 빠져 있으리라는 것을 미리 안다면, 아무도 그런 강아지나 고양이를 사지 않을 것입니다. 여러분이 "귀여운 고양이나 강아지를 사고 싶어"라고 생각할 때, 여러분은 그것이 뛰고, 짖고, 야옹 하는 모습을 상상하는 것이지요.

여러분이 언젠가 아기를 갖고 싶다고 상상해보세요. 실제로 그러지는 말고요. 지구에는 이미 너무 많은 아이들이 있으니까요. 그러나 만약 당신이 "나는 아이를 갖고 싶어"라고 상상한다면, "나는 아기를 낳을 거야. 이 아기는 항상 심각하겠지"라고 생각할까요? 아무도 그런 아기를 원치 않습니다. 여러분은 어떤 유형의 아기를 원하나요? 항상 웃는 아기를 원하지요. 그것이 바로 우리가 원하는 아기입니다.

엘로힘도 마찬가지입니다. 우리는 그들의 아기들입니다. 우리는 그들의 어린이들입니다. 그들이 우리를 창조했을 때, 그들은 심각한 아이들이 아니라 행복하고 웃는 아이들을 원했습니다. 그러므로 우리가 심각할 때마다, 우리는 엘로힘을 배신하는 것입니다. 웃으세요. 미친 듯이, 가능한 한 최고로 미친 듯이 웃으세요.

매일을, 마치 그날이 인생의 마지막 날인 듯이 사세요. 이것이 행복한 인생을 사는 최고의 비결 중 하나입니다. 다시 한번 말하지만, 매일을 마치 인생의 마지막 날인 듯이 사세요. 만약 오늘이 내 인생의 마지막 날이라면, 나는 지금 내가 하고 있는 대로 하고 싶군요. 여러분과 함께 하고, 여러분에게 사랑과 행복을 주며, 마치 이 순간이 마지막인 것처럼 삶의 매순간을 즐기도록 여러분을 도우면서 말이지요. 그리고 우리는 모두 아이들처럼 노래하고, 아이들처럼 춤추며, 한껏 미친 듯이 매 순간을 즐길 것입니다.

또한 여러분은 우리 두뇌의 밸런스에 대해서도 생각해야 합니다. 여러분이 더 심각해질수록, 여러분의 정신건강은 더 위험에 처하게 됩니다. 만약 여러분이 매우 심각하다면, 여러분은 정말로 미치게 될 위험, 즉 정신병에 걸릴 위험이 더 커지는 것입니다. 그러나 만약 여러분이 미친 듯이 살려고 노력한다면, 여러분은 정말로 미치게 되는 일은 결코 없을 것입니다.

미침의 역설은 잠의 역설과 같습니다. 어떤 사람들은 잠들려고 노력하지만, 자지 못합니다. 그러나 그들이 TV나

영화를 보고 있으면, 아주 노곤해져서 잠에 빠져버립니다. 자고 싶지 않아서 영화를 보면, 잠에 빠지는 것이지요. 여러분이 마이트레야의 명상 지도에 따라 명상을 시작하면, 여러분은 잠들기를 원하지 않을지라도, 5분 후에는 코를 골고 있습니다. 그렇기 때문에 잠은 역설입니다. 여러분이 원할 때는 잠들 수 없고, 여러분이 원하지 않을 때는 곯아떨어지는 것입니다. 아이들도 마찬가지입니다. 아이들이 놀 때는 결코 잠자고 싶어 하지 않습니다. 그러나 아이들은 놀다가, 잠에 떨어집니다. 모든 것이 역설입니다. 미침 역시 역설이지요. 만약 여러분이 심각하면, 여러분은 아주 쉽게 정신병에 걸릴 수 있습니다. 그러나 여러분이 미친 듯이 놀면, 여러분은 절대로 미치지 않게 됩니다.

이것은 이해하기 매우 쉽습니다. 우리가 심각할 때, 우리의 온몸은 불편함을 느낍니다. 몸이 정상적으로 작동하지 않고 있는 것입니다. 다량의 나쁜 호르몬들이 몸속에 흐르기 때문이지요. 우리가 웃을 때, 우리가 아이들처럼 미친 듯이 놀 때는, 몸속의 모든 호르몬들이 완벽하게 흐릅니다. 어떤 병원들은 암을 치료하기 위해 웃음 요법을 쓰는데, 그 효과가 좋습니다. 온종일, 환자들은 TV에서 재미있는 프로그램이나 웃기는 프로그램을 시청하는데, 그들의 건강이 점점 호전됩니다. 그러므로 기억하세요. 만약 여러분이 육체적으로, 정신적으로 건강한 상태를 유지하고 싶다면, 가능한 한 최대로 미친 듯이 살려고 노력하세요. 만약 여러분이 미친 듯이 보이려고 노력한다면, 절대로 미치지 않을 것입니다. 여러분이 미친 듯이 놀고, 미친 듯이 보이도록 노력한다면, 결코 미치지 않게 되는 것이지요. 그러나 만약 여러분이 미치지 않은 듯이 보이려고 노력한다면, 여러분은 미치게 될 것입니다. 그러니까 즐기고, 웃고, 사랑하세요.

자신의 실수에 웃으세요

A.H.69년 5월 - 2015년 대만

여러분 안에 무한이 살아 있음을 느끼는 것보다 더 큰 행복은 없습니다. 엘로힘이 메시지에서 말씀하셨듯이, "우리는 스스로를 의식하는 무한입니다." 이것을 느끼세요. 이것을 즐기세요. 삶은 매우 짧습니다.

머지않아 우리는 먼지로 돌아갈 것이므로, 웃는 편이 더 낫습니다. 인생의 매일매일 웃는 편이 더 낫습니다. 나는 불상 때문에 중국을 사랑합니다. 그들은 항상 웃고 있는 불상을 만들지요. 무한이 무엇인지, 삶이 무엇인지 깨닫게 될 때, 여러분은 웃음을 멈출 수가 없습니다. 어떤 것도 심각하게 받아들이지 마세요. 심각해지는 것은 정치인, 군인과 같은 어리석은 사람들의 특권입니다. 그들은 모두 매우 심각합니다. 그들은 나를 참으로 많이 웃게 만듭니다. 그들이 정말 얼마나 심각한지, 아주 재미있고, 웃음이 나옵니다.

웃기 시작하면, 여러분은 우리가 어떤 존재인지를 깨닫기 시작합니다. 모든 것에 대해 웃으세요. 우리는 어제 살았던 사람들의 오줌입니다. 이건 정말 웃기지요! 여러분이 오늘 마시는 물은 예전에 어떤 사람의 소변에 있었습니다. 모든 것에 대해 웃으세요.

죽음에 대해서조차 웃으세요. 여러분이 죽음을 심각하게 받아들이면, 죽음은 끔찍한 것이 됩니다. 바로 그 때문에 명상이 매우 중요합니다. 명상이란 웃으면서 죽기 위해 스스로 준비하며 평생을 보내는 것입니다. 왜냐하면, 인생에서 가장 중요한 웃음은 마지막 웃음이니까요. 그전의 모든 웃음은 단지 리허설이며, 여러분의 인생에서 가장 아름다운 웃음은 마지막 웃음입니다.

죽음이 다가오면, 여러분은 마지막 숨을 쉬고, 삶이 끝날 것입니다. 나의 마지막 호흡은 웃음이 될 것입니다. 그러면 끝이지요. 그러나 여러분은 그것을 위해서 자신을 훈련하지 않으면 안 됩니다. 매일 연습하지 않으면, 어차피 마지막 숨을 쉬고 죽겠지만, 여러분은 슬프고 우울하게 죽을 것입니다. 슬프게 죽으면, 천 번을 죽는 겁니다. 웃으면서 죽으면, 한 번만 죽습니다. 여러분은 한 번의 죽음이 좋나요, 아니면 천 번의 죽음이 좋나요? 그러니 매일 웃는 연습을 하세요. 그것이 언젠가 여러분의 마지막 웃음이 될 것입니다. 나는 이 방에 있는 모든 사람이, 죽는 날에 나의 말을 기억하기를 바랍니다. 그리고 나는 여기 있는 모든 사람이 마지막 호흡을 웃음으로 소진하길 바랍니다.

죽을 때 왜 심각한가요? "마이트레야, 죽음에 대해 어떻게 웃을 수 있나요? 죽음은 심각한 일이잖아요?" "아니요, 죽음은 심각한 일이 아니에요."

웃으세요! 무엇에 대해 웃어야 할지 모르겠다면, 자신에 대해 웃어보세요. 왜냐하면, 우리는 정말 웃기니까요. 우리는 모두 무한의 광대입니다. 이것을 느끼세요! 우리는 참으로 많은 실수를 합니다. 각성한 사람과 어리석은 사람이 저지르는 실수의 횟수에는 아무런 차이도 없습니다. 평범한 사람들과 각성한 사람들은 살면서 거의 같은 횟수의 실수를 하지만, 행복한 사람들은 자신의 실수에 대해 웃습니다. 여러분이 자신의 실수에 대해 웃으면, 여러분은 더 많은 실수를 하지 않게 되고, 행복하게 됩니다. 나는 살면서 정말로 많은 실수를 저질렀습니다. 때때로 나는 참으로 멍청합니다! 그리고 나는 그런 자신에 대해 웃습니다.

각성하지 못한 사람들은 자신의 실수에 대해 끔찍하게 느끼고, 죄책감을 느낍니다. 그들은 일본인들처럼 '할복'이라도 하고 싶은 심정이지요. 자신의 실수에 대해 웃으세요. 자신에 대해 웃기 시작할 때는, 진정으로 웃으세요. 조금 웃는 것이 아니라, 아주 진정으로 웃어야 합니다. 여러분은 정말로 웃음에 모든 의식을 집중해야만 합니다. 그러면 행복은 자연스럽게 내부에서 옵니다. 여러분이 웃기 시작하면, 멈추기가 매우 어렵습니다. 가장 어려운 것은 첫 번째 웃음입니다.

매우 많은 사람이 평생을 심각하게 삽니다. 사람들은 학교에서도 심각하고, 첫 직장에 출근할 때도 심각하고, 누군가와 심각하게 결혼하지요. 나는 그들이 사랑을 나눌 때도 심각하리라고 생각합니다. 틀림없이 그럴 겁니다. 그리고 그들은 심각하게 아이를 낳고, 심각하게 아이를 기릅니다. 그들은 "인생이란 심각한 일이야"라고 말합니다. 그들 대부분은 심각하게 정치인이나 군인이 되고, 어느 날 심각하게 죽습니다.

행복한 사람들은, 언젠가 그들을 웃기 시작하게 만든 어떤 계기가 있었습니다. 그것은 좋은 명상이었을 수도 있고, 아름다운 일출을 바라본 일이었을 수도 있고, 몸이 매우 아파 앞으로 6개월밖에 살지 못한다는 말을 들은 것이었을 수도 있습니다. 그때 그들은 다음 6개월을 웃으며 보내기로 결정할 수도 있었고, 그들은 웃기 시작했지요. 웃고, 웃으며,

10년 후에도 그들은 여전히 살아 있습니다. 웃음은 여러분을 건강하게 만듭니다. 그들도 모든 사람과 마찬가지로 죽겠지만, 더 나중에 죽을 것입니다. 하지만 무엇보다도, 그들은 행복한 삶을 살았을 것입니다. 그러므로 웃으세요. 지금 시작하세요.

가장 어려운 것은 시작입니다. 심각한 사람들을 웃게 하기는 매우 어렵습니다. 그들에게는 삶에서 무언가 일어나는 것이 필요합니다. 그것은 자신의 내면에서 올 수도 있고, 웃기는 마이트레야로부터 올 수도 있습니다. 또 그것은 그들로 하여금 "내가 왜 인생을 그토록 심각하게 받아들이는 거지?"라고 말하게 만드는 어떤 일일 수도 있습니다. 예전에는 많은 가이드들이 매우 심각했습니다. 그때, 마이트레야가 빨간 코를 달고 광대 복장으로 들어왔고, 가이드들은 웃기 시작했습니다. 그리고 나는 그들이 절대 웃음을 멈추지 않도록 최선을 다하고 있습니다.

가장 쉬운 방법은 자신에 대해 웃는 것입니다. 다른 사람에 대해 웃지 마세요. 그것은 좋지 않습니다. 우리는 다른 사람에 대해 웃기를 좋아하지만, 그것은 진정한 웃음이 아닙니다. 왜냐하면 우리가 다른 사람들의 실수를 보고 웃을 때, 그것이 행복을 가져다주지는 않으니까요. 누군가가 창문에 부딪혀 넘어지는 것을 보면 매우 우습고, 그래서 우리는 웃지만, 그것은 별로 좋지 않습니다. 좋은 것은, 여러분 자신에 대해 웃고, 자신의 실수에 대해 웃고, 삶에 대해 웃고, 일출에 대해 웃는 것입니다. 왜냐하면, 해는 뜨는 것이 아니라, 지구가 도는 것이니까요.

9

메시지

"당신이 행하는 모든 것,
즉 웃고, 걷고, 먹고, 놀고, 기타 무엇을 하든지
당신이 '엘로하'라고 느끼며 하라"

명상이라는 선물

A.H.68년 1월 - 2014년 일본 오키나와

당신은 세계에서 가장 아름다운 해변에 있으면서 또한 매우 우울해질 수도 있습니다. 왜냐하면 행복은 외부에서 오는 것이 아니라 내부에서 오기 때문이지요. 많은 사람들은 명상하거나 보다 높은 의식 수준에 도달하기 위해서 다른 장소, 즉 티벳 혹은 산의 정상에 있는 수도원에 가는 것이 필요하다고 믿고 있습니다. 아닙니다. 도시 한복판이 명상하기에 완벽한 곳입니다. 다른 모든 곳은 관광이지, 행복을 가져오지 않습니다.

깨우침을 얻기 위해 미국에서 인도로 여행하는 한 남자의 이야기를 기억하세요. 그는 잘 가르친다고 평판이 자자한 아주 유명한 스승이 있는 곳을 찾아갔습니다. 그는 인도의 한 작은 도시 중심부에 도착하여, 그 유명한 구루의 이름을 대며, 그가 어디에 있는지 물었습니다. 그곳은 도시 한가운데 개들이 짖어대는 커다란 시장이었고, 온갖 소음으로 둘러싸여 있었습니다. 행인은 어느 집을 가리키며, "구루는 바로 여기 있어요"라고 대답했습니다. 그래서 그는 그 집으로 갔고, 스승은 그를 반겼습니다. 잠시 후 그 미국인은 "수도원에는 언제 가나요?"라고 물었습니다. 구루는 "많은 개들이 짖고 있는 시장 앞, 온갖 소음으로 가득 찬 바로 여기가 '그곳'입니다"라고 대답하며, 그 이유를 들려주었습니다. "당신은 산으로 갈 필요가 없습니다. 당신은 도시 한가운데서 조화롭고 평화로울 수 있어야만 합니다." 그 미국인 수행자는 매우 실망했습니다. 왜냐하면 모든 유럽인들과 미국인들은 산의 정상에 있는 사원을 상상하기 때문이지요.

사원은 우리 내면에 있습니다. 당신이 내면의 행복과 조화를 개발하면, 당신은 세계에서 가장 시끄러운 도시에 앉아서도 완벽하게 행복할 수 있습니다. 행복은 내면에 있습니다. 명상, 조화, 평화, 행복, 이것이 가장 중요한 것입니다. 엘로힘의 메시지는 아름답지만, 메시지에 담긴 어떠한 내용도 우리를 행복으로 데려가지 않는다면 아무런 가치가 없을 것입니다. 그들이 어떻게 생명을 창조했는지에 대한 정보는 재미있기는 하지만, 가장 흥미로운 부분은 우리를 행복하게 만드는 것에 대한 내용입니다. 메시지의 철학적인 부분, 즉 우리를 행복으로 데려가는 가르침의 부분이 훨씬 더 좋지요. 명상이 바로 그것입니다.

엘로힘은 삶의 동반자입니다

A.H.66년 4월 – 2012년 일본 오키나와

엘로힘의 빛과 사랑이 당신의 가슴 속에 있을 때, 당신의 삶에서 모든 것이 쉬워집니다. 어려울 때도 쉬워지지요. 당신이 엘로힘을 위해 산다면, 아무것도 고통스럽지 않습니다. 심지어 죽음마저 쉽습니다. 진정한 라엘리안이 된다는 것은 엘로힘을 위해 일생을 바치는 것입니다. 다른 어떠한 것도 중요하지 않습니다.

당신은 좋아하는 여자친구나 남자친구를 만날 수도 있고 싱글로 살 수도 있지만, 그것은 중요하지 않습니다. 당신이 엘로힘을 사랑할 때, 당신은 싱글이 아닙니다. 그들이 당신 인생의 파트너입니다. 그들은 여자친구나 남자친구를 갖는 것보다 훨씬 낫습니다. 그들은 당신의 인생에서 매일 당신을 안내합니다. 당신이 그들을 느낄 때, 당신의 삶은 파라다이스가 됩니다.

나보다 더 빛나세요

A.H.66년 4월 - 2012년 일본 오키나와

여러분 각자는 특별한 꽃입니다. 오직 여러분만이 자신의 노래를 부를 수 있고, 여러분만이 자신의 춤을 출 수 있습니다. 오직 여러분만이 자신의 향기를 내뿜을 수 있는 것이지요. 반젤리스는 세계 최고의 음악을 만들었는데, 그는 학교에 다닌 적이 없습니다. 그는 자연으로부터 배웠습니다. 음악은 모든 곳에 있습니다. 여러분 삶의 반젤리스가 되세요. 여러분 삶의 모차르트가 되세요.

어느 학교도 이런 것을 여러분에게 가져다줄 수 없습니다. 학교는 다른 사람들에 의해 이미 이루어졌던 것을 여러분에게 가르치니까요. 여러분 스스로 자신의 선생님이 되고, 여러분 스스로 자신의 가이드가 되세요. 여러분은 자기 인생의 천재입니다. 지금 바로 시작하세요.

나는 곧 사라지겠지만, 가장 중요한 것은 메시지입니다. 메시지가 여러분 안에서 빛난다면, 나는 사라질 수 있습니다. 행복하게 나의 아버지에게 돌아갈 수 있습니다. 하지만 내가 퍼뜨린 빛이 꺼진다면, 나의 삶은 실패한 것이겠지요. 여러분은 내가 행복하게 죽기를 바라나요? 그렇다면 나보다 더 빛나세요. 엘로힘의 가르침으로 아주 밝게 빛나세요. 그것이 나의 목표입니다.

메시지의 마법

A.H.68년 5월 – 2014년 대만

여러분은 엘로힘의 메시지를 발견한 이후로, 여러분의 정신에 큰 변화를 경험했고, 또 여러분의 행복에도 큰 변화가 있었습니다. 많은 라엘리안들이 나에게 편지를 보내어 "마이트레야 감사합니다! 메시지를 읽기 전에 저는 우울했고, 이 행성에서 행복하지 않았으며, 자살하고 싶었어요"라거나 "저는 마약, 술, 담배를 하며 죽음에 대해 생각하고 있었어요"라고 말합니다.

그런 식으로 생각하는 것은 정상입니다. 이 행성에서는, 이 세계에서는, 여러분이 진실을 깨닫지 못할 때 우울해지는 것은 정상이지요. 세계에 만연한 폭력, 모든 굶주리는 사람들, 고통받는 사람들, 모든 나라의 멍청한 정부들, 여러분을 노예로 만드는 은행들, 이런 것들을 생각한다면 행복한 것이 정상이 아닙니다. 슬프고 우울한 것이 정상이지요. 만약 세상이 바뀔 거라는 희망이 없다고 생각한다면, 죽기를 바라는 것은 지극히 정상입니다.

엘로힘의 메시지를 받기 전에, 나도 마찬가지로 전쟁, 환경오염 등을 생각하며 절망감을 느꼈습니다. 그러므로, 만약 여러분이 죽음, 자살에 대해 생각해왔다면, 여러분은 완전히 정상입니다. 매일 수만 명의 아이들이 굶주려 죽을 때, 오직 어리석은 자들만이 행복할 수 있습니다. 매일 전쟁이 벌어지고, 사람들이 살해당하고 있습니다. 이런 세상을 보며, 여러분이 고통과 굶주림을 용납하지 못하는 것이 정상입니다. 그리고 여러분에게 세상을 바꿀 힘이 없다고 느낄 때, 우울해지는 것이 정상입니다.

하지만 그때 메시지가 출현했고, 여러분은 세상을 바꿀 수 있다는 것을 깨닫게 되었습니다. 다른 라엘리안들과 함께, 우리는 이 행성을 더 나은 곳으로 만들 수 있습니다. 엘로힘의 메시지와 함께 이 놀라운 희망이 왔지요. 우리는 세상을 구할 수 있습니다. 우리는 세상을 구할 수 있습니다!

여러분 한 사람 한 사람이 세상을 구할 수 있습니다! 그것은 여러분의 책임입니다. 메시지를 받기 전에는, 여러분은 몰랐습니다. 이제는 알고 있습니다! 여러분에게는 이제 책임이 있습니다. 여러분은 더 이상 알고 싶지 않다고 말할 수 없습니다. 미안하지만, 여러분은 메시지를 읽어버렸지요. 여러분은 메시지를 읽었고, 이제 책임을 갖게 된 것입니다.

여러분은 무엇을 할 수 있나요? 메시지를 전파하고, 사람들에게 알릴 수 있습니다. 엘로힘의 메시지는 미래를 변화시킬 수 있는 요소들을 가져다주는 보물입니다. 미래란 바로 '지금'의 마법입니다.

촛불

A.H.68년 5월 - 2014년 대만

촛불을 바라보세요. 그 불꽃은 '지금'을 나타냅니다. 단단한 양초는 미래이고, 연기는 과거입니다. 오로지 '지금'만이 '빛'입니다.

어떤 사람은 아주 짧은 초를 갖고 있습니다. 왜냐하면 머지않아 죽음이 그들을 찾아오기 때문이지요. 어떤 사람은 젊어서, 긴 초를 갖고 있습니다. 그러나 초의 길이는 중요하지 않으며, 오직 불꽃만이 중요합니다.

연기도 중요하지 않습니다. 그것은 과거이니까요. 여러분은 촛불입니다. 연기에 대해서는 생각하지 마세요. 과거는 중요하지 않습니다. 만약 여러분이 과거에 나쁜 경험을 했다면, 여러분이 그 고통스러운 경험에 대해 생각할 때마다, 그것은 여러분의 두뇌를 손상합니다. 여러분은 원하는 만큼 자주 과거를 방문할 수 있지만, 그것은 항상 같을 것입니다. 여러분은 과거에 대해 수백 번, 수천 번 생각할 수 있겠지만, 그것은 항상 같을 것입니다.

비록 여러분이 긴 초를 갖고 있다 하더라도, 미래는 결코 존재하지 않을지도 모릅니다. 갑자기 누군가가 창문을 열면, 바람이 휙 불어서, 촛불은 꺼져버립니다. 심장마비가 올 수도 있고, 교통사고를 당할 수도 있지요. 그런 것들이 여러분의 인생에서 촛불을 꺼트리는 바람입니다. 언제 그런 일이 일어날지 여러분은 모릅니다. 혹시 이것이 나의 마지막 문장일 수도 있습니다. 한두 마디 하다가, 갑자기 끝나는 것이지요. 그것은 언제나 가능합니다. 나는 준비됐습니다. 여러분은 준비됐나요?

메시지는 여러분 때문에 살아 있습니다. 마이트레야는 메시지가 아닙니다. 마이트레야는 아무것도 아니지요. 메시지가 살아 있는 것은 여러분 때문입니다. 만약 내가 지금 죽는다면, 여러분은 라엘리안을 그만두겠습니까, 아니면 계속하겠습니까? 만약 계속하겠다면, 나는 행복하게 죽을 수 있습니다.

1973년에 내가 엘로힘의 메시지를 받았을 때, 나는 자유로운 상태였고, "와, 멋지다!"라고만 말할 수 있었습니다. 나는 메시지를 주머니에 넣어두고, 카 레이싱으로 돌아갈 수도 있었지요. 만약 그렇게 했더라면, 이 자리에는 아무도 없을 것입니다. 그러나 나는 선택했습니다. 나는 여러분을 찾기로 선택했습니다!

나는 야훼에게 말했습니다. "야훼여, 잠깐만요! 제가 어떻게 하면 메시지를 전파할 수 있습니까? 저 혼자서는 못합니다." 상상해보세요. 여러분이 홀로 교외에 있는데, 갑자기 UFO가 나타나고, 여러분에게 메시지를 주며 이렇게 말합니다. "이제 가서, 모든 사람에게 전하세요. 직장을 그만두고, 라엘리안 무브먼트를 창설하세요." 여러분은 혼자입니다! 그것에 대해 생각해 보세요. 지금은 라엘리안이 되기란 쉽지요. 큰 조직이 있으니까요. 하지만 그때는 나 혼자였습니다. 일주일 동안, 나는 거의 잠을 잘 수 없었습니다.

하지만 야훼가 말했습니다. "지구에는 준비된 사람들이 수천 명이나 있다. 많은 사람들이 비웃고, 많은 사람들이 당신을 막으려 하고, 많은 사람들이 당신에게 미쳤다고 말하겠지만, 수천 명의 라엘리안들이 당신을 기다리고 있다."

나는 묻고, 또 거듭 물었습니다. "정말입니까? 확실해요?" 나는 겁났습니다. 여러분이 아시다시피, 나는 카 레이싱을 사랑합니다. 카 레이싱을 그만 두고, TV에서 메시지에 대해 말해야 한다니, 와우!

"모든 일이 일어날 것입니다. 그들은 당신을 기다리고 있습니다." 그래서 나는 생각했습니다. "내가 메시지에 대해 사람들에게 말할 것임을 야훼는 알고 계신 것이 틀림없어. 그는 야훼니까, 분명히 옳을 거야. 나는 그를 믿어야만 해." 나는 나 자신의 능력을 믿지 않았지만, 야훼는 "수천 명의 라엘리안들이 기다리고 있다"라고 말했습니다. 그래서 나는 사람들에게 메시지를 알렸습니다. 나는 프랑스 TV에 나가서 메시지에 대해 말했는데, 아무도 나에게 편지를 보내지 않을 것이고 그렇더라도 그것은 내 잘못이 아니라고 생각하고 있었습니다.

그런데 3일 후, 우체부가 편지로 가득 찬 상자를 들고 왔습니다! 편지마다 "우리는 당신을 돕고 싶어요, 우리는 당신을 돕고 싶어요, 우리는 당신을 돕고 싶어요…"라고 쓰여 있었습니다. 나는 내가 열정을 쏟아붓고 있던 카 레이싱으로 돌아가고 싶었습니다. 하지만 내가 그 편지들을 봤을 때, "카 레이싱이여, 그만 안녕"이라고 말할 수밖에 없었지요. 나는 그것이 아쉬웠고, 그리고 조금 화가 나기도 했지만,

그 편지들에는 사랑이 가득했고, 그래서 우리가 지금 여기에 함께 있는 것입니다. 내가 그렇게 했기 때문입니다.

여러분 중 많은 사람은 라엘리안이 되기 전에 술을 마시고, 마약을 하고, 자살에 대해 생각하곤 했습니다. 내가 여러분을 구했습니다. 엘로힘이 여러분을 구했습니다. 엘로힘은 여러분에게 희망을 주었습니다만, 그 희망은 기독교에서 말하는 것처럼 어리석은 희망이 아니지요. "고통받으면 죽어서 천국에 간다. 고통, 고통, 고통…" 이것이 기독교의 희망입니다. "당신이 천국에 갈 자격을 얻으려면, 고통받아야만 한다." 그러나 엘로힘의 메시지는 이렇게 말하고 있습니다. "여러분은 이 행성을 천국으로 만들 수 있습니다. 과학을 이용하고, 정치체제를 바꾸고, 모든 군대와 국경을 없애고, 천재정치와 낙원주의와 화폐 폐지를 통해 인류가 하나로 됨으로써 그렇게 할 수 있습니다." 와우! 우리는 할 일이 아주 많군요! 엘로힘의 메시지는 촛불의 연기와 같은 과거를 설명하는 것이 아니라, 우리의 아이들과 후손들을 위한 아름다운 미래를 준비하려는 것입니다.

엘로힘의 메시지는 "여러분은 스스로 영원한 생명을 가질 수 있고, 죽음을 없앨 수 있다"라고 말합니다. 인류 역사상 처음으로, 하늘로부터 온 메시지가 여러분에게 이렇게 말합니다. "인간은 과학, 복제를 통해 죽음을 멈출 수 있다."

때때로 내가 대중강연회를 할 때, 어떤 사람들은 "나는 영원한 삶을 원하지 않아요"라고 말합니다. 그러면 나는 이렇게 말합니다. "아무 문제 없어요. 죽으세요." 여러분은 원하는 대로 할 자유가 있습니다.

영원한 삶은 강제가 아닙니다. 여러분의 자유입니다. 하지만 나는 영원한 삶을 원합니다. 왜냐하면 나는 삶을 즐기기 때문이지요. 여러분은 영원한 삶을 원합니까? 그렇다면, 우리가 세상을 바꿀 수 있도록 메시지를 전파하세요.

여성성

A.H.68년 5월 - 2014년 대만

세상은 매우 남성적인 곳이므로, 여성들에게는 세상에 여성성을 전해야 할 매우 중요한 책임이 있습니다. 모든 라엘리안 여성은 엔젤단의 일원이 되어서 세상을 변화시켜야 합니다. 엔젤들은 귀엽기만 한 것이 아닙니다. 만약 여러분이 자신은 별로 아름답지 않다거나 또는 그다지 여성적이지 않다고 생각한다면, 이 점은 문제가 되지 않습니다. 여러분은 이 지구에 여성의 힘을 불러일으켜야 합니다. 만약 세계 각국 정부에 여성들이 더 많이 참여한다면, 전쟁은 훨씬 줄

어들 것입니다. 그러므로 모든 라엘리안 여성은 엔젤단에 가입하여, 세상을 변화시키고, 모든 사람에게 여성성을 전해야만 합니다. 남성들이 더 세련되도록, 더 여성적으로 되도록 가르쳐야 합니다.

세계의 문제들은 마초적인 남성들에 의해 생겨납니다. 전쟁도 마초맨들이 일으키고, 오염도 마초맨들이 만들고, 식민주의와 관련된 기아와 기타 모든 문제도 마초맨들이 불러왔습니다. 이는 끔찍한 일입니다. 학교에서 남자아이가 조금 세련되게 보이면, 다른 아이들은 그를 계집애라며 괴롭힙니다. 나도 그랬습니다. 나는 항상 매우 세련되어 있었습니다. 나는 절대로 게이는 아니지만, 아름다움과 여성스러움을 좋아했지요. 다른 남자애들이 모두 회색 우비를 입고 있을 때, 나는 작은 빨간 우산을 썼습니다. 나는 그 우산을 매우 좋아했는데, 그것은 정말 귀여웠습니다. 그러자 모든 남자애들이 내가 계집애 같다고 마구 놀려댔습니다. 그게 어때서요? 여성스러워지는 것은 선택의 자유입니다.

세련되세요. 나는 모든 남자가 춤추는 법을 배우도록 권장합니다. 원숭이처럼 흉내 내는 춤이 아니라, 몸의 아름다움을 느끼며 천천히 움직이는 아름다운 춤입니다. 그렇게 한다고 여러분이 게이가 되지는 않습니다. 우리가 동성애자인지 아닌지는 유전적인 것이니까요. 많은 남성들이 고통받고 있는데, 남자답게 보여야만 한다는 생각이 그들을 우울하게 만들기 때문입니다.

여러분의 여성성을 즐기세요. 언젠가 여러분이 엘로힘을 만난다면, 그들이 얼마나 여성스러운지 보게 될 것입니다. 그들은 마치 춤을 추듯 움직이는데, 그들의 모든 동작은 아름답습니다. 그들은 심각하지 않습니다. 모든 사람은 야훼가 틀림없이 엄한 표정에 심각할 것이라고 생각하지만, 아닙니다. 그는 온종일 어린 소년처럼 웃고 있습니다! 내가 야훼와 함께 있었을 때, 그가 항상 웃는 것을 보고 매우 놀랐습니다. 엘로힘이 심각할 것이라고 상상하지 마세요. 남성적인 아버지, 구름 위에 있는 남성적이고 전능한 신의 이미지를 만든 것은 인간들이었습니다. 사람들이 말하는 전능한 신이란, 흰 수염을 기르고 구름 위에 앉아, 모든 권능을 가지고 있다는 의미입니다. 그런데 그는 노화를 멈출 수는 없었던가요? 만약 여러분이 전능하다면 늙고 싶을까요? 아니지요! 이것은 매우 멍청한 이야기입니다. 15살처럼 보이는 야훼는 많은 농담을 하며, 온종일 어린 소년처럼 웃습니다.

엘로힘이 실험실에서 지구에 생명체를 창조하고 있었을 때, 그들은 게임을 즐겼습니다. 한 그룹이 새로운 나비를 창조해서 가져오면, 그들은 모두 놀라워했습니다. 다음 날에는, 다른 그룹이 더욱 아름다운 나비를 창조해내곤 했습니다. 여성성은 기쁨입니다. 모든 꽃, 모든 동물은 여성성으로 가득 차 있습니다. 어떤 사람들은 나비만 세련되었다고 생각합니다. 나는 동물을 사랑합니다. 동물을 정말 사랑합니다. 나에게 가장 여성스러운 동물은 하마입니다. 여러분은 하마가 걸어가는 뒤태를 본 적 있나요? 매우 여성스럽지요. 좀 크긴 하지만, 하마들은 굉장히 여성스럽게 움직입니다. 모든 동물이 여성스럽습니다. 황소도 매우 여성스럽고 아름답습니다. 남성성 과시의 상징인 고릴라도 매우 아름다운 자태로 움직입니다. 그들은 때때로 개미를 잡아먹길 좋아하는데, 풀줄기를 하나 집어서 구멍에 넣습니다. 마치 게이샤가 초밥을 먹는 것처럼 세련되었지요. 여성스러움은 어디에나 있습니다. 오로지 남성들만이 자신은 남자다워야 한다고 생각하는데, 참으로 멍청합니다.

여성적으로 되어야 합니다. 라엘리안 여성 여러분은 라엘리안 남성들에게 여성성을 가르칠 의무가 있습니다. 여성성은 아름다울 뿐만 아니라, 그들의 의식을 변화시킵니다. 여러분이 움직이는 방식은, 여러분의 두뇌와 여러분의 행복에 영향을 줍니다. 정신병리학 병원들에서 수행된 과학적 연구에 따르면, 고개를 숙인 채 천천히 걷는 우울증 환자들은 걷는 방법을 달리 함으로써 그들의 정신 상태를 변화시킬 수 있다고 합니다. 모든 움직임은 두뇌에 영향을 줍니다. 만약 사람들이 비웃는다면, 그것은 그들의 문제입니다. 하지만 에너지가 얼마나 달라지는지 느껴 보세요. 행복한 두뇌는 행복한 몸에서 나오고, 행복한 몸은 행복한 두뇌에서 나옵니다.

여러분의 삶을 예술품으로 만드세요. 엘로힘은 과학과 예술을 결합하여 지구에 생명을 창조했습니다. 메시지에 쓰여 있는 대로, 과학자들과 예술가들이 함께 지구에 생명을 창조한 것이지요. 예술가들이 없었다면, 모든 나무, 모든 동물은 회색이었을 것입니다. 나비들의 색깔과 새들의 노랫소리 이면에는 예술가들이 있는 것입니다. 나는 새들의 노래에 귀 기울이길 좋아합니다. 왜냐하면 그 노래들은 예술가들이 만든 것이기 때문입니다. 여러분 인생의 예술가가 되세요. 그러려면 여러분이 움직이는 방식에서부터 시작해야합니다. 여러분의 삶을 춤으로 만드세요.

만약 여러분이 직장에서 맡은 일을 잘한다면, 여러분이 좀 더 세련되게 움직이기 시작했다고 해서 상사가 화를 낼수는 없을 것입니다. 그러므로 더 여성스럽고 더 세련됨으로써 여러분의 삶을 변화시키세요. 여러분이 더 세련되면, 여러분은 다른 사람들을 더 사랑하게 되고, 더 연민을 갖게되며, 덜 폭력적으로 됩니다. 모든 사랑의 메신저들은 세련되었습니다. 붓다는 움직이는 모습이 매우 세련되었고, 예수도 마찬가지였습니다. 그들은 모두 아름다웠습니다.

메시지의 바람

A.H.66년 10월 – 2011년 일본 오키나와

메시지는 당신 두뇌 안의 강한 바람과 같습니다. 당신이 처음 메시지를 읽었을 때, 두뇌에는 태풍이 휘몰아쳤습니다. 메시지의 태풍은 지구상의 그 어떤 태풍보다 훨씬 더 강력하며, 당신은 메시지를 읽었을 때 그것을 느꼈습니다. 태풍이 불게 하세요. 그것은 당신이 사랑하는 태풍이며, 어떤 것도 파괴하지 않는 태풍입니다. 그것은 당신 자신을 만들고, 당신과 세계를 연결하고, 더 나은 세계, 통일되고 평화로운 세계를 건설하는 태풍입니다.

메시지의 바람은 또한 의식의 바람입니다. 의식의 태풍, 사랑의 태풍이지요. 당신이 사랑할 때, 잔잔한 산들바람으로 사랑하지 마세요. 사랑할 때는, 태풍이 되어야 합니다. 약한 바람이어서는 절대로 안 됩니다. 겉으로는 약한 바람이어도 좋습니다. 하지만 안으로는 당신의 사랑, 당신의 의식이 우주에서 가장 강력한 태풍이 되어야 합니다.

약한 바람으로 사랑하지 마세요. 강한 바람으로 사랑하세요. 그러면 당신은 날게 될 것입니다. 강한 바람은 당신을 독수리처럼 날게 합니다. 날개를 움직일 필요도 없습니다. 독수리가 나는 것은, 단지 바람이 독수리를 날게 만드는 것입니다. 당신도 마찬가지입니다.

메시지는 당신의 날개 밑에 부는 바람이며, 당신이 점점 더 높이 날 수 있게 해줍니다. 의식에는 천장도, 한계도 없습니다. 한계는 당신 자신입니다. 높이, 점점 더 높이 날고 싶은가요? 그럼 메시지의 바람이 불게 하세요. 작은 바람이 아니라 태풍으로.

지구상의 사랑의 쓰나미

A.H.66년 10월 – 2011년 일본 오키나와

처음에 메시지의 지진이 있었고, 그다음에 사랑의 쓰나미가 있었습니다. 그것은 후쿠시마보다 낫습니다. 메시지는 지진이며, 당신을 뒤흔들고, 당신 몸의 모든 세포와 두뇌 속의 모든 뉴런을 뒤흔듭니다. 그런 다음, 당신은 사랑의 쓰나미를 느낍니다. 우리는 이 쓰나미에 기여하고 있으며, 우리는 지구 전체를 사랑으로 뒤덮고 있습니다.

바로 지금 우리는 세계 혁명의 시작과 유사한 형태로, 많은 사람들이 지구 곳곳에서 반란을 일으키고 있는 놀라운 시대를 살고 있습니다. 미국에서는 많은 사람들이 거리를 점령하거나, 월스트리트에서 야영하고 점거하며 저항하고 있습니다. 유럽, 아프리카, 아시아의 모든 곳에서 이런 반란이 시작되고 있습니다. 지금 일본에는 "후쿠시마를 점령하라"는 운동이 있지요. 이처럼 전 세계가 어리석은 정치인, 은행, 돈, 자본주의에 저항하며 모든 곳에서 봉기하고 있습니다. 그들은 모든 곳에서 수천, 수십만 명이 집결하여 거리를 점령하고 있습니다. 그들은 세계가 통치되는 방식에 진절머리가 났습니다. 그들은 큰 변화를 원하지만, 현 체제를 무엇으로 대체해야 할지 모릅니다. 여기에 우리가 해결책을 제시합니다. 그 해결책은 낙원주의입니다.

낙원주의는 무산계급 없는 공산주의로서, 전 세계가 기술과 과학의 혜택을 공유할 수 있습니다. 은행도 없고, 돈도 없으며, 모든 사람이 지구상의 모든 것을 공유할 수 있습니다. 더 이상 후쿠시마도 없고, 더 이상 돈도 없고, 더 이상 은행도 없습니다. 따라서 은행에서 돈을 빌린 뒤 엄청난 이자를 지불하느라, 인간이 은행의 노예로 되는 그런 일도 더 이상 없습니다. 사람들은 평생 집, 자동차, TV 대금을 갚기 위해 일합니다. 당신은 그런 시스템의 노예이고, 모두가 그것에 지쳤습니다. 그들은 이 시스템을 무엇으로 대체해야 할지 모릅니다. 하지만 그것은 매우 쉽습니다. 낙원주의로 대체하세요.

우선, 은행에서 돈을 모두 인출하세요. 은행을 믿지 마세요. 은행이 당신을 소유하면, 당신은 그들의 노예가 됩니다. 금을 사세요. 안전한 자산을 구매하고, 채소밭에서 야채를 직접 생산하세요. 왜냐하면 머지않아 세계의 통화 및 금융 시스템은 붕괴할 것이기 때문입니다. 아무도 해결책을 갖고 있지 않습니다. 하지만 엘로힘 덕분에, 우리는 해결책이 있습니다. 낙원주의입니다.

상상해보세요. 더 이상 은행도 없고 더 이상 돈도 없으며, 그 대신 모든 것을 공유하는 이 행성을 상상해보세요. 모든 사람이 유일하게 중요한 것인 사랑에 대해 생각하기 시작하는, 사랑의 행성을 상상해보세요. 돈, 은행, 그리고 후쿠시마를 만들어내는 어리석은 정부와 함께라면 사랑이 있을 수 없습니다.

서로에 대한 사랑, 선조들에 대한 사랑, 자식들과 손자들에 대한 사랑, 이것이 바로 우리가 가져오는 것입니다. 이것이 바로 엘로힘의 가르침이 가져오는 것입니다. 이것이 바로 나와 함께 라엘리안들이 이 행성에 가져오는 것입니다. 사랑, 더 많은 사랑, 그리고 더 많은 사랑.

지구상의 생명을 보호하세요

A.H.66년 3월 - 2012년 일본 오키나와

나는 오키나와를 사랑하고, 엘로힘도 오키나와를 사랑합니다. 이곳에 대사관을 세우는 것은 멋진 아이디어일 것입니다. 나는 그런 일이 일어나길 소망합니다. 내가 지금 여기에 있기 때문에, 오키나와는 영원히 성스러운 곳이 될 것입니다.

그리고 나는 핵 문제에 대한 여러분의 활동이 얼마나 중요한지 진정으로 깨닫기를 원합니다. 어떤 사람들은 그것이 그저 하나의 활동일 뿐이라고 생각할 수도 있습니다. 그러나 그것은 단순한 활동의 하나가 아닙니다. 인류역사상 처음으로, 인류는 엘로힘의 창조물들을 파괴하고 있습니다. 방사능, 화학적 오염, 기타 우리가 지금 저지르는 모든 것들이 매일 수백 종의 동식물을 파괴하고 있지요. 그러므로 여러분은 지금과 같이, 오키나와에 반입되는 핵폐기물에 반대하는 활동을 함으로써, 여러분은 엘로힘의 창조물들을 보호하고 있는 것입니다. 인류의 역사를 통틀어, 인간이 매일 수백 종의 동식물을 파괴할 수 있는 힘을 가진 적은 결코 없었습니다.

나는 오키나와를, 엘로힘이 최초로 생명을 창조했던 에

덴 정원과 같은 파라다이스로 봅니다. 인간들이 생명을 파괴하고 있는 짓을 보면 믿을 수가 없습니다. 우리 주위를 둘러보면, 이 아름다운 오키나와의 봄철에 모든 식물, 모든 꽃에서 엘로힘의 창조를 볼 수 있습니다. 온갖 새들과 온갖 나비들, 이 얼마나 아름다운가요! 우리가 어떻게 매일 수백 종의 동식물들을 죽이고 파괴할 수 있나요?

라엘리안들은 엘로힘의 창조물들을 보호하기 위해 매우 적극적으로 활동해야 합니다. 전 세계의 많은 단체들이 환경을 보호하기 위해 노력하지만, 그들이 그렇게 하는 까닭은 단지 그들이 나무나 꽃 등 모든 것을 사랑하기 때문입니다. 그들은 오직 그 이유 때문에 그런 활동을 합니다. 그러나 우리는 다릅니다. 우리는 엘로힘을 사랑합니다. 우리는 엘로힘의 창조물들을 사랑합니다. 우리는 온갖 꽃들, 온갖 나무들, 온갖 나비들에서 엘로힘을 봅니다.

나는 결코 나비를 보지 않습니다. 나는 나비를 볼 때, 엘로힘의 창조물을 봅니다. 보통 사람들은 나비를 보지요. 나는 나비를 볼 때, 애벌레를 봅니다. 나는 애벌레를 볼 때, 알을 봅니다. 왜냐하면 알이 있기 전에, 엘로힘이 그 알을 창조했기 때문입니다. 내가 큰 나무를 볼 때, 나는 나무를 보지 않고, 작은 씨앗을 봅니다. 지구상에서 가장 거대한 나무도 처음에는 작은 씨앗 하나였습니다. 엘로힘의 창조물이었지요. 우리가 주위에서 보는 모든 것이 그렇습니다. 내가 새를 볼 때, 나는 새를 보지 않고, 알을 봅니다. 왜냐하면 그 새가 처음에는 엘로힘의 창조물인 알이었기 때문입니다. 그 속에는 모든 DNA 정보가 담겨 있고, 그에 따라 식물 또는 동물이 창조되는 것입니다.

나는 여러분과 같은 인간을 볼 때, 인간을 보지 않습니다. 나는 아기를 봅니다. 여러분은 아기였고, 여전히 그 아기는 여러분 내부에 존재합니다. 처음에는 수정란이었지요. 정자와 난자가 만나 수정란이 되었고, 여러분이 되었습니다. 여러분의 모든 DNA 정보는 수정란 속에 담겨 있었고, 그것에 의해 여러분이라는 존재가 만들어졌습니다.

전 세계에서 많은 사람들이 환경보호를 위해 매우 적극적으로 활동하고 있습니다. 그러나 환경보호가 엘로힘과 연결되기 때문에 그러한 활동을 한다는 사람들은 우리 라엘리안이 유일합니다. 우리는 엘로힘의 창조물을 보호하기 위해 여기 있습니다. 이는 에덴 정원에서 있었던 일과 같습니다. 성서에 쓰여 있는 바와 같이, 에덴 정원에는 그곳을 보호하는 자들이 있었습니다. 라엘리안 여러분은 에덴 정원의 새로운 수호자들입니다. 전 세계의 모든 환경보호 단체들은 그러한 정신적 요소가 없습니다. 그들에게 이 운동의 정신성을 가져다주는 것이 우리의 임무입니다.

우리가 식물 하나, 동물 하나를 파괴할 때마다, 우리는 엘로힘의 작품을 파괴하고 있습니다. 우리가 파괴하는 나비 하나를 위해, 엘로힘이 그것을 창조하는 데 얼마나 오래 노력했을지 상상해보세요. 실험실에서 연구하고 있던 엘로힘이 마침내 가장 아름다운 오키나와 나비를 만들었을 때를 상상해보세요. 그들은 우리가 언젠가 나비들을 보고 기뻐하리라 생각하며 참으로 행복했고, 참으로 자랑스러웠습니다. 그러므로 우리가 그것들을 파괴하면, 엘로힘은 매우 슬퍼합니다. 우리가 그들의 작품을 파괴하기 때문이지요. 이는 마치 여러분이 아름다운 집을 지었는데 누군가가 와서 그 집을 부순 것과 같습니다. 그렇기 때문에 나는, 엘로힘의 창조물을 보호하는 것이 얼마나 중요한지 여러분 가슴속 깊이 느끼길 원합니다.

엘로힘께 기도하고, 그들에게 우리의 사랑을 보내는 것은 좋은 일입니다. 하지만 그들의 창조물을 보호하는 것은 훨씬 더 좋은 일입니다. 엘로힘이 우리를 볼 때, 많은 사람들이 "엘로힘 사랑합니다"라고 말하는 모습을 보지만, 그 사람들 주위에서 모든 생명이 파괴되고 있다면, 그것은 진정한 사랑이 아닙니다.

엘로힘을 훨씬 더 존중하는 방법은, 여러분 라엘리안들이 지구와 엘로힘의 창조물을 적극적으로 보호하는 것입니다. 한 번의 기도보다, 지구상의 생명 보호를 돕는 하나의 행동 안에 엘로힘에 대한 사랑이 더 많이 들어 있습니다. 백만 번의 기도보다, 지구상의 생명을 보호하는 하나의 행동 안에 엘로힘에 대한 사랑이 더 많이 들어 있습니다. 그러므로 나는 여러분이 매우 자랑스럽습니다. 나는 여러분이 매우 활동적이라는 것을 알고 있으며, 엘로힘은 여러분이 그들의 창조물을 보호하기 위해 노력하는 모습을 보시고 진정으로 행복해하고 계십니다.

원래의 종교로 돌아가세요

A.H.67년 8월 - 2012년 일본 오키나와에서 카마로 Skype 스피치

카마(아프리카)는 그 어느 때보다도 더 인류의 미래입니다. 여러분은 이 행성에서 그 어느 때보다 더 빛과 진실의 메신저들이 되어야 하는데, 이는 새로운 가치관을 위해 크게 필요합니다. 여러분이 메시지와 함께 전파하는 새로운 가치관들은 정신적이고 과학적일 뿐만 아니라, 인류를 구하기 위해서도 매우 중요합니다.

라엘리안들의 사명은 인류를 구원하는 것이나 다름없습니다. 왜냐하면 현재 전 세계 모든 것이 인류 자멸에 맞춰져 있기 때문이지요. 그리고 인류를 구할 유일한 메시지는

우리가 가진 메시지입니다. 기독교의 메시지는 그럴 수 없는데, 기독교는 역으로, 식민주의 같은 많은 해악과 문제들을 지구에 불러왔기 때문입니다. 식민주의는 더 이상 정치적 문제가 아님에도 불구하고, 여러분은 그것이 남긴 짐을 여전히 짊어지고 있습니다. 식민주의는 위장된 모습으로 아직도 경제적 및 문화적으로 남아 있으며, 그것은 문화적, 종교적으로 더욱 그렇습니다. 그러므로 인류를 구할 수 있는 것은 기독교도 아니고, 이슬람교도 아니고, 과거에 존재했던 다른 어떤 위대한 종교들도 아닙니다. 인류를 구할 유일한 것은 라엘리안 메시지입니다.

무엇보다도, 라엘리안 메시지는 엘로힘이 모든 인종을 동등하게 창조한 과정을 설명함으로써, 각각의 인종을 동등한 지위에 놓고 있습니다. 이것은 어떤 인종도 다른 인종보다 더 우월하지 않음을 의미합니다. 왜냐하면 모두가 동등하니까요. 이것은 근본적인 것입니다. 라엘리안 메시지는, 태초에 아담과 이브가 있었던 것이 아니라 태초에 모든 인종이 창조되었다는, 이 특별한 메시지를 전하는 유일한 철학이자 무신론적 종교입니다. 이 점이 중요합니다. 이 메시지는, 노예제도, 식민주의 또는 특정 인종의 다른 인종에 대한 지배의 가능성을 방지한다는 점에서 매우 중요합니다.

또 다른 중요한 요소는 우리 철학에 담겨 있는, 절대적

비폭력에 준하는 가치관과 관련 있습니다. 다른 어느 지역보다 카마에서, 여러분은 비폭력의 수준이 중요하다는 점을 알고 있습니다. 이것을 확인하려면, 여러분은 기독교 이전에 존재했던 여러분의 원래 종교들로 돌아가야만 합니다. 그때는 폭력이 없었습니다. 그렇지요, 가끔 다른 종족들 간에 분쟁이 있기는 했지만, 그러한 분쟁들은 전쟁이 아니었고, 대개 남성 혹은 여성 현자들에 의해 해결되었습니다.

당시에는 신이 없었습니다. 이 점은 카마의 뿌리에서 되찾을 필요가 있는 부분입니다. 불행하게도 이러한 과거의 많은 전통이 상실되고, 상처받고, 왜곡되었습니다. 그리고 이러한 원래의 아프리카 종교들은 엘로힘과 매우 가까웠습니다. 그 종교들은 무엇에 대해 말하고 있었나요? 그것들은 나무의 영, 숲의 영 등 정령에 대해 말했는데, 이것이 다시 제자리를 찾아야 합니다.

정령이란 오늘날 생태학자들이 찾아내고 있는 것으로서, 말하자면, 우리가 식물을 볼 때, 그것은 살아 있고 소정의 의식이 있다는 것입니다. 동물도 약간의 의식이 있는데, 그런 것을 우리의 원시적 조상들은 '정령'이라 불렀습니다. 실제로, 원래의 아프리카 전통에서는 신은 없었고 또한 초월적 존재도 없었습니다. 하지만 자연과의 교감이 있었으며, 이를 오늘날의 생태학자들이 되찾고 있는 것입니다.

우리는 가이아(Gaia)로의 복귀를 목격하고 있습니다. 생태학적인 우회적 방법으로, 우리는 백인 식민주의자들이 마침내 그들의 가치관, 그들의 식민주의, 그들의 전능한 신이 실패했음을 깨달았다는 사실을 이해할 수 있습니다. 그것은 지구를 파산시킬 수밖에 없는 총체적 실패였습니다. 그러나 생태학을 통해, 그들은 모든 민족의 원래 전통들과 극히 유사한 어떤 것으로 회귀하고 있습니다.

북아메리카나 다른 어디든, 원주민들은 아프리카인들처럼 나무의 정령, 동물의 정령, 대자연의 정령과 대화하는 법을 알았습니다. 실제로, 북아메리카의 원래 전통은 지구 및 이 작은 행성의 생명에 매우 토착적인 가치관이었습니다. 그 점에 있어서 북아메리카 원주민과 전 세계의 모든 원주민은 매우 씁쓸해할 충분한 이유가 있지요. 그들이 겪은 역경에 대해서뿐만 아니라, 그들이 '아메리칸 인디언'으로 불리는 것에 대해서도 그렇습니다. 사실 북아메리카의 진정한 원주민들의 경우, 그들의 진짜 이름은 '첫 나라의 민족'이라는 의미의 '아니쉬나벡(Anishinabeg)'이기 때문입니다.

이 '인디언'들은 누구일까요? 이것은 백인들의 어리석음에 대한 또 다른 증거인데, 왜냐하면 우리는 이 원주민들이 인도에서 오지 않았다는 사실을 알고 있기 때문이지요.

그러나 그들은 북아메리카 대륙의 원래 거주자들을 여전히 '아메리칸 인디언'이라 부르고 있습니다! 식민주의자들은 그들이 지구 반대편에 있는 인도에 와있다고 착각했고, 그 때문에 그들은 원주민들을 '인디언'으로 불렀던 것입니다.

나는 일전에 북아메리카 민족의 대추장을 만난 적이 있는데, 그는 나에게 "어떻게 하면 아메리카 원주민들에게 존엄성을 되돌려줄 수 있을까요?"라고 물었습니다. 그들은 아프리카인들처럼 무시무시한 고통을 당했지요. 나는 이렇게 대답했습니다. "먼저 '인디언'이라는 단어의 사용을 중지하세요. 당신들은 '인디언'이 아닙니다. 백인들이 오기 전, 이 광대한 대륙의 주민들에 붙여진 이름이 무엇이었습니까?" 그러자 그는 "아니쉬나벡"이라고 말했습니다. 나는 그에게, "그럼 '아니쉬나벡'을 사용하고, 백인들에게도 당신들을 '인디언'이 아니라 '아니쉬나벡'으로 부르도록 요구하세요"라고 말해주었습니다. "만약 당신들이 인도에 있다면 '인디언'이 맞는 말이지만, 당신들은 인도가 아니라 아메리카에 있습니다."

그리고 '아프리카'라는 단어가 적합하지 않은 것처럼, '아메리카'라는 단어도 적합하지 않습니다. '아메리카'라는 단어는 실제로 어디에서 왔을까요? 그것은 아메리카를 발견했던 사람, 즉 이탈리아인인 '아메리고 베스푸치'에서 유래했습니다. 그래서 '아메리카'라고 불리는 것이지요. 사실 그는 신대륙을 발견한 것도 아닌데, 왜냐하면 그 대륙은 그들이 도착하기 전에도 존재했기 때문입니다. 그것은 아프리카가 첫 탐험가들이 그 대륙에 발을 디디기 전에도 존재했던 것과 똑같습니다. 그러므로 그들은 아무것도 발견한 것이 아닙니다.

나는 대추장에게, 인디언 탐험가들이 이곳에 도착하여 아메리카 대륙, 즉 그들의 아니쉬나벡 대륙의 다른 편까지 퍼져나가는 것을 상상해보라고 말했습니다. "당신들이 이곳에 도착해 백인 주민들에게 당신들이 사용하는 이름을 강요한다고 상상해보세요." 이런 생각은 백인들에게 전혀 용납되지 않을 것입니다. 그렇다면, 왜 현재의 상황은 용납되어야 하나요? 왜 이중 잣대를 쓰나요? 정확히 바로 이 때문에, 정신적 및 문화적 탈식민화 과정의 첫 단계로 '아프리카'라는 이름을 제거하는 일이 중요한 것입니다.

나는 대 아프리카의 남녀 현자들에게, 아직 백인들에게 오염되지 않은 채 보존된 종족들을 찾아내고, 그들에게 가서 원래의 종교들에 대한 흔적을 찾기를 요청합니다. 그 흔적들은 그곳에 있습니다. 여러분에게 상기시키기 위해, 다시 한번 말하겠습니다. 과거의 모든 종교는 북아메리카의 종교들이 최초에 그러했던 것처럼, 무신론적이었습니다. 그들은 모두 정령에 대해 말하고 있었습니다. 그것은 신과는 다른 것입니다. 정령이란 무엇일까요? 그것은 DNA입니다! 그것은 각 식물과 각 동물이 소정의 의식을 갖도록 해주는 것입니다. 이제 우리는 실험실에서, 우리가 식물들에게 사랑을 주고, 그것들과 대화하고, 음악을 들려주면, 식물들이 더 커지고 더 빨리 성장하고 더 윤기가 흐르게 된다는 사실을 발견하기 시작하고 있습니다! 그것은 우리가 텔레파시로 식물들 및 동물들과 소통할 수 있음을 의미합니다.

과거 아프리카에서는, 식량을 조달할 때, 절대로 필요 이상의 동물들을 죽이지 않았습니다. 그러나 백인들, 식민주의자들이 와서, 상아 때문에 코끼리들을 죽이고, 그것을 장식품과 보석을 만드는 데 사용했습니다. 과거 아프리카인들은 결코 그렇게 한 적이 없습니다. 그들은 더도 덜도 아닌, 먹기 충분할 만큼만 죽였지요. 이것은 또한 현대적 분배 경제를 옹호하는 사람들과 생태학자들이 주장하는 것으로서, 실제로 필요한 것 이상으로 추구하지 말라는 것입니다.

오늘날 많은 사람이 인정하듯이, 지구는 전 세계를 먹여 살리기에 충분한 자원을 갖고 있습니다. 그러나 지구는 서구 자본가들의 탐욕을 만족시켜줄 만큼은 갖고 있지 않습니다. 그들은 살아가는 데 필요한 것을 원하는 것이 아니라, 다른 사람들을 압살하고, 다른 사람들의 희생으로 자신들이 부유해지고, 다른 사람들의 희생으로 억만장자가 되고 싶어 합니다.

미국은 서서히 저개발국가로 되고 있는데, 이것은 멋진 일입니다! 이제 카마의 노숙자 수가 미국의 노숙자 수보다 적다는 사실은 놀라운 일입니다. 이 점을 의식하고, 그에 대해 말하기를 두려워 마세요! 이것은 자본주의와 식민주의가 실패했다는 증거입니다.

그러므로 나는 모든 카마인들이 이 희망의 메시지에 대해, 여러분이 지금까지 배워온 모든 것보다 훨씬 앞서 나가는 이 메시지에 대해 알기를 바랍니다. 그것은 내일의 세계이며, 이루어질 수 있는 유일한 세계입니다. 내일의 세계에서는 라엘리안이거나 아니거나일 것입니다. 그것이 유일한 해결책입니다.

인류는 여러분입니다

A.H.67년 4월 - 2013년 일본 오키나와에서 멕시코로 Skype 스피치

여러분 각자는 무언가 줄 것이 있고, 변화를 만들어 낼 수 있습니다. 여러분이 누구든, 이 사회에서 여러분의 지위가 어떻든, 가난하든 부유하든, 지적이든 아니든, 그것은 중요하지 않습니다. 여러분 모두는 이 지구를 더 나은 곳으로 만들기 위해 가져다줄 뭔가를 갖고 있습니다. "나는 너무 멍청해" "나는 너무 가난해" "나는 별로 강하지 않아"라고 생각하지 마세요. 모든 사람은 세상을 바꾸기 위해 가져다 줄 뭔가를 지니고 있습니다.

잠에서 깨어날 때 이것을 기억하세요. "인류는 바로 나다!" 인류는 여러분 주위에 있지 않습니다. 여러분이 인류입니다. 먼 옛날 엘로힘에 의해 창조된 최초의 인간처럼, 여러분이 혼자이더라도, 여러분은 여전히 인류일 것입니다. 여러분 인생의 매일, 매 순간, 이것을 기억하세요. "내가 인류다." 그러면 여러분이 평화와 사랑을 위해 노력하고, 서로 나누고, 하나됨을 느낄 때, 인류의 미래는 아름다울 것입니다. 하지만 그것은 여러분과 함께 시작됩니다. 여러분이라는 작은 인간이 아침에 침대에서 깨어 일어나면서 시작되는 것이지요. 매일 아침 이렇게 말하세요. "와우, 나는 인류다!" 그러면 미래는 아름다울 것입니다.

신 없이, 우리는 훨씬 더 행복합니다

A.H.68년 2월 - 2014년 일본 오키나와

라엘리안이 되는 것은 여러분의 개인적 선택이기에, 일종의 특권입니다. 어머니나 아버지가 라엘리안이어서 라엘리안이 된 사람들은 극소수이지요. 여러분은 행운아입니다. 왜냐하면 여러분의 가족은 십중팔구 불교도이거나, 신도, 기독교, 무슬림, 기타 종교의 신자이기 때문입니다. 대개 사람들은 부모의 종교를 따릅니다. 그것은 선택이 아닙니다. 만약 여러분이 아랍 국가에서 태어났다면 회교도가 되었을 것이고, 기독교 국가에서 태어났다면 기독교도가 되었을 것입니다. 만약 이스라엘에서 태어났다면 유대교도가 되었겠지요. 이것은 선택이 아닙니다. 종종 사람들은 자신의 종교에 대해 자부심을 갖고, 그 종교를 위해 싸우기도 하지만, 그들 스스로 그 종교를 선택한 경우는 매우 드뭅니다. 컴퓨터 프로그램처럼, 그들이 어렸을 때 프로그램되었을 뿐입니다. 거기에는 어떤 선택도, 자유도 없습니다.

반면에 엘로힘의 메시지는, 어린이들에게 모든 종교에 대해 가르치고, 그들이 어른이 되었을 때 자신의 종교를 선택하게 하라고 조언하고 있습니다. 이것은 라엘리안 가족들에게도 적용됩니다. 우리는 아이들을 라엘리안으로 키워서는 안 됩니다. 우리는, 어떤 특정 종교를 강요함이 없이, 무신론을 포함해 모든 종교를 아이들에게 가르쳐야 합니다. 그런 다음, 그들이 성년이 되었을 때, 즉 생물학적 성년인 15세가 되었을 때, 그들 스스로 선택하게 해야 합니다. 이야말로 가족에 의해 강요되지 않은 진정한 선택이자 자유입니다. 그런 선택은 아이의 의식이 빛을 발하도록 만들어 줍니다. 가족이 여러분 안에 주입한 프로그램에 따라 움직이는 멍청한 로봇이나 컴퓨터처럼 되는 대신, 여러분이 스스로 결정하는 것입니다.

일본은 매우 운이 좋은 나라인데, 왜냐하면 대부분의 사람들이 한 종교의 틀 안에서 키워지지 않기 때문입니다. 일본에서는 불교식 장례의식을 행하며, 그 의식이 아름답기 때문에 그렇게 한다고 알고 있습니다. 신도(Shinto)의 어떤 의식들도 아름답기 때문에 행한다고 합니다. 많은 사람들이 흰색 드레스를 입고 싶어서 기독교식 결혼식을 한다지요. 내가 일본에 처음 왔을 때, 호텔에 예배당을 갖추고 그곳에서 많은 결혼식을 하는 것을 보고 매우 놀랐습니다. 전혀 기독교인이 아닌 사람들을 위해, 단지 결혼식만 할 수 있도록 호텔 안에 작은 교회를 만들어 놓은 것입니다. 이래서 나는 일본을 사랑합니다. 일본은 가장 라엘리안적인 나라입니다. 모든 것이 자유로 귀결되니까요.

이것은 광신적인 기독교인, 광신적인 유대인, 광신적인

무슬림이 되는 것보다 훨씬 더 좋습니다. 여러분이 일본에 사는 것은 아주 행운입니다. 그것은 아마도 외부의 종교가 사람들에게 영향을 끼치도록 허용하지 않는 일본의 고립주의 전통 때문일 것입니다. 기독교도로 태어난 사람들은 기독교를 위해 투쟁하고, 무슬림으로 태어난 사람들은 이슬람을 위해 투쟁하고 이슬람을 위해 죽이고 이슬람을 위해 폭탄을 터뜨리며, 유대인들이 팔레스타인에서 하는 행위도 더나을 것이 없습니다. 전 세계에 이런 사람들이 수백만 명이나 있다는 사실을 생각해 보세요.

모든 종교를 인정하는 일본인들은 별도로 하고, 유일하게 지성적인 사람들을 말하라면, 기독교도로 태어났지만 기독교를 그만둔 사람들, 무슬림으로 태어났지만 무슬림을 그만둔 사람들, 유대인으로 태어났지만 유대교를 그만둔 사람들입니다. 이런 사람들은 자신의 두뇌를 사용합니다. 자유의지를 행사하는 것이지요. 그들은 지성을 사용하여, 가족이 기독교도 또는 무슬림, 유대교도이기 때문에 자기도 똑같은 길을 따라야 하는 것은 아니라고 결정합니다. 이런 사람들이 지구상의 진정한 평화주의자입니다.

하나의 종교에 소속하게 되면 사람들을 다른 사람들과 분리시키는데, 그 반대로, 여러분이 갑자기 종교에서 자유로워지면, 여러분은 조화 속에서 다른 사람들과 하나됨을 느끼게 됩니다. 그것이 바로 라엘리안의 특권입니다. 라엘리안들은 세계 어느 나라 출신이든 거의 일본인과 유사한데, 왜냐하면 그들은 한 종교에만 광신적이지 않고 각 종교의 아름다운 부분을 사랑하기 때문입니다.

우리는 기독교철학에 들어 있는 바와 같이, 사랑과 평화를 사랑합니다. 우리는 사랑과 동정심에 대한 예수의 메시지를 사랑합니다. 우리는 엘로힘이 지구상에 생명을 창조했다고 기술하고 있는 유대교의 메시지를 사랑합니다. 우리는 예언자 100명의 피보다 과학자 한 명의 피가 더 중요하다는 모하메드의 가르침을 기록한 코란의 아름다운 부분을 사랑합니다. 그리고 우리는 내면의 행복을 지켜야 한다는 붓다의 아름다운 메시지도 사랑합니다. 우리는 모든 종교의 아름다운 부분을 사랑합니다. 하지만 우리는 불교와 조금 더 비슷합니다. 왜냐하면 불교는 무신론적 철학이니까요.

신은 없다는 것, 이는 엘로힘의 메시지에서 매우 중요한 부분입니다. 우리는 이것을 큰소리로 모든 곳에 거듭 알려야 합니다. 신은 없습니다. 엘로힘은 신을 믿지 않습니다. 이것은 지구상에서 가장 진보한 정신성입니다. 왜냐하면 높은 정신성은 신을 필요로 하지 않기 때문이지요. 이것이 바로 우리가 불교도들과 매우 흡사한 이유입니다. 왜냐하면 불교도들 또한 정신성에는 신이 필요 없고, 초자연적인 신에 구속되지 않는 이 자유야말로 우리가 더 높은 수준의 행복을 이루도록 돕는다고 믿기 때문입니다. 다른 말로, 신 없이, 우리는 훨씬 더 행복해질 수 있습니다.

그렇기 때문에, 라엘리안이 된다는 것은 참으로 아름다운 일입니다. 라엘리안들은 신 없이, 높은 수준의 행복, 아름다운 정신성을 지니고 있습니다. 나는 여러분의 인생에서 가장 아름다운 하루가 아니라, 1분이 아니라, 가장 아름다운 1초를 누리기를 기원합니다. 바로 지금, 이 순간은 우리 삶에서 가장 아름다운 순간입니다. 왜냐하면 인생은 '지금'의 연속이니까요. 이 최고의 지혜, '지금'을 느껴 보세요, 지금. 지금은 마법입니다. 지금은 유일합니다. 우리는 늙을 수도, 젊을 수도, 아플 수도, 건강할 수도, 어떠할 수도 있으나, 지금, 바로 지금은 마법입니다. 이 순간을 느끼세요. 빛을 느끼세요. 아무 생각 없이. 이것이 행복입니다.

생명창조에 박수를!

A.H.68년 4월 - 2014년 일본 오키나와

4월의 첫째 일요일에, 우리는 엘로힘에 의한 우리 인간의 창조를 기념합니다. 나에게 있어 이날은 가장 아름다운 기념일로서, 생명의 기념일이자 예술의 기념일이기도 합니다. 왜냐하면 우리가 바로 예술작품이기 때문이지요. 여러분이 거울을 들여다볼 때, 여러분 주위의 다른 사람들을 볼 때, 우리는 모두 예술작품임을 알 수 있습니다.

많은 사람들이 "나는 엘로힘을 보고 싶어"라고 말합니다. 그것은 매우 쉽습니다. 여러분 자신을 보면 됩니다. 왜냐하면 엘로힘은 그들의 모습대로 우리를 창조했으니까요. 이것은 내가 여러분을 사랑하는 이유이기도 합니다. 나는 여러분의 눈 속에서 엘로힘을 봅니다. 절대로 다른 사람들을 단지 타인이라고 생각하며 보지 마세요. 여러분이 바라보는 모든 사람의 눈 속에서 엘로힘을 보고, 엘로힘을 느끼세요. 우리가 엘로힘이며, 우리는 정말로 엘로힘이 될 것입니다. 바로 지금, 세계의 수많은 과학자들이 생명창조를 목표로 연구하고 있습니다. 그러므로 아마도 여러분, 혹은 여러분의 자녀들, 혹은 여러분의 손자들은 다른 행성에 생명을 창조할 팀의 일원이 될 것입니다.

이것은 놀라운 일입니다. 상상해보세요. 아주 오래전, 엘로힘의 행성에도 메신저들이 있었으며, 그들은 엘로힘에게 이렇게 말했습니다. "언젠가 당신들도 다른 행성에서 생명을 창조하게 될 것입니다." 그 메신저들의 말에 귀를 기울인 사람들의 수는, 지금 여러분처럼, 아주 적었고, 나머지 엘로힘은 이렇게 말했습니다. "당신은 미쳤군. 그런 일은 절대 일어나지 않을 거야." 하지만 같은 일이 일어나고 있으며, 모든 일은 반복됩니다. 그렇게 우리는 서서히 엘로힘이 되는 것이지요.

이것을 단지 과학적 설명으로만 여기지 말고, 정신적 힘으로 받아들이세요. 왜냐하면 우리가 엘로힘이니까요. 이얼마나 신나는 일인가요! 아침에 거울을 보세요. 여러분은 단순히 하나의 인간이 아니라, 미래의 엘로하입니다. 여러분을 더욱 존중하세요. 여러분의 얼굴, 여러분의 의식, 여러분의 창조 능력에 대해 더 많은 사랑을 가지세요. 해보세요. 지금 바로 시작하세요. 여러분이 하는 모든 것, 웃거나, 걷거나, 먹거나, 놀거나, 여러분이 무엇을 하든, 여러분이 엘로하임을 느끼며 그렇게 하세요. 그러면 여러분은 훨씬 더 강력함을 느낄 수 있습니다. 이것이 바로 엘로힘에게 가장 크게 감사하는 방법입니다.

나는 히비스커스, 동물들, 나무들, 이 모든 것을 창조해

주신 엘로힘께 진정으로 박수갈채를 보내고 싶습니다. 이 나무의 조상은, 우리처럼, 엘로힘에 의해 창조되었습니다. 모든 식물들, 작은 풀 한 포기조차도 엘로힘의 창조물입니다. 엘로힘은 이 아름다운 푸른 잔디의 맨 처음 잎새를 우리의 즐거움을 위해 창조했습니다. 모든 아름다운 것, 모든 음식, 모든 동물, 모든 물고기, 모든 돌고래, 모든 것을 창조했습니다! 따라서 나는 제안합니다. 여러분이 동의한다면, 우리 다 함께, 엘로힘께 박수를 보냅시다!

메시지의 과학에 대하여

A.H.69년 9월 - 2014년 일본 오키나와

지구상에서 가장 나이 많은 사람인 장 칼망은 122세까지 살았는데, 그녀는 100세 때까지 담배를 피웠고, 초콜릿을 일주일에 1킬로씩이나 먹었으며, 매일 포트와인을 마시기도 했습니다! 또한, 그녀는 채식주의자도 아니었습니다.

이것은 더 오래 살기 위해 이 세상의 모든 즐거움을 거부하고 수도원 식단을 고집하는 건강광신자들에게 좋은 교훈이 됩니다. 올바른 유전자 코드를 지니는 것뿐 아니라, 행복하게 지내고 웃는 것이 열쇠임이 분명합니다. 인생을 즐기세요. 그리고 당신에게 즐거움을 주는 것을 자신에게서 빼앗지 마세요!

엘로힘은 우리가 아기를 낳을 계획이 있을 때 유전자 코드를 보호하기 위한 몇 가지 규칙을 주었지만, 그것은 오직 그 이유에만 적용됩니다! 만약 당신이 아기를 가질 계획이 없다면, 어떠한 즐거움이든 자신으로부터 빼앗을 이유가 절대로 없습니다. 다만 당신이 국제 라엘리안 무브먼트의 회원이라면, 적어도 공공장소에서는 당연히 모범적인 생활을 해야겠지요. 국제 라엘리안 무브먼트의 회원을 포함하여, 사람들이 사생활의 비밀 속에서 행하는 일은 다른 어느 누구의 간섭도 받을 필요가 없습니다.

지적설계는 지구상의 생명 기원에 대한 유일한 설명입니다

A.H.69년 12월 - 2014년 일본 오키나와

과학자들은 메시지를 판단할 위치에 있지 않은데, 왜냐하면 그들은 우리 창조자들의 25,000년이나 앞선 과학 수준에 비교했을 때 매우, 매우 원시적이기 때문입니다. 오래전 지구가 평평하다고 주장했던 '과학자'들이 틀렸던 것처럼,

오늘날 엘로힘의 메시지에 의문을 제기하는 과학자들도 마찬가지입니다. 시간이 지나면, 아마 25,000년 후에는, 우리도 전체 그림을 이해하게 될 것입니다. 하지만 오늘날이나, 심지어 100년 혹은 1,000년이 지나도, 지구상의 최고 과학자들일지라도 아직 완전히 이해할 수 없을 것입니다.

25,000년은 참으로 긴 세월이지요. 엘로힘 덕분에, 우리는 아마 (단지 '아마'입니다) 250세기 후에나 이해하게 될지도 모를 메시지를 갖게 되었습니다. 이에 감사하고, 의심하지 맙시다. 우리는 메시지에 의문을 제기할 능력이 없습니다. 우리의 피그미 과학의 나이는 단지 100년이 조금 넘었을 뿐이므로, 엘로힘이 우리에게 알려준 것에 의문을 제기하는 것은 완전히 겸손의 결여입니다. 진정한 최고급 과학자들은 "우리는 안다"라고 말하기를 피합니다. 과학자들은 수준이 높을수록, 더욱 겸손하게, "우리는 모른다"라고 말합니다.

이제 매우 명확합니다. 진화는 없습니다. 비록 어떤 종류의 적응이 관찰되더라도, 다윈 설은 100% 틀렸으며, 지적설계가 생명의 기원에 대한 유일한 설명입니다. "엘로힘이 지구상에 생명을 창조했지만, 전 우주에 생명을 창조한 것은 아니기 때문에, 어딘가에는 진화가 있을 수 있다"라고 말하면서 메시지를 왜곡하려고 시도하는 것은 메시지의 가장 중요한 부분인 '무한'에 대한 완전한 배신입니다.

엘로힘을 어떤 종류의 진화적 결실인 양 꾸미는 행위는 무한을 부정하는 것입니다. 엘로힘은 언제나 존재해왔으며, 더 높은 차원의 어떤 대재앙으로 그들이 거주하는 우주 구역이 파괴될지도 모를 경우를 대비하여 우주 도처에 "그들과 같은 모습으로" 창조한 사람들에게 그들의 지식을 물려준다고 할지라도, 영원히 존재할 것입니다. 우리는 우주가 시간적 및 공간적으로 무한하고, 존재하는 모든 것은 항상 존재해왔고 또 언제나 존재할 것이라는 사실을 결코 잊어서는 안 됩니다. 어떤 종류의 시작이 있는 체하는 것은 무한을 부정하는 행위로서, 원시적 우주관으로 되돌아가는 것입니다. 그것은 엘로힘의 가장 중요한 가르침을 배반하는 것입니다.

비록 엘로힘이 우리를 그들의 모습대로 만들었다 해도, 인간의 유전자 코드를 만들 때 그들의 유전자 코드를 사용하지 않고, 처음부터 만들었습니다. 그러므로, 우리의 유전자 코드가 그들 것과 동일할지라도, 그것은 진정한 지적설계입니다. 이것이 바로 엘로힘이 우리를 그들의 모습대로, 그들과 '닮은' 모습으로 창조했다고 말하는 이유입니다.

지적설계란 비활성 화학물질로부터 살아 있는 어떤 것을 창조한다는 의미입니다. 우리의 유전자 코드를 그들 것과 100% 동일하게 만드는 것이 창조작업 내내 그들의 목표였지만, 그렇더라도 그 사실로 인해 바뀌는 것은 전혀 없습니다. 그들은 프로그램을 복사한 것이 아니라 처음부터 새로 만들었으며, 그들 것과 완전히 똑같지는 않았지만, 거의 똑같아질 때까지 그들의 창조물을 비교했습니다. 심지어 인간이 그들과 유전적으로 호환되도록 했습니다.

'지적설계'는, 비록 그 말이 진화론자들에게 충격을 주고 그들을 밀쳐내더라도, 엘로힘이 행한 일에 대한 최상의 표현 방법입니다. 진화론자들은 엘로힘의 창조를 부정함으로써 엘로힘을 모욕하고 있으므로, 그 말은 완벽합니다. 진화론자들은 우리의 창조자들에게 가장 무례한 것을 대변하니까요. 신을 믿는 사람들은 어느 정도 용납될 수도 있습니다. 왜냐하면 그들은, 비록 그들이 이해하지는 못할지라도, 창조의 개념을 전파하며 창조자들의 유산에 충실하기 때문입니다.

지적창조론으로 이끄는 과학적 진보는 진화로 불릴 수 없습니다. 왜냐하면 이 '진화'라는 용어는 '우연'을 포함하고 있으며, 우연이란 메시지 및 지적창조의 본질과 양립할 수 없기 때문입니다.

10

사명

"엘로힘의 예언자의 활동은 정신적일 뿐만 아니라
또한 정치적이어야 한다"

나의 임무는 단지 정신적인 것만이 아닙니다

A.H.71년 7월 – 2017년 일본 오키나와

엘로힘의 예언자로서, 나의 역할은 그들의 기존 요청들
과 갱신 사항들에 따라 무브먼트를 이끄는 것입니다. 그러
므로 엘로힘의 예언자의 활동은 결코 정신적인 데 국한되는
것이 아니라 정치적이기도 해야만 됩니다. 특히 인류를 구
하는 문제에 있어서는 더욱 그렇습니다.

예수가 성전에서 상인들의 가판대를 무너뜨린 일과 모
세가 석판을 부수고 황금송아지를 파괴한 일은 다른 많은
것들 중 두 가지 예입니다. 그리고 엘로힘은 인류에게 추가
적인 지침을 전달하도록 나에게 요청할 가능성이 매우 높은
데, 그것은 '인류 구원'이라는 가장 중요한 목표를 망각한

자들에게는 훨씬 더 극단적이고 충격적으로 보일 것입니다.

모든 사람이 오직 주는 것만을 생각하고, 받는 것은 아무도 생각하지 않는 세계

A.H.66년 5월 - 2012년 일본 오키나와

지금은 "엘로힘 감사합니다. 우리가 함께, 올바른 장소에, 올바른 시간에, 우리가 있어야 할 곳에, 우리 자신으로 존재할 수 있음에 감사합니다"라고 말할 시간입니다. 또한 자기 자신에게 다음과 같은 올바른 질문을 할 때입니다. "나는 올바른 시간에, 올바른 장소에 있는가?" 여러분은 그 답을 압니다. 왜 우리는 함께 있나요? 우리는 지구상 어디든 있을 수 있습니다. 우리는 자유이니까요. 우리는 이탈리아, 캐나다, 프랑스, 나하 등에서 와서, 이곳에 있기로 선택했습니다. 왜 여러분은 여기 있습니까? 그것은 여러분이 이곳에 있기로 선택했기 때문이며, 다음 주 일요일 여러분은 여기에 계속 있을지 없을지 다시 선택할 수 있습니다. 그것은 여러분의 선택이며, 여러분의 자유입니다.

만약 여러분이 무언가 느낀다면, 만약 여러분이 엘로힘에 대한 무언가를 느낀다면, 만약 여러분이 진실로 엘로힘을 자신의 가슴에 받아들이고 싶다면, 만약 여러분이 엘로힘의 메신저를 돕고 삶이 진정으로 뜻하는 바를 행하고 싶다면, 받고 미워하는 대신 주고 사랑하세요. 여러분은 선택해야 합니다. 오직 여러분만이 선택할 수 있습니다. 나는 어느 누구에게도 오늘 아침 이곳에 오도록 강요하지 않았습니다. 하지만 여러분은 지금 나와 함께 여기 있습니다. 왜냐하면 여러분이 선택했기 때문입니다. 그리고 여러분은 이제부터 계속 나를 도우며 엘로힘을 위해 봉사할 수 있을 것입니다. 혹은 그렇지 않을 수도 있지요.

이 자유는 엘로힘의 가장 아름다운 선물입니다. 봉사와 사랑의 기회를 잡을지 말지 선택할 자유입니다. 여러분은 아무것도 되돌려 받는다는 기대 없이 사랑하고 줄 수 있는 선택권이 있습니다. 무언가 대신 받기를 기대하며 주는 것보다는, 차라리 주지 않는 편이 더 낫습니다. 만약 여러분이 무언가 되돌려 받기를 기대하기 때문에 주는 것이라면, 그것은 끔찍한 일입니다. 그럴 바엔 아무것도 주지 않는 것이 더 낫습니다. 그러면 적어도 여러분은 중립적일 수 있으니까요. 만약 여러분이 주면서 "나는 주긴 하지만, 무언가 보답을 원해"라고 말한다면, 그것은 어떤 사람이 사랑에 대해 "나는 당신을 사랑하지만, 당신도 마찬가지로 나를 사랑해주길 바래"라고 말하는 것과 같습니다. 그것은 사랑이 아니지요. 그것은 에고입니다.

"나는 나중에 영원한 생명을 갖기를 기대하기 때문에, 엘로힘을 사랑합니다." 이것은 끔직합니다. 그런 이유 때문이라면, 엘로힘에 대한 사랑을 그만 두는 것이 더 좋습니다. 그것은 사랑이 아니라, 이해관계입니다. 받는 것이고, 에고입니다. "나는 영원한 생명을 원하므로, 엘로힘에게 봉사합니다." 엘로힘은 이런 종류의 사랑을 좋아하지 않습니다. 그것은 여러분 자신의 이익만을 위해 행하는 것이니까요. 그러므로 진실로 아무것도 기대하지 않고 사랑하세요.

가끔 어떤 사람은 엘로힘을 사랑한다면서 나에게 와서는 "나는 UFO를 한 번도 보지 못했는데, 언젠가는 UFO를 보고 싶어요"라고 말합니다. 만약 여러분이 라엘리안 정기모임에 나가면서 "이번 모임에서 아마도 엘로힘을 볼 수 있을지도 몰라"라고 기대한다면, 안 됩니다! 한 번 더 말하지만, 그것은 에고가 말하는 것입니다. "나는 중요한 사람이니, 그들은 나에게 그들의 모습을 보여줄 필요가 있어." 아닙니다. 진실한 라엘리안은 인류를 위해 봉사하고, 모든 사람에게 사랑을 주며, 진정으로, 다시 한번 말하지만, 진정으로 아무런 기대도 하지 않습니다. 아주 작은 것조차도 기대하지 않지요. "나는 나의 인생을 바치고, 나의 사랑을 주고, 나 자신의 가장 좋은 것을 주지만, 나를 위해서는 아무것도 원하지 않습니다." 이것이 바로 사랑입니다. 만약 여러분이 진정한 라엘리안이라면, 바로 이처럼 행해야만 합니다.

사랑을 주세요. 더 많이 주고, 봉사하세요. 당신 주위의 모든 곳에 사랑을 전파하세요. 그리고 만약 무언가 여러분에게 되돌아온다면, 항상 놀라세요. 만약 무언가 좋은 것이 되돌아오면, 항상 놀랄 뿐 아니라, 심지어 여러분은 그것을 받을 자격이 없다고 느끼세요. 진정으로 놀라며, 여러분에게 되돌아오는 것은 무엇이든 받을 자격이 없다고 항상 생각하세요. 여러분이 사랑을 주고, 어떤 사랑이 되돌아오면, "오, 저는 그럴 자격이 없어요"라고 말해야 할 것입니다. 진심으로 그렇게 해야 하며, 일본식으로 해서는 안 됩니다. 여러분이 사랑을 주고, 어떤 사랑이 되돌아올 때는, 진정으로 놀라야 하는 것입니다.

아무런 보답도 기대하지 않고 항상 사랑을 주면, 모든 곳에 사랑이 존재하게 됩니다. 나는 여러분에게 나의 사랑을 주고, 엘로힘도 여러분에게 그들의 사랑을 줍니다. 엘로힘은 아무것도 돌려받기를 기대하지 않으며, 나도 여러분에게 아무런 보답도 기대하지 않습니다. 나는 여러분이 나를 사랑하는 것에 놀랍니다. 왜냐하면 나는 단지 메신저일 뿐이니까요. 그것이 내 사명이기 때문에, 나는 여러분에게 사랑을 줍니다. 그래서 여러분이 나에게 무언가 줄 때, 나는 언제나 놀랍니다.

나는 여러분에게 고맙다는 말조차도 하지 않지요. 왜냐

하면 고맙다고 말하는 것은, 어떤 의미에서는 나에게 무언가를 주도록 여러분을 고무시키는 일이기 때문입니다. 그렇기 때문에, 여러분이 나에게 무언가를 줄 때, 나는 그것을 받고는 고맙다고 말하지 않습니다. 일반적으로 우리가 줄 때는, 고맙다는 말을 기대합니다. 나는 여러분 두뇌에 이런 유형의 과정이 유지되길 원하지 않습니다. "나는 주고, 감사의 말을 받겠다." 여러분이 줄 때는, 진정으로, 여러분의 가슴에서 우러나서, 여러분의 가장 좋은 것으로 주되, 어떠한 감사함도 기대하지 마세요.

만약 지구상에서 모든 사람이 그렇게 한다면, 우리는 지상천국을 누리게 될 것입니다. 이것이 바로 엘로힘의 불사의 행성에서 사람들이 사는 모습입니다. 모든 사람이 주지만, 아무도 고맙다는 말을 하지 않습니다. 사랑을 받고, 사랑을 주며, 모든 곳에 사랑이 순환하고 있습니다. 모든 사람이 주는 것만을 생각하고, 아무도 받는 것을 생각하지 않는 세계이지요. 우리도 그렇게 할 수 있습니다. 이것을 여러분 삶에 적용하세요. 그러면 여러분의 인생은 완전히 변화될 것입니다.

엘로힘, 우리에게 이런 사랑을 주셔서 감사합니다. 하늘은 푸른데도, 우리에게 사랑의 비를 내려 주셔서 감사합니다.

대사관은 단지 한 걸음이지만
우리의 사명은 무한합니다

A.H.68년 2월 - 2014년 일본 오키나와

엘로힘 감사합니다. 저의 인생을 안내해 주셔서 감사합니다. 당신들의 메시지에 감사합니다. 진실을 알려주셔서 감사합니다. 행복함에 감사합니다. 광명에 감사합니다. 제가 저 자신이 되게 해주셔서 감사합니다. 제가 당신들처럼 될 수 있다는 가르침에 감사합니다.

엘로힘을 맞이하기 위한 대사관을 짓기 전에, 우리의 두뇌와 마음속에 대사관을 지어야만 합니다. 많은 라엘리안들이 잘못 생각하고 있는데, 대사관 건설이 목표이며 그날이 우리 인생에서 가장 아름다운 날이 될 것이라고 생각하지요. 하지만 그건 그렇지 않습니다. 우리 인생의 가장 아름다운 날은, 그날을 향해 우리를 데려가는 여정에 있습니다. 우리 인생의 하루하루가 우리를 그날에 더 가깝게 데려다줍니다. 엘로힘을 맞이하는 미래의 어느 날이 오늘보다 더 아름답지는 않습니다. 우리를 그날로 데려가는 길에 바로 가장 아름다운 날이 있습니다.

매일, 매 순간이 우리를 그날에 더 가깝게 데려가고 있으니, 우리는 미룰 수 없습니다. 만약 미룬다면, 우리의 삶은 끔찍하고 매일 슬프다가 엘로힘이 오시는 그날만 행복하겠지요. 이것은 끔찍합니다. 그 반대로, 우리는 매일 끊임없이 행복해야만 합니다. 그들이 오는 그날만큼이나 행복해야 합니다. 그리고 우리는 자신의 내부에 대사관을 지음으로써 그렇게 할 수 있습니다. 내일, 우리 모두가 대사관에 함께 있고 엘로힘이 도착한다고 상상해보세요. 그럼 오늘보다 더 행복할까요? 아니지요! 그것이 내일 일어나도 지금 행복하고, 다음 주에 일어나도 지금 행복하고, 내년에 일어나도 지금 행복해야 합니다.

그와 같은 행복이 여러분의 일생에 걸쳐 마음속에 있어야 합니다. 왜냐하면 우리는 이미 엘로힘을 기다리고 있기 때문입니다. 나는 여러분 모두가 마치 엘로힘이 2분 안에 오실 것처럼 열렬히 기다리기를 바랍니다. 비록 그날이 다시 10년이 더 걸린다 해도, 그것은 문제가 되지 않습니다. 내면의 행복을 가꾸어 나가야 합니다. 우리는 진실을 알고 있으며, 매 순간 그들의 귀환에 더 가까워지고 있습니다.

그리고 그들이 도착한 후에도 우리의 행복은 끝나지 않을 것입니다. 반대로, 그들의 귀환 후에는 그들의 가르침을 따라, 우리는 모두 인류를 인도할 것입니다. 여러분은 모든 사람을 위한 가이드가 될 것입니다. 실제로 우리의 가장 중요한 임무는 엘로힘의 귀환 후에 시작될 것입니다. 그들의 정신적 메시지를 모든 이들에게 전달하는 임무이지요.

이 가장 중요한 정신적 메시지는 무엇일까요? 신 없이 누리는 행복, 우리 스스로 엘로힘이 되는 행복입니다. 그렇기 때문에, 지금 우리가 매일 행복해지는 법을 배우는 데 쓰는 모든 순간은 후일 다른 사람들에게 행복을 가르치기 위한 훈련이기도 합니다. 대사관은 단지 한 걸음이지만, 우리의 사명은 무한합니다.

내가 주는 도구를 사용하세요

A.H.71년 6월 - 2017년 일본 오키나와

여러분은 나 없이도 행복해야 합니다. 그렇지 않으면, 여러분의 행복은 나에게서 오는 것이며, 따라서 그것은 행복이 아닙니다. 그것은 나를 단지 기쁨의 근원으로 만드는 것으로서, 나를 매우 슬프게 할 것입니다. 왜냐하면 그것은, 내가 여러분에게 가르치는 것이 아무런 가치도 없다는 의미이기 때문입니다. 나는 여러분의 기쁨이 되고 싶지 않고, 여러분이 행복하게 되는 법을 가르치고 싶습니다. 여러분의 행복은 여러분 자신에게서 나옵니다. 내가 여러분에게 준 도구들로써 여러분 스스로 행복을 만드는 것입니다. 내가 준 도구들을 사용하세요! 이 도구들을 여러분의 생각하는 두뇌에 넣고, 그것들을 사용하여 초의식의 달팽이를 깨우세요. 이 달팽이가 매일 깨어있도록 하세요.

여러분에게 짧은 이야기를 들려주고 싶군요. 아름다운 이야기입니다. 옛날에 훌륭한 젊은 붓다가 있었습니다. 젊은 선생이었지요. 그는 강의하며 가르쳤습니다. 그의 가르침은 아름다웠습니다. 어느 날 그는 어떤 의문이 생겨 그의 옛 스승을 뵈러 갔습니다. 아주 늙은 스승이었는데, 그는 죽음이 임박해 있었습니다. 그는 "스승님, 제가 가르치는 것이 충분한지 확신이 서지 않습니다. 저에게 마지막으로 해줄 조언이 있으신지요?"라고 물었습니다. 그러자 스승은 이렇게 답했습니다. "네가 하는 말이 침묵보다 더 아름다울 때, 너의 가르침이 좋다는 것을 알게 될 것이다." 그 젊은 선생은 결코 다시는 말하지 않았습니다.

내가 가르치는 것은 무엇이든 아름답습니다. 그것은 엘로힘으로부터 오기 때문에, 분명히 침묵보다 더 아름답습니다. 마음의 침묵과 초의식의 노래, 부디 작은 달팽이가 노래하게 하세요. 이 작은 달팽이에게는 아름다운 노래가 있습니다. 그의 노래에 귀를 기울여 보세요. "행복, 오오오 행복…"

사랑이 살아 있게 하세요

A.H.72년 6월 – 2018년 일본 오키나와

나는 여러분의 사랑을 느낍니다. 하지만 이 사랑이 살아 있게 유지하세요. 여러분의 삶 매일매일에서 이것이 살아 있게 하세요. 여러분은 어느 날 메시지를 읽고, "나는 마이트레야를 돕고 싶어, 나는 엘로힘의 메신저를 돕고 싶어."라고 독백했기 때문에 여기에 나와 함께 있습니다. 그것이 바로 여러분이 여기 온 이유이고, 나는 여러분이 나를 도울 수 있도록 도와주고 싶습니다. 여러분 중 가장 수줍은 사람일지라도 나를 도울 수 있습니다. 나는 여러분 한 사람 한 사람의 도움이 필요합니다. 가장 가난한 사람, 가장 수줍은 사람, 가장 외톨이일지라도, 그리고 여러분의 직업이 무엇이든 간에, 나를 도울 수 있는 것은 여러분의 사랑입니다.

엘로힘에게 여러분의 사랑을 주세요. 하지만 아무런 대가도 기대하지 마세요. 여러분의 순수함을 영원히 지키세요. 사회 속의 어떤 것도 그것을 파괴하지 못하게 하세요. 이 순수함은 여러분의 가장 큰 보물입니다. 순수함은 사랑입니다.

다른 사람들과 같아지지 마세요. 모든 사람이 동일하게 된다면, 그것은 하나의 음만 있는 피아노와 같습니다. 하나의 음만 가진 피아노를 상상할 수 있나요? 그렇게 되지 마세요. 피아노에는 많은 음이 있습니다. 여러분 모두는 인류라는 교향곡의 음들입니다. 우리 라엘리안들은 인류 중에서 가장 아름다운 오케스트라입니다.

그리고 여러분이라는 각각의 음을 사용하는 작곡가나 지휘자가 있습니다. 그것이 바로 나입니다. 그러나 나는 단지 작곡하고, 여러분으로 구성된 전체 오케스트라를 사용할 뿐입니다. 여러분 자신이 되세요. 여러분의 소리가 되세요. 여러분이 공통으로 가진 것은 여러분을 무한으로 연결해주는 순수함입니다. 하지만 여러분은 여러분이고, 나는 나입니다. 매일 그렇게 말하세요. 결코 다른 사람을 본뜨려고 하지 마세요. 그러면 내가 여러분과 함께 쓰고 있는 이 아름다운 교향곡은 공작의 꼬리처럼 빛날 것입니다.

라엘의 다른 저서

지적설계 – 설계자들로부터의 메시지
신(神)의 창조·진화론 아닌 제3의 기원 (무신론적 지적설계) 제시

지구상의 생명체는 우연한 진화의 결과도 초자연적인 '신'의 작품도 아니며, 우주인 엘로힘이 DNA를 이용해 실험실에서 고도의 과학 기술로 창조한 것이다. 그들은 문자 그대로 그들 자신의 모습대로 인간을 만들었는데, 이른바 "과학적 창조론 – 무신론적 지적설계"인 것이다.

이 우주인 과학자들과 그들의 창조작업에 대한 흔적은 그들의 심볼인 '무한의 상징'과 마찬가지로 고대의 많은 문헌에서 발견할 수 있다. 엘로힘은 인류에게 간섭하지 않으면서도 스스로 진보할 수 있도록 붓다, 모세, 예수, 마호메트 같은 예언자들을 통해서 인류와의 관계를 유지했다.

이러한 예언자들의 역할은 각 시대의 문화와 이해 수준에 맞게 엘로힘이 전해준 가르침을 통해 인류를 점진적으로 개화시켜 나가는 동시에 창조자 엘로힘에 대한 흔적을 남겨둠으로써 나중에 인류가 과학적으로 충분히 진보했을 때 창조자들의 존재를 이해할 수 있도록 하는 것이었다. 이 책은 인류의 과학적 기원뿐 아니라 자칫 인류를 파멸로 이끌 수 있는 핵무기, 인구과잉, 환경파괴 등 당면 난제들에 대한 슬기로운 해법을 제시하고 있는 미래 지침서이기도 하다.

감각명상 – 육체의 각성이 정신의 각성을 이끈다
'지적설계: 설계자들로부터의 메시지'와 함께하는 중요한 책

우리의 마음을 미래로 열고 자신의 진정한 가능성을 실현하기 위해, 우리는 자신의 몸을 모든 감각의 기쁨들로 일깨우는 법을 배워야 한다. 이것은 라엘이 다른 행성의 여행에서 배워온 핵심적인 훈련법이다.

이 책에 상세하게 기술되어 있는 명상 기법들은 엘로힘이 창안한 것으로서, 우리가 모든 사물의 무한성과 조화할 수 있게 도와준다.

이 가르침들은 우리가 소리, 색채, 맛, 향기와 감촉을 보다 강렬하게 즐길 수 있도록 도와줌으로써 자신 안의 새로운 창조성을 발견할 수 있게 해준다.

천재정치 – 세계인의, 세계인을 위한, 천재에 의한 정부
큰 논란을 불러일으킨 정치적 주제

민주주의는 불완전한 정부 형태로서, 결국 천재들에 의해 통치되는 '천재정치'로 대체될 것이다. 이 시스템하에서는 어떠한 고위공직 후보자도 지성 수준이 평균보다 50% 상위에 있지 않는다면 선거에 입후보할 수 없다. 더욱이 투표할 자격을 갖는 유권자는 평균보다 10% 이상의 지성 수준을 갖고 있어야 한다. 그러므로 천재정치는 선택적 민주주의인 것이다.

이 진취적인 개념은 이미 엘로힘의 행성에서 시행되고 있다. 엘로힘은 우리가 더 나은 시스템을 개발하지 않는 이상 이와 같은 시스템으로 이행할 준비를 시작하라고 조언하고 있다. 왜냐하면 인류의 진보는 결국 천재들의 노력에 달려 있기 때문이다. 일단 지성을 테스트할 수 있는 방법이 충분히 개발된다면 이곳 지구에서도 그런 진보가 가능해질 것이다.

YES! 인간복제 – 과학에 의한 영원한 생명
미래에 대한 놀라운 예지

이 책에서 최초의 인간복제회사 클로나이드의 창시자인 라엘은 오늘날의 기술이 어떻게 영원한 삶을 위한 탐구의 첫걸음이 될 수 있는지를 설명한다.

뛰어난 통찰력을 통해 그는 우리에게 놀라운 미래를 보여주고, 이제 막 태동하고 있는 기술이 어떻게 이 세계를 변혁시키고 우리의 삶을 변화시킬지 설명한다.

이 책은 우리가 파라다이스로 변모할 상상할 수 없이 아름다운 세계에 준비가 되도록 해준다. 그런 세계에서는 나노테크놀로지가 농업과 중공업을 불필요하게 만들고, 슈퍼 인공지능이 인간의 지능을 빠르게 추월하여 모든 지겨운 일들을 처리해 주고, 컴퓨터 안에서처럼 계속 젊은 육체로 재생되는 영원한 삶이 가능해 질 것이며, 그리고 아무도 더 이상 일할 필요 없이 레저와 사랑을 즐기는 세계가 될 것이다!

각성으로의 여행 – 마이트레야 라엘의 지혜
라엘의 가르침 발췌본

예고된 "서방에서 온 미륵" 라엘, 그가 지난 30년간 수많은 라엘리안 세미나에서 행한 강의들 중에서 발췌한 내용을 수록한 이 놀라운 책에서 그의 가르침과 통찰력의 진수를 접할 수 있다.

이 책은 사랑, 행복, 평정심, 정신성, 관조, 완벽의 신화, 비폭력, 과학 등 다양한 주제를 다루고 있으며, 더 없는 만족과 즐거운 인생을 살기를 원하고 자기 자신을 발전시키고자 하는 이들을 위한 훌륭한 길잡이가 될 것이다.

※ 이 책들은 전국 유명서점이나 인터넷을 통해 구입할 수 있습니다. 라엘리안 무브먼트에 관한 정보를 더 알고 싶으신 분은 www.rael.org 로 접속하시기 바랍니다.